MARK MANSON

SCHEISS AUF COOLE SPRÜCHE

SCHEISS AUF COOLE SPRÜCHE

FRAUEN DURCH EHRLICHKEIT EROBERN

MARK MANSON

riva

Bibliografische Information der Deutschen Nationalbibliothek
Die Deutsche Nationalbibliothek verzeichnet diese Publikation in der Deutschen Nationalbibliografie. Detaillierte bibliografische Daten sind im Internet über https://dnb.de abrufbar.

Für Fragen und Anregungen
info@m-vg.de

Wichtiger Hinweis
Ausschließlich zum Zweck der besseren Lesbarkeit wurde auf eine genderspezifische Schreibweise sowie eine Mehrfachbezeichnung verzichtet. Alle personenbezogenen Bezeichnungen sind somit geschlechtsneutral zu verstehen.

3. Auflage 2026

Türkenstraße 89
80799 München
Tel.: 089 651285-0

Übersetzung: Max Limper
Umschlaggestaltung: Laura Osswald
Abbildungen: S. 133 links © Alliance Images/Shutterstock, S. 133 rechts © ESB Professional/Shutterstock, S. 134 oben © PIKSEL/iStockphoto, S. 134 unten © GlobalStock/iStockphoto, S. 135 oben © alexandre zveiger/Shutterstock, S. 135 unten © D-Keine/iStockphoto
Satz: Carsten Klein, Torgau
Druck: GGP Media GmbH, Pößneck
Printed in the EU

ISBN 978-3-7423-1132-0

Inhalt

TEIL V: WAHRHAFTIGES KOMMUNIZIEREN

Vorwort

Im April 2011 begann ich in einem engen, überteuerten Hotelzimmer in London mit dem Entwurf eines Flirtratgebers.

Wer jemals ein Buch geschrieben hat, weiß, dass die Hauptschwierigkeit darin besteht, überhaupt anzufangen. Es gibt so viel zu bedenken, so viele Ideen, Ziele und Ambitionen miteinander zu vereinen. Einige Tage lang war ich wie gelähmt vor lauter Potential.

Dann beschloss ich, mich auf ein ganz bestimmtes Ziel zu konzentrieren. Ich fragte mich: »Als ich Single war und nicht richtig an Frauen rankam, was für ein Buch hätte ich da gern gelesen? Wenn ich damals nur ein Buch hätte lesen können, was hätte drinstehen müssen?«

Es hätte eine Menge drinstehen müssen. Das wurde mir klar, als das Buch in den folgenden Wochen fast unwillkürlich aus mir hervorsprudelte. Ich tourte gerade durch Europa und hielt Vorträge und Live-Coachings ab. Nach jeder Einzelstunde mit einem Klienten, nach jeder Fragerunde mit einem kleinen Publikum rannte ich aufs Hotelzimmer, um die Ideen, die ich soeben von mir gegeben hatte, in das sich langsam aufblähende Buch einzuarbeiten.

Schon bald nahm ich mir vor, dass mein Buch stilistisch anders sein sollte. Ich hatte so ziemlich alle erhältlichen Flirtratgeber gelesen und hielt die meisten für Schrott. Ich wusste bereits, dass die Grundaussage meines Buches anders sein würde: tiefer, persönlicher, emotionaler. Aber ich wollte es auch in einem außergewöhnlichen Stil schreiben. Gut möglich, dass ich furchtbar eingebildet war, aber ich wollte dem Buch ein literarisches Flair verpassen. Ich wollte, dass sich Schönheit und Freude des Liebeswerbens im Schreibstil widerspiegeln. Es sollten nicht nur Schritt-für-Schritt-Anleitungen und Lernstoff enthalten sein, ich wollte den Leser anrühren und bewegen, denn genau darum dreht sich das Buch: dass man sich beim Dating anrühren und bewegen lassen muss, seelisch wie körperlich.

Ich habe das Buch in weniger als drei Monaten geschrieben. Der größte Teil entstand in europäischen Hotelzimmern und Apartments: erst in London, dann in Bristol, Prag und Sankt Petersburg. Die letzten Seiten schrieb ich in Budapest.

Die erste Version war lang und schlampig: 366 Seiten mit mindestens so vielen Verschreibern, Grammatikfehlern und Abschweifungen. Mit dem Buch verband ich damals eher bescheidene Ambitionen. Ich wollte online ein bisschen dazuverdienen, ohne physisch präsent sein zu müssen, denn vier Jahre Dauerreise in Sachen Flirt-Coaching zehrten an meinen Kräften.

Aber ich wollte der Welt auch meine Ideen offenbaren und, wenn möglich, der Flirtratgeberbranche einen neuen Impuls geben. Denn das, was ich zu sagen hatte, hob sich deutlich von den toxischen Pickup-Lehren ab, die Männern damals überall vermittelt wurden.

Das Buch erschien am 5. Juli 2011. Ich hatte es auf Amazon und auf meiner Website selbst veröffentlicht. Im ersten Monat gingen nur ein paar Hundert Exemplare weg – größtenteils an Blog-Leser und ehemalige Klienten. Viele von ihnen trugen mir Fehler zu, und mit ihrer Hilfe konnte ich das Buch in den folgenden Wochen redigieren und mehrere korrigierte Versionen veröffentlichen. Im Herbst dieses Jahres, war ich mit dem Buch und mit der positiven Resonanz zufrieden und wandte mich bald neuen Projekten zu.

Aber im Laufe der Monate entwickelte das Buch eine Eigendynamik. Ohne Marketing, PR oder Werbung und trotz des beschissenen Covers, das ich selbst in Photoshop zusammengestrickt hatte, stiegen die Verkaufszahlen des Buches exponentiell an. Männer empfahlen es ihren Freunden, und *deren* Freunde empfahlen es wiederum *ihren* Freunden, und bald kauften die Freunde der Freunde es ihren Brüdern oder Cousins, ja sogar ihren frisch geschiedenen Vätern oder Onkeln. Bald wurde es auf so vielen Websites und Foren angepriesen, dass ich des Spammings bezichtigt wurde. Aber ich verschickte keinen Spam. Ich machte gar nichts. Es waren die Leser.

Anfang 2012 verdiente ich zu meiner angenehmen Überraschung genug mit dem Buch, um davon zu leben. Daher gab ich das Coach-Dasein auf und verlegte mich ganz aufs Schreiben. Im Sommer verpasste ich dem Buch auch die erste echte Revision. Ich beauftragte einen Designer mit einem ordentlichen Cover. Ich strich pedantische und übertriebene Passagen, insgesamt ungefähr 50 Seiten. Um der Lesbarkeit willen vereinfachte ich einige Begriffe und Theorien. Die erste in meinen Augen »professionelle« Version von *Models* erschien im August 2012.

In dieser Form wurde das Buch zum bestverkauften Flirtratgeber für Männer, blieb jahrelang auf der Spitzenposition, überflügelte Standardwerke wie Neil Strauss' *Die perfekte Masche* and Erik von Markoviks *Wie Sie jede Frau rumkriegen* und verkaufte sich sogar besser als die meisten Flirtratgeber für Frauen, was in der Branche noch nie vorgekommen war. Es führte lange Zeit seine Amazon-Kategorie an, und inzwischen wird es in vielen Internetforen zum Thema als Pflichtlektüre aufgeführt, mit dem Hinweis: »Erst das hier lesen, dann Fragen stellen.«

2013 hatte ich das Gefühl, mit dem Buch fertig zu sein. Ich wollte es endlich hinter mir lassen. Ich bereitete einen Relaunch meines Blogs vor und plante, für Menschen beiderlei Geschlechts Artikel über alles Mögliche zu schreiben – von psychologischer Selbsthilfe bis hin zur Wirkung von Smartphones und Social Media. Das Thema Dating sollte ein für alle Mal hinter mir liegen.

In den folgenden zwei Jahren gewann mein Blog explosionsartig an Popularität. 2015 hatte ich über 20 Millionen Leserinnen und Leser. Und dennoch blieb *Models* im Hintergrund präsent. Es erinnerte mich immer wieder an meine Anfänge und daran, dass es sich lohnt, Wagnisse einzugehen und unbekannte Wege einzuschlagen.

Denn – das ist vielen heute gar nicht bewusst – *Models* war damals ganz schön gewagt.

Damals, 2011, gab es kaum Flirt- oder Beziehungsratgeber, die Offenheit empfahlen, Zurückweisung guthießen und zum Polarisieren ermutigten. Verletzbarkeit galt unter Männern als Schimpfwort, und alles außer schnellstmöglichem Flachlegen galt als Zeitverschwendung, schlimmer noch, als »beta«.

Und wehe, man sprach über Gefühle oder Traumata oder empfundene Unzulänglichkeit. Wer will so'n Scheiß schon hören? Sammel lieber ein paar Nummern ein, Schlappschwanz!

Aber aus meiner Arbeit mit Hunderten von Männern auf der ganzen Welt wusste ich, dass ihre Probleme mit Frauen eher nicht darin bestanden, mit dem richtigen Spruch oder der richtigen Taktik schneller zum Zuge zu kommen. Die Probleme der allermeisten Männer waren emotionaler Natur. Sie wurzelten in einer tief sitzenden Unfähigkeit, Intimität zuzulassen. Dahinter steckten ein negatives Selbstbild und das Gefühl, Frauen gegenüber minderwertig zu sein. Die Angst, der Wirklichkeit ins Auge zu blicken und dennoch zu lächeln.

Als ich diese Seiten schrieb, war mir bewusst: Entweder krempeln sie die Branche um, oder sie blamieren mich in der Amazon-Rangliste, und ich muss mir einen neuen Job suchen.

Doch glücklicherweise ist die Flirtratgeberbranche meinem Beispiel gefolgt und preist inzwischen Offenheit und Ehrlichkeit, Mut und Verletzbarkeit. Neuerdings wird überall gepredigt, man müsse ein besserer Mann werden und nicht nur so tun, als ob.

Manchmal schicken mir Leser Videos oder Textpassagen von anderen Flirt-Schulen oder von Dating-Coaches, die vor fünf Jahren noch in geckenhaftem Outfit »Tricks« empfahlen wie: einfach mal in der Öffentlichkeit den Schwanz rausholen oder Frauen anbrüllen. Heute predigen diese Gurus die Tugenden der Aufrichtigkeit und des Respekts vor den Wünschen der Frauen. Oft fragen mich Leser: »Der Typ kopiert dich, stört dich das nicht?« Aber es stört mich nicht. Es macht mich froh und ein bisschen stolz.

Als ich dann ein anderes Buch vollendet hatte, das 2016 erscheinen sollte, blätterte ich *Models* durch und hatte das Gefühl, dass erneut eine Überarbeitung fällig war. Zu den Grundideen und Ratschlägen kann ich nach wie vor stehen. Aber in den vergangenen vier Jahren haben sich mein Schreibstil und meine Erklärfähigkeit enorm weiterentwickelt. Also durchkämmte ich den Text noch einmal, fasste Ideen klarer, präzisierte Anweisungen und kürzte oder strich überflüssigen Quatsch. Die vorliegende Ausgabe von *Models* ist die klarste und prägnanteste und daher auch beste, da bin ich mir sicher.

Auch wenn das Buch einem Genre angehört, das kaum jemand ernst nimmt, bin ich unheimlich stolz darauf. Es war nicht nur der Beginn einer Karriere in meinem Traumberuf, es übertraf sogar meine wildesten Erwartungen. Bei den meisten Büchern verebbt der Erfolg nach ein paar Jahren, aber *Models* brummt weiterhin, so zäh und polarisierend und angreifbar wie eh und je, und verändert einen Mann nach dem andern.

So stelle ich mir das wenigstens vor.

Den Löwenanteil dieses Erfolgs verdanke ich jedenfalls euch: den treuen Lesern, die das Buch ihren Freunden gaben oder es im Internet weiterempfahlen, die fünf Exemplare kauften und sie an Verwandte und Bekannte verschenkten. Ohne eure Unterstützung und eure Begeisterung für meine Ideen, besonders in der Anfangsphase, wären sie in Amazons Strudel der gescheiterten Buchprojekte versunken. Ich danke euch.

Mark Manson, 28. Dezember 2015

Vorbemerkung für weibliche und nicht-heterosexuelle Leserinnen und Leser

Aufgrund seiner Popularität hat *Models* auch die Aufmerksamkeit von Menschen erregt, für die es gar nicht geschrieben wurde. Zahlreiche Single-Frauen, Schwule, Lesben und Transmenschen haben sich im Laufe der Jahre mit der Frage an mich gewandt, ob das Buch denn auch für sie gelte.

Zunächst überraschte mich das. Aber noch mehr überraschte es mich, beim Durchsehen des Buches festzustellen, dass die Antwort ein eindeutiges Ja sein muss: Das, was ich beschreibe, ist für jede und jeden anwendbar. Mit ein paar Einschränkungen.

Die Grundprinzipien des Buches – Nicht-Bedürftigkeit (1. Kapitel), Verletzbarkeit (2. Kapitel), Bedingungslosigkeit (3. Kapitel), Polarisierung und Zurückweisung (4.–6. Kapitel), Zielgruppen (7. Kapitel), Überwinden von Scham und Ängsten (9.–10. Kapitel) und Absicht (11. Kapitel) – gelten für alle Menschen, egal welches Geschlecht, welche sexuelle Orientierung oder welche Genitalien sie haben.

Was nicht universell zutrifft, sind einige Beispiele und Anwendungsfälle dieser Grundprinzipien. So wird beispielsweise von Männern in den meisten Kulturen erwartet, dass sie in beinahe jeder Phase der Verführung die Initiative ergreifen. Daher gestalten sich unter anderem die Ängste, mit denen sie konfrontiert sind (9.–10. Kapitel), und die Verletzbarkeit, der sie sich aussetzen müssen (3. Kapitel), ein wenig anders als bei einer heterosexuellen Frau oder einem homosexuellen Mann.

Solange du dies im Hinterkopf behältst und die Grundprinzipien auf dein eigenes Liebensleben anwendest, kann kaum etwas schiefgehen. Frauen müssen ebenso wie Männer polarisieren. Schwule müssen ebenfalls an Nicht-Bedürftigkeit und Verletzbarkeit arbeiten. Auch Lesben müssen die Absicht hinter ihrer Kommunikation erkennen, statt nur auf die Kommunikation an sich zu achten. Aber da das Buch ursprünglich für eine heterosexuelle, männliche

Leserschaft geschrieben wurde, orientieren sich die Beispiele und Ratschläge an ihren Lebenslagen.

Einige Leserinnen haben darum gebeten, dass ich eine Version von *Models* für Frauen schreibe. Eines Tages tue ich das vielleicht, aber bis dahin bleibt uns nur das vorliegende Buch.

Die einzigen Kapitel, die sich fast ausschließlich mit der Situation heterosexueller Männer befassen, sind das 8. und 14. Kapitel. Andere Leserinnen und Leser werden darin wenig Relevantes finden. Die Einführung (die auf der nächsten Seite beginnt) behandelt die Männlichkeit in der heutigen Zeit und richtet sich hauptsächlich an Hetero-Männer. Wer mag, überspringt sie und fängt gleich mit dem 1. Kapitel an.

EINFÜHRUNG

Bewegungen

In unserer postindustriellen, postfeministischen Welt ist nicht mehr so klar wie früher, was ein Mann eigentlich ist oder sein sollte. Vor Jahrhunderten bestand die Pflicht des Mannes im Beherrschen und Beschützen. Vor Jahrzehnten bestand sie noch im Arbeiten und Versorgen. Aber heute? Wer weiß? Wir sind die erste oder zweite Generation von Männern, die ohne eine klare Definition ihrer sozialen Rolle aufgewachsen sind und kein Leitbild mehr dafür haben, was es heißt, ein starker und attraktiver Mann zu sein.

Das Ziel dieses Buches ist, ein solches Leitbild anzubieten – ein Leitbild dessen, was einen attraktiven, reifen, integren Mann im 21. Jahrhundert ausmacht. Das bedeutet, dass wir die Standards des Beschützers und Versorgers, die Ideale von Stärke und Stoizismus hinter uns lassen und uns zu etwas Größerem und Besserem weiterentwickeln, zu etwas Erstrebenswerterem.

Als ich vor zehn Jahren erstmals Männern dabei half, ihre Beziehungen zu Frauen zu verbessern, ahnte ich nicht, auf welche Reise des Lernens und der Selbstverwirklichung ich mich damit einließ. Damals drehten sich meine Beziehungsprobleme darum, welche Drinks gerade zur Happy Hour im Angebot waren und mit welcher der fünf Jennas in meinen Kontakten ich letztes Wochenende ausgegangen war.

Erst als ich mich daranmachte, andere Männer so weit zu bringen, dass sie fünf Jennas in ihren Kontakten hatten, wurde mir halbwegs bewusst, wie tief greifend unterentwickelt die emotionale und sexuelle Welt der meisten Männer ist, und wie schwer sich diese enge Welt in ihnen aufbrechen lässt.

Wie *ich* an jenen Punkt kam, scheint mir ehrlich gesagt im Nachhinein vergleichsweise leicht. Von Haus aus war ich immer eine Art Normalo, hatte aber wenig Glück bei den Frauen.

Als mich dann 2005 meine erste Liebe betrogen und verlassen hatte, war ich emotional geschlaucht und etwas traumatisiert. Ich wurde zwanghaft. In mir wuchs ein verzweifeltes Bedürfnis nach Anerkennung und Zuneigung vonseiten der Frauen, und ich verwendete enorm viel Zeit auf der Jagd nach dieser Anerkennung und Zuneigung, weit mehr Zeit als andere Männer. Ich überkompensierte und entwickelte den Zwang, mit jedem Mädchen in Boston und Umgebung zu schlafen, das mich auch nur in seine Nähe ließ.

Das hielt etwas mehr als drei Jahre an.

Mein Plan war nicht raffiniert. Ich hatte ein paar Bücher mit Anmachsprüchen und -techniken gelesen und ging vier- bis fünfmal pro Woche in Bars, wo ich 36 glorreiche Monate lang baggerte, flirtete und floppte, anschob und auszog, nicht lang fackelte und fickte.

Es war selbstsüchtig. Aber es war eine Zeit des Wachstums und eine Zeit des Wandels.

Aber ein paar Jahre und ein paar Dutzend Frauen später geschah zweierlei. Erstens wurde mir langsam klar, dass wilder Sex im Vollrausch Spaß macht, aber nicht erfüllt. Und dass das Ganze keine besonders gesunde Wirkung auf die anderen Bereiche meines Lebens hatte. Ich musste mein Leben reflektieren und hinterfragen, warum ich so viel Zeit und Aufwand für oberflächliches Vergnügen hingab.

Das Zweite was passierte, war, dass ich für meine Eroberungen in der Gegend bekannt wurde. Bald bekam ich Mails von mir völlig unbekannten Männern, die mit mir ausgehen wollten, um sich abzugucken, wie ich mit Frauen umging, um mich »in Aktion« zu erleben. Zuerst war das komisch. Aber dann dachte ich, na gut, gib mir halt einen aus oder steck mir was zu.

Und seltsamerweise ist das für mich der Punkt, wo die Reise so richtig begann: Ich versuchte nachzuvollziehen, wie ich mich selbst innerlich gewandelt, wie sich mir gefühlsmäßig neue Welten aufgetan hatten, wie ein neues Selbstvertrauen in mir aufgekeimt war – und dann versuchte ich, das alles auf andere Männern zu übertragen.

Wer selbst etwas meistern will, muss es anderen beibringen, heißt es. Und dieser zweite Teil der Reise wurde am Ende noch lehrreicher als der erste. Als ich noch alleine ausging, war es einfach. Meistens war ich darauf aus, mich selbst zu verlieren, meine Gefühle zu vergraben und hoffentlich in den Armen einer Fremden aufzuwachen. Manchmal gelang es mir. Manchmal nicht. Und das war eigentlich alles, was ich wusste.

Diese zweite Reise jedoch hatte einen Sinn und einen Zweck, und ich merkte, dass mir das intellektuelle Fundament fehlte. Ich konnte es nicht einfach tun, ich musste es lehren, erklären und anderen Männern beibringen, damit *sie* es tun konnten.

So geriet ich auf einen gewundenen, verzweigten Pfad. Zunächst schloss ich mich sporadisch der Subkultur der *Pick-up Artists* an. Ich studierte Sozialpsychologie, las Theorien über Attraktivität, vertiefte mich in die Geschichte der Sexualität, stürzte mich in Strip-Lokale, las Bücher über NLP und kognitive Therapie, besuchte mehrere Selbsthilfeseminare und gab auch selber welche, teilte Hotelzimmer mit Models, experimentierte mit Handauflegen und hatte ein paar naturheilkundliche Fehlgriffe, stritt mich mit Feministinnen über Geschlechterfragen und las jedes verdammte Buch zum Thema Partnersuche.

Je mehr ich dazulernte, desto besser lief das Coachinggeschäft. Was als Hobby begonnen hatte, wurde zum Geschäft – und zwar in Vollzeit. Es ließ mich bald mehr als zwei Dutzend Städte in den USA bereisen, dann auch europäische Länder, England und Australien, und ich machte sogar Ausflüge nach Argentinien, Brasilien, Russland, Israel und Thailand und entdeckte dort, dass vieles von dem, was ich über Männer und Frauen zu wissen glaubte, gar nicht universell war, sondern einfach nur kulturell.

Es war eine Phase intensivsten Lernens und Tuns, in der ich ganz bewusst die Absicht verfolgte, mein Denken nicht vom herkömmlichen Paradigma des Maskulinen oder von männlichen/weiblichen Rollenklischees einschränken zu lassen.

Und nach alledem, nach zehn bereichernden und herausfordernden Jahren, brachte ich folgende Erkenntnis mit nach Hause:

Derzeit vollziehen sich zwei Bewegungen.

Die Erste ist ein größerer sozialer und emotionaler Wandel in der westlichen Welt. Schon seit einigen Generationen wird eine neue Männlichkeit gefordert. Denn was Männer sind, was sie sein sollen, wie sie sich verhalten sollen – all das scheint nicht mehr klar definiert, und bisher ist niemand in diese Leerstelle vorgedrungen.

Es mag vermessen klingen, aber dieses Buch will die Leerstelle füllen und zukunftsfähige Modelle männlichen Verhaltens entwerfen – Modelle der Attraktivität und Stärke, Modelle von bewussten, gestalteten Beziehungen zu Frauen und zu deinem Umfeld im Allgemeinen.

Die zweite Bewegung vollzieht sich in deinem Inneren. Es ist eine emotionale und psychologische Bewegung. Du liest dieses Buch ja, weil du dich verändern willst. Weil du deinen Umgang und deine Beziehungen mit den Frauen in deinem Leben ändern willst. Weil du diese Beziehungen verbessern willst. Weil du willst, dass sie häufiger und reicher werden. Weil du dich in der Gegenwart von Frauen, die du bereits kennst oder noch kennenlernen möchtest, selbstsicher und stark fühlen willst. Weil du deine Beziehungen zu ihnen im Griff haben willst. Weil du mit Frauen Sexualität ohne Scham oder Zaudern oder Reue oder Verletzung erleben willst.

Diese zweite Bewegung ist eine Bewegung im Innern. Ich habe lange gebraucht, um damit klarzukommen. Auch wenn diese zweite Bewegung oft mit äußerlichen Verhaltensänderungen beginnt und äußerliche Verhaltensänderungen hervorbringt – im Sprechen, im Aussehen, im Handeln –, ist der Prozess an sich ein innerlicher, eine Verschiebung der Prioritäten und der Selbstwahrnehmung, die sich dann im sozialen und erotischen Umgang widerspiegelt.

Denn wenn sich Überzeugungen und Einstellungen wandeln, wandelt sich auch das Verhalten.

Dieses Buch ist dazu da, dich durch deinen inneren Wandel zu begleiten. Der größere gesellschaftliche Wandel bildet dabei nur den Hintergrund und wird nur kurz gestreift, um deine jetzige Situation in einen Zusammenhang zu stellen. Dein Misserfolg bei Frauen liegt nicht daran, dass du das Falsche gesagt hast oder falsch aussiehst. Äußerungen und Äußerlichkeiten sind nur die Symptome eines größeren inneren Problems.

Dein Misserfolg kommt daher, dass du von Haus aus emotional schlecht ausgestattet wurdest für den Umgang mit Frauen, insbesondere für den Umgang mit Intimität. Was du sagst und wie du aussiehst – das ist nur eine Nebenwirkung dieser inneren Unfähigkeit.

Es geht nicht darum, mit dem Kopf zu verstehen, wie man steht, wie man redet, wie man sich verhält. »Fake it until you make it« gilt nicht mehr. Die Sache liegt tiefer. Es geht darum, im Kopf gewisse Ideen zu begreifen, die die Gefühle verschieben, wodurch dann dauerhafte und unbewusste Änderungen eintreten, die wiederum den in dir schlummernden attraktiven Mann hervorbringen.

Dies ist die Schritt-für-Schritt-Anleitung dazu.

Dieses Buch soll dir Ideen und Werte vermitteln und damit das emotionale Fundament schaffen, das du als Heranwachsender nicht bekommen hast. Es soll dir das Männerbild vermitteln, das dir und mir so schmerzlich fehlte.

Und hast du erst mit der inneren Bewegung begonnen, wirst du merken, dass dir die einzelnen Schritte – Frauen ansprechen, die richtigen Worte finden, zur rechten Zeit den Kuss einleiten – auf einmal leichter fallen, und dass sie eine tiefere und stärkere Wirkung haben als auswendig gelernte Sprüche und brav befolgte Tipps.

Der Anfang dieses Buches ist sehr theoretisch. Es geht ums große Ganze. Mir ist es wichtig, ein Fundament zu schaffen, um davon ausgehend die Funktionsweise von Anziehungskraft sowie geschlechtsspezifisches Verhalten und deinen persönlichen Wert auf dem Beziehungsmarkt zu erläutern. Weiter hinten im Buch wird es dagegen praktischer und konkreter, dort geht es mehr und mehr um notwendige Handlungsweisen und Gewohnheiten. Ich finde, ich sollte dir erst erklären, *warum* du dies und jenes tun solltest, bevor ich von dir verlange, es zu tun.

Teil I ist ein ehrlicher Blick darauf, was die Wissenschaft über die Partnerwahl von Frauen weiß, und welche Folgen diese Forschungsergebnisse realistischerweise für unser Leben haben.

Teil II gibt einen Überblick über die Strategie, die ich allen Männern empfehle, die meine Hilfe bei der Partnersuche in Anspruch nehmen. Meine Strategie setzt darauf, bei Frauen polarisierende Reaktionen hervorzurufen, um so schnell wie möglich diejenigen herauszufiltern, die auf deine Persönlichkeit anspringen. Außerdem gehen wir auf Ablehnung ein, und wie man sie zum eigenen Vorteil nutzt, statt sich davon behindern zu lassen.

Es handelt sich um eine Strategie, die auf der Wirklichkeit basiert, nicht auf deiner Fantasie oder dem frivolen Wunsch, mit jeder Frau ins Bett zu steigen, oder mithilfe von Skripten und Aufreißsprüchen die »perfekte 10« rumzukriegen. Solche Begierden wurzeln in Unsicherheit und sollten da bleiben, wo sie hingehören: in deinen Träumen. Die in Teil II vorgestellte Strategie verfolgt hingegen das langfristige Ziel, Männer so schnell und so mühelos wie möglich vom »Leben ohne Frau« zum »Leben voller toller Frauen« zu befördern.

In Teil III behandeln wir den ersten Teil der Strategie und das Erste der im 6. Kapitel vorgestellten *Drei Grundprinzipien*: wie man ein lustvolles Leben führt und zu einem attraktiven Mann wird. Die in diesem Teil beschriebenen Schritte sind zwar sehr konkret, haben allerdings ferne Ziele und langfristige Auswirkungen.

Teil IV handelt davon, wie man Mut entwickelt und zu einem Mann der Tat wird. Von Männern wird erwartet, dass sie in jeder Phase des Werbens die Initiative ergreifen (warum das so ist, wird in Teil I erklärt). Deshalb kommen zögernde, zaudernde oder die Initiative scheuende Männer bei den meisten Frauen nicht sehr weit. Die hier vorgelegten Ratschläge erfordern einiges an Hingabe, führen aber bei jedem, der sie befolgt, zu echtem und anhaltendem Wandel. Es sind Maßnahmen mit mittelfristigen Zielen und Auswirkungen.

Schließlich gehe ich in Teil V detailliert darauf ein, wie man effektiver, attraktiver, offener und erotischer kommuniziert. Hier geht es um Maßnahmen mit sofortiger, kurzfristiger Wirkung.

Ich habe mir vorgenommen, dir einen tiefen Einblick in deine Gefühle und dein Verhalten zu verschaffen, dir aber auch eine Vorgehensweise zu zeigen, mit der du dich selbst verbessern und deine Ziele erreichen kannst.

Wenn du von diesem Buch Tipps à la »erst den Spruch bringen, dann Punkt X und Y anfassen« erwartest, wirst du enttäuscht sein. Das wird dann aber nicht nur bei diesem Buch der Fall sein, sondern bei sämtlichen Büchern mit solchen Ratschlägen, denn sie bieten allesamt nur Notlösungen.

Solange du nicht gelernt hast, auf dein eigenes Handeln zu vertrauen und Frauen mit deinem eigenen Stil, deiner eigenen Persönlichkeit zu umwerben, hast du gar nichts gelernt.

Dieses Buch ist deine erste wirkliche Schulung darin, wie man Frauen für sich gewinnt. Es ist die Schulung, die du schon längst hättest bekommen müssen, aber nie bekommen hast.

Und jetzt gebe ich dir einen ersten Einblick. Darin geht es so gut wie gar nicht um das, was gesagt wird, sondern hauptsächlich um Körperlichkeit, Ausdruck, Gefühl – und Bewegung.

Vor ein paar Jahren war ich in Argentinien. Dort machte ich eine der wichtigsten Entdeckungen meiner Aufreißerzeit. In einem Club sah ich ein Mädchen alleine dasitzen. Sie wirkte aufgebracht. Und als ich sie ansprach, wurde sie nicht fröhlicher. Sie sprach kein Englisch, und ich sprach damals kein Spanisch. Sie wollte nicht tanzen und schien keine Lust auf Plauderei zu haben. Sie wirkte scheu und unnahbar, als stünde sie unter dem Bann von etwas Fernem, Unsichtbarem, das sie nicht abschütteln konnte.

Schließlich gelang es mir mit einiger Beharrlichkeit, sie erst zum Tanzen und dann zum Lächeln zu bringen. Und im Laufe der folgenden Woche entdeckte ich, dass Verführung wirklich nicht auf Worte angewiesen ist.

Beim Tanz spielten wir mit Körperkontakt. Ich berührte spielerisch ihre Hände, ließ sie kreisen, schnitt Grimassen und verständigte mich durch improvisierte Zeichensprache. Ich umarmte sie, streichelte sie, berührte ihr Haar. Wir bemalten Servietten füreinander. Als ich meinen Arm um sie legte, und sie sich an mich schmiegte, drückte das mehr aus als tausend Gespräche. Wir bewegten uns gemeinsam, und die Bewegung brachte uns erst körperlich näher, dann emotional, und schließlich war es eine einzige Bewegung, und wir waren eins.

Emerson schrieb einmal: »Deine Taten sprechen so laut, dass ich deine Worte nicht hören kann.« Verführung ist ein Zusammenspiel von Gefühlen. Gefühle drücken sich in Bewegung aus und werden von Bewegung gesteuert, nicht von Worten. Worte sind nur eine Nebenwirkung. Sex ist eine Nebenwirkung. In Wahrheit geht es um Gefühle, Gefühle durch Bewegung. Wenn du nur eine Sache aus diesem Buch lernst, dann diese.

Unsere Kultur ist eine Kultur des Stillhaltens geworden. Wir sitzen die ganze Zeit am Schreibtisch, am Computer, im Auto. Wir bewegen uns nicht mehr so wie früher und fühlen auch nicht mehr so.

Mit diesem Buch will ich dir eine Einladung zu mehr Bewegung geben. Einen Anstoß aufzustehen, rauszugehen und Gefühle, Experimente und Beziehungen zu wagen. Dazu musst du von deinem Hintern hochkommen, aber das ist gut so. Ich helfe dir dabei. Und sobald du dich bewegst, veränderst du dich, das kann ich dir versprechen. Mit der Zeit verändern sich dein Aussehen, deine Sprache, dein Verhalten. Und vielleicht – hoffentlich – passiert etwas Schönes. Deine Gefühle geraten in Bewegung, in Schwingung, und die Frauen da draußen spüren deine Frequenz und kommen zu dir.

Teil I

REALITÄT

KAPITEL 1

Nicht-Bedürftigkeit

Die Attraktivität eines Mannes ist umgekehrt proportional zum Ausmaß seiner Bedürftigkeit. Je weniger bedürftig er wirkt, desto attraktiver wirkt er im Durchschnitt auf die Frauen. Je bedürftiger er wirkt, desto weniger attraktiv wirkt er.

Bedürftigkeit bedeutet hier, dass ein Mann mehr Wert darauf legt, was andere von ihm halten, als darauf, was er von sich selbst hält. Die Worte und Taten eines bedürftigen Mannes sind daher hauptsächlich von dem Bedürfnis nach Anerkennung und Bewunderung durch andere Menschen motiviert. Nicht-Bedürftigkeit bedeutet dagegen, dass ein Mann mehr Wert darauf legt, was er von sich selbst hält, als darauf, was andere von ihm halten. Worte und Taten eines nicht-bedürftigen Mannes sind daher hauptsächlich von den eigenen Werten und Wünschen motiviert.

Bedürftigkeit bestimmt das ganze Verhalten, denn alles, was wir tun oder lassen, wird von Bedürftigkeit angeregt und beeinflusst. In derselben Weise steuert auch mangelnde Bedürftigkeit alles Tun und Lassen. Weil Nicht-Bedürftigkeit in allen Worten und Taten zum Vorschein kommt, macht sie in jeder Hinsicht attraktiver. Sie schwingt in jedem Wort mit, prägt jede Handlung, zeigt sich in der Haltung, im Lächeln, in jedem Witz. Sie verrät sich durch die Menschen, mit denen man sich umgibt, das Auto, das man fährt, den Wein, den man trinkt, die Jacke, die man trägt.

Wenn Menschen vage Dinge sagen wie »Ich mag seine Art« oder »Du musst nur an dich glauben« oder »Er hat das gewisse Etwas«, meinen sie damit, dass ein Mann nicht-bedürftig ist und das in allem, was er tut, ausstrahlt. Paradoxerweise wirkt gerade ein mangelndes Bedürfnis nach Aufmerksamkeit und Bewunderung wie ein Magnet für Aufmerksamkeit und Bewunderung. Hat sich ein Mann mit der Möglichkeit abgefunden und angefreundet, dass ihn

Menschen nicht mögen, mögen Menschen ihn umso mehr. Respektiert ein Mann die Ansichten anderer Menschen, stimmen ihm andere Menschen umso eher zu.

Ein bedürftiger Mann beschäftigt sich ständig mit dem, was andere von ihm denken. Er ist ohne echten Grund besonders nett und freundlich, weil er das für nötig hält, um gemocht zu werden. Er kauft sich teure Uhren und Saisonkarten für den Fußballclub der Stadt, damit er bewundert und geliebt wird. Er denkt sich falsche Komplimente aus oder tut so, als sei er was Besonderes, weil er sich damit Aufmerksamkeit und Liebe zu verschaffen hofft.

Ein nicht-bedürftiger Mann macht das alles auch – kauft womöglich die gleichen Saisontickets oder macht die gleichen Witze. Aber seine Absicht ist eine andere. Während der Bedürftige all das um der Anerkennung willen sagt und tut, sagt und tut es der Nicht-Bedürftige aus Freude an der Sache selbst. Der Bedürftige will eher die Gedanken und Gefühle der anderen bestimmen als die eigenen. Dem Nicht-Bedürftigen geht es dagegen mehr darum, die eigenen Gedanken und Gefühle zu steuern, nicht die der anderen. Der Bedürftige lässt sich mehr auf die Frau ein als auf sich selbst – er kümmert sich mehr um das, was sie von ihm hält, ums Wetter, um alles andere, nur nicht um das, was er selber denkt und fühlt. Ein Nicht-Bedürftiger lässt sich dagegen mehr auf sich selbst ein als auf die Frau.

Mit *sich einlassen* meine ich den Grad, in dem man die eigenen Gedanken, Gefühle und Beweggründe jemand anderem zuliebe ändert. Mit *sich weniger einlassen* meine ich, dass Männer ihre Gedanken, Gefühle und Beweggründe nicht in höherem Maße einer Frau opfern sollten, als diese die ihren zu opfern bereit ist.

Diese Erkenntnis klingt vielleicht kaltherzig und politisch unkorrekt, und sie war mir auch zunächst ein bisschen zuwider. Aber sie stimmt.

Denn während des größten Teils der Menschheitsgeschichte verfügten Männer über sehr wenig materiellen Besitz, anhand dessen Frauen ihren Status einschätzen konnten. Damals bei den Höhlenmenschen gab es keine Swimmingpools und Steuererklärungen. Es gab keine Markensandalen und teure Haarschnitte. Allerhöchstens hatte der eine etwas mehr Fleisch abzugeben als der andere.

Daher haben die Frauen während des größten Teils der Menschheitsgeschichte das Verhalten der Männer beobachtet. Bleibt zu fragen, welches Verhalten einer Frau signalisiert, dass ein Mann von hohem Status ist und ihre Kinder großziehen kann. Denn eben solche Männer wurden über Hunderttausende von Jahren bei der Fortpflanzung bevorzugt.

Wären die Bevorzugten diejenigen, die sich anderen Männern unterordnen, Frauen um ihre Gunst anflehen, nicht für sich selbst einstehen und deren Gefühle von anderen bestimmt werden? Oder wären es die Männer, die ihr Schicksal in die Hand nehmen, sich von Drohungen nicht beeindrucken lassen und die die Zurückweisung einer von ihnen begehrten Frau schulterzuckend hinnehmen?

Das Zweite dieser beiden Beispiele zeigt einen statusbewussten Mann. An der Spitze der Hierarchie hat man keinen Grund, sich einschüchtern zu lassen oder sich unterzuordnen (es sei denn mit Absicht). Am unteren Ende der Hierarchie dagegen besteht das ganze Leben aus Unterordnung.

Der Mann mit dem hohen Status zeigt Nicht-Bedürftigkeit. Der Mann mit dem niedrigen Status zeigt Bedürftigkeit.

Bedürftigkeit wird von Frauen und Männern nicht bewusst wahrgenommen. Frauen laufen garantiert nicht mit einem Bedürftigkeits-Formular auf dem Klemmbrett herum.

Bedürftigkeit ist etwas Gefühltes. Eine Frau spürt sie instinktiv: an ihrem Würgereiz, wenn er zwölfmal zu oft anruft. An ihrer Abneigung, wenn er ein bisschen zu laut über ihre Scherze lacht. An ihrem Genervtsein, wenn er ihr Entscheidungen abnimmt, die sie sehr gut allein treffen könnte.

Eine Frau entdeckt instinktiv Bedürftigkeit, indem sie die Absichten hinter den Worten und Taten eines Mannes erspürt. Das ist der Grund, warum Frauen oft von unscheinbaren Handlungen oder unerheblichen Aussagen abgestoßen werden. Rational betrachtet mag es sich um eine harmlose Aktion oder Äußerung handeln, aber unbewusst hat sie alles verraten, was die Frau über seinen Status wissen muss, nämlich: dass der Mann aus einem ständigen Bedürfnis nach Anerkennung heraus handelt.

Wie du dir denken kannst, sind auch Frauen mitunter bedürftig. Und Bedürftigkeit empfinden viele Männer zwar als abtörnend, aber nicht wie die meisten Frauen als absolutes Ausschlusskriterium.

Den meisten Frauen kommt ein Mann ohne Bedürftigkeit vor wie Männern eine Frau mit perfekten Brüsten und formvollendetem Hintern. Ein Mann voller Bedürftigkeit wirkt dagegen auf Frauen wie jemand mit schlechtem Atem und Zahnlücke.

Dabei bedeutet Nicht-Bedürftigkeit ausdrücklich nicht, dass man *nur* sich selbst im Sinn hat, sich nur auf sich selbst einlässt. Das wäre Narzissmus, und damit kriegt man Frauen zwar auch ins Bett, aber wirklich attraktiv macht das nicht, und am Ende kommen dysfunktionale Beziehungen heraus.

Wer sich zu einer Frau hingezogen fühlt, *sollte* von ihr betroffen sein, *sollte* sich auf sie einlassen. Darin besteht der ganze Spaß! Darum haben wir überhaupt Beziehungen, um von anderen berührt und bewegt zu werden. Worauf es hier ankommt, ist die Frage, wie wir die Wahrnehmung anderer gegenüber unserer eigenen Wahrnehmung gewichten. Was ist wichtiger? Ihre oder deine?

Stark bedürftige Männer kriegen auch manchmal Frauen ab, aber nur stark bedürftige. Der stark bedürftige Mann bemüht sich ständig um die Anerkennung der Frau, und die stark bedürftige Frau bemüht sich ständig um die Anerkennung des Mannes. Also tun sich beide zusammen, meist indem die eine Seite Drama und Nervenzusammenbrüche produziert und die andere Seite den ganzen Schaden repariert. Solche Beziehungen sind toxisch und beschädigen das Selbstwertgefühl aller Beteiligten.

Narzisstische Männer, also solche, die sich *nur* auf sich selbst einlassen, kriegen auch manchmal Frauen ab, aber nur oberflächliche, narzisstische Frauen. Narzisst wie Narzisstin sehen ihren Partner nur als Ornament ihres selbstbezogenen Lebens. Auch diese Beziehungen sind toxisch. Und auch sie enden oft im Elend.

In der Theorie klingt das alles sehr schön. Aber wie sieht es im Alltagsleben aus? Hier ein paar Beispiele.

James ist ein Netter. Aber in seinen Beziehungen neigt er zur Bedürftigkeit, und wenn er eine Frau kennenlernt, lässt er sich in hohem Maße auf sie ein.

Für ein Rendezvous stellt er seinen gesamten Terminplan nach ihren Wünschen um. Er kauft ihr Geschenke und gibt Unsummen für Restaurantrechnungen aus. Er sagt Treffen mit seinen Freunden ab, und wenn seine Verehrte wütend wird, hört er geduldig zu, wie sie ihrem Frust Luft macht, und stimmt ihr in allem zu, damit sie sich bloß beruhigt. Selbst wenn er findet, dass sie sich irrational verhält oder ihn unfair behandelt, sagt er nichts, denn sonst könnte sie sich ja über ihn ärgern.

Infolgedessen wird James von seinen Partnerinnen zwar geliebt, aber selten respektiert. Und früher oder später – eher früher – verlassen sie ihn. Wird James verlassen, reagiert er mit Bestürzung und Depression. Oft ist er untröstlich und trinkt zu viel. Meistens geht es ihm erst besser, wenn er eine neue Frau kennenlernt, und der ganze Schlamassel von vorn beginnt.

Dann wäre da Jeff. Jeff hat sein ganzes Leben lang einen Schlag bei Frauen gehabt. Er lässt sich erst dann auf eine Frau ein, wenn er sie näher kennengelernt hat. Jeff verbringt gern Zeit mit seinen Freunden und kümmert sich nicht darum, was die Frauen in seinem Umfeld von ihm halten. Manchmal sagt er etwas Blödes und erfährt Zurückweisung, aber das stört ihn nicht.

Manchmal fühlen sich Frauen aber auch sehr zu Jeff hingezogen. Wenn er das merkt und die Frau ebenfalls attraktiv findet, nimmt er ihre Telefonnummer und verabredet sich mit ihr. Dazu trifft er sich einfach mit ihr im Park seines Wohnviertels. Dort setzt er sich mit ihr zusammen auf eine Bank und plaudert, und wenn er sie nicht mag, entschuldigt er sich und geht. Wenn er sie mag, lädt er sie zum Eis oder ins Kino ein. Wenn sie dabei irgendwann merkt, dass sie ihn nicht mag, stört es Jeff nicht, wenn sie sich verabschiedet. Er sagt sich dann, dass er mit ihr sowieso nicht glücklich geworden wäre – wozu sollte er sich dann ihr zuliebe verbiegen?

Letzten Endes schläft Jeff mit vielen Frauen. Ständig hat er Kurznachrichten von ihnen auf dem Handy, aber er antwortet nur, wenn er Zeit und Lust hat. Nie behandelt er sie unhöflich oder gemein. Aber er nimmt sich nur für die Frauen Zeit, mit denen er auch wirklich gern zusammen ist.

James lässt sich emotional sehr stark auf die Frauen ein, die er kennenlernt, und mit denen er zusammen ist. Er hat kein Selbstvertrauen. Er ist bedürftig. Das Bisschen, was er von seinem eigenen Ich noch spürt, unterwirft er restlos seiner Vorstellung davon, was Frauen gefallen könnte.

Jeff lässt sich nicht so schnell auf Frauen ein. Er ist zufrieden mit seinem Leben und stolz auf sich. Er hat Selbstvertrauen und ist nicht-bedürftig. Wenn eine Frau das nicht zu schätzen weiß, ist er besser ohne sie dran.

Wie mit einem sechsten Sinn spüren Frauen Jeffs geringeren emotionalen Einsatz, denn alle seine Entscheidungen und Verhaltensweisen zeugen davon. Jeff hat ein hohes Selbstwertgefühl, sorgt für sich selbst und kann daher anderen gegenüber ganz er selbst sein. Bei James ist das nicht so. Sobald Frauen mit Jeff sprechen, ja oft noch bevor sie mit ihm sprechen, spüren sie, dass er einen starken Charakter hat, und dass er ihnen gegenüber seinen Charakter nicht aufgeben wird. Dadurch wird ihnen unterschwellig sein hoher Status mitgeteilt, und das wirkt anziehend. Wie Jeff diese Signale aussendet, wird weiter hinten im Buch erläutert.

Die meisten Frauen werden bestätigen, dass sie sofort wissen, ob ein Mann »das gewisse Etwas« hat oder nicht. Sie wissen zwar nicht, worum genau es sich handelt, aber sie wissen, wer es hat und wer nicht. Bei diesem »gewissen Etwas«, das sie als Bauchgefühl verspüren, sobald sie ihn gehen sehen, reden hören oder ihm in die Augen schauen, handelt es sich um das Maß, in dem er sich auf sie einlässt – um seine Nicht-Bedürftigkeit.

Wenn du damit noch nichts anzufangen weißt, keine Sorge. Dieses Buch dreht sich hauptsächlich darum, wie man »das gewisse Etwas« erlangt und es Frauen sofort spüren lässt, egal was man dabei sagt oder tut.

Der Verführungsprozess

Biologisch gesehen haben Frauen beim Sex deutlich mehr zu verlieren als Männer. Aus diesem Grund besteht für sie seit jeher der Anreiz, bei der Auswahl der Geschlechtspartner (meist) wählerischer zu sein. Männer mussten dagegen immer schon weniger Nachwirkungen ihrer Promiskuität fürchten und haben biologisch gesehen sogar einen Vorteil bei promiskem Verhalten.

Egal ob aus biologischen oder kulturellen Gründen oder aufgrund einer Mischung aus beidem: Tatsache ist, dass die weibliche Partnerwahl stark davon abhängt, ob sich die Frau beim Mann sicher und geborgen fühlt. Frauen haben eine Sexualität entwickelt, die eher psychologisch als physisch funktioniert, und psychologisch verlangt es sie besonders nach Sicherheit und Bindung.

Deshalb beruht Status nicht nur auf Besitztum, sondern auch auf Verhalten. Ein Mann mit größerem Besitz hat viel eher die Möglichkeit, einer Frau das Gefühl von Sicherheit und Geborgenheit zu vermitteln, aber wenn sein Verhalten dies nicht signalisiert, wird sie sich nicht zu ihm hingezogen fühlen. Ein körperlich fitter Mann verheißt fittere Kinder, aber wenn sein Verhalten erkennen lässt, dass er sie nicht oder nur schlecht großziehen wird, wird sie sich auch zu ihm nicht hingezogen fühlen.

Weil Männer zu Beginn einer Beziehung Sex mehr schätzen als Frauen, und weil Gelegenheiten zum Geschlechtsverkehr für Männer knapper sind als für Frauen, hängen sich Frauen zu Beginn der Beziehung weniger rein und zeigen mehr Selbstvertrauen. Wenn ein Mann ihr näherkommt und sie dazu bringt, sich ebenso auf ihn einzulassen, beginnt der Prozess der Verführung. Sex ist bei diesem Prozess eine natürliche Begleiterscheinung.

Verführung bedeutet, dass ein Mann eine Frau dazu bringt, sich im gleichen Maße auf ihn einzulassen, wie er sich auf sie einlässt.

Verführung geschieht auf zweierlei Weise: 1) Der Mann täuscht vor, sich deutlich weniger auf die Frau einzulassen, als er es eigentlich tut (Bedürftigkeit im Gewand von Nicht-Bedürftigkeit), oder 2) ein Mann lässt sich tatsächlich weniger auf sie ein (echte Nicht-Bedürftigkeit).

Die erste Methode (bei der der Mann einen falschen Eindruck erweckt), beruht auf dem, was ich *Performance* nenne. Die meisten Beziehungsratgeber für Männer (und Frauen) bieten Performance-bezogenen Rat – sag dies, tu das, ruf nicht gleich zurück, tu so, als ob du sie nicht magst, reiß den und den Witz etc.

Die zweite Methode (bei der sich der Mann demonstrativ wenig auf sie einlässt) ist ein passiver Vorgang, den er für sich selbst vollzieht und der langfristig jeden Aspekt seines Verhaltens beeinflusst. Dabei gibt es nichts auswendig zu lernen. Es gibt nichts einzuüben. Man muss nur den eigenen Erfolgsmaßstab von äußeren Zielen (mehr Dates, mehr Sex) auf innere Ziele umstellen (bessere Beziehungen, mehr emotionale Erfüllung, mehr Glück). Dieses Buch legt dar, wie der innere Prozess vonstattengeht und wie man ihn bei sich selbst einleitet.

Performance-bezogene Anmachtipps »funktionieren« durchaus. Doch das Ergebnis ist nicht erfüllend. Man löst damit nämlich nicht das eigentliche Problem (die eigene Bedürftigkeit); man verdeckt sie nur. Ein Mann, der durch ausgeklügelte Performance Erfolg hat, bekommt vielleicht mehr Sex, steuert aber auf furchtbare, unerfüllte Beziehungen mit bedürftigen Frauen zu.

Im Folgenden schildere ich einige Beispiele für Verführung im echten Leben und erläutere verschiedene darin vorkommende Faktoren unter dem Gesichtspunkt Bedürftigkeit/Nicht-Bedürftigkeit. Es handelt sich um wahre Geschichten, bei denen ich allerdings die Namen und einige Details geändert habe.

Als Ryan aufs College ging, war er ein führendes Mitglied seiner Burschenschaft. Er war dort für die Organisation der Hauspartys zuständig und ein geselliger Typ, den die meisten Menschen mochten. Bei einer der Feiern lernte er Jane kennen. Jane fand ihn sofort sympathisch, und die beiden begannen eine Beziehung. Ryan organisierte weiterhin seine Partys, und Jane kam vorbei und brachte ihre Freundinnen mit. Bald hatten sie Geschichten, Erlebnisse und Interessen gemeinsam. So verging ihre Collegezeit.

Nach dem Abschluss nahm Ryan einen Job bei einer Bank an. Jane engagierte sich bei einer Wohltätigkeitsorganisation vor Ort. Ryans soziales Umfeld brach weg, und seine lange Arbeitszeit bei der Bank hemmte sein Verlangen auszugehen und neue Leute kennenzulernen. Er verbrachte immer mehr Zeit mit Jane. Meistens schauten sie fern und tranken zusammen Wein.

Mit der Zeit hatte Jane immer mehr Arbeit mit Benefiz-Veranstaltungen und reiste auch zu auswärtigen Spendensammelaktionen. Ryan schaute derweil fern oder ging mit einem alten Kumpel ein Bier trinken, aber das war nicht mehr so wie früher. Nach einem Jahr beklagte sich Ryan offen über Janes Reiserei. Jane zeigte Verständnis für ihn, fühlte sich aber auch unter Druck gesetzt und ärgerte sich darüber. Bald stritten sie sich öfter. Ryan nahm zu. Jane arbeitete immer mehr unterwegs.

Ryan beschloss, eine Traumreise zu zweit in die Karibik zu unternehmen. Die langersehnte Erholung von der Arbeit würde ihm guttun und in der Beziehung das fehlende Kribbeln und die Leidenschaft wiederherstellen. Und tatsächlich ließ die Reise die Romantik wieder aufflammen. Doch zu Hause setzte erneut die Realität ein. Nach wenigen Monaten landeten sie wieder im alten Trott: er überarbeitet und gereizt, sie distanziert und unterwegs.

Ryan begann von Heirat zu reden. Jane sträubte sich. Sie gab an, dass ihre Arbeit sie mehr und mehr in Anspruch nähme und sie daher keine Zeit für die Hochzeitsplanung habe. Ryan hatte schon einiges an Geld gespart, um ihr einen Ring zu kaufen. Jane fand aber, sie seien noch zu jung für so eine Entscheidung und hätten noch nicht genug erlebt. Insgeheim wurde sie den Eindruck nicht los, dass Ryan eben davor Angst hatte: neue Lebenserfahrungen zu sammeln. Eine Heirat mit ihr wäre für ihn bloß eine weitere Möglichkeit, dem aus dem Weg zu gehen.

Niedergeschlagen beschwerte sich Ryan wenige Wochen später darüber, dass Jane so viel Zeit mit Freundeskreis und Arbeit verbrachte. Tatsächlich war Jane bis in den späten Abend im Büro geblieben, auch an Tagen, an denen es nicht nötig war. Ryan wirkte mit Nachdruck auf eine gemeinsame Wohnung hin, doch Jane sträubte sich erneut, und zwar heftig. Ryan explodierte: Alles hatte er in den letzten Jahren für sie aufgegeben, und sie war einfach nur undankbar. Sie entgegnete, dass er sie mit seinen Forderungen nach Aufmerksamkeit und Zuneigung erstickt habe. Sie verließ ihn auf der Stelle.

Es kann gut sein, dass dir diese Geschichte bekannt vorkommt. Du oder ein Freund oder ein Verwandter haben womöglich das Gleiche durchgemacht wie Ryan: Man lernt ein Mädchen in einer Phase geringen emotionalen Sich-Einlassens und geringer Bedürftigkeit kennen, beginnt eine Beziehung, lässt sich immer mehr auf sie ein, während der Rest des sozialen Umfelds wegbricht – bis das Mädchen einen sitzenlässt und wieder mit jemandem ausgeht, der sich weniger auf sie einlässt als sie auf ihn.

Hier kommt noch eine Geschichte, die dir bekannt vorkommen könnte:

Daniel ist 24 Jahre alt und versucht, eine dreijährige Liebes-Flaute zu überwinden. Zum ersten Mal, seit ihn seine erste Freundin vor drei Jahren sitzenließ, bemüht er sich darum, Frauen kennenzulernen.

Eines Abends geht Daniel in eine Bar und spricht Stacy an. Daniel stellt ihr eine scheinbar unverfängliche Frage über Betrunkene und Schlägereien. Sie antwortet, und er kontert mit einigen witzigen Sprüchen, die sie bald zum Lachen bringen.

Seine Frage und seine Sprüche hat Daniel aus einem Anmachratgeber. Seit einiger Zeit übt Daniel die darin beschriebenen Taktiken ein und wendet sie inzwischen fachmännisch an. Nach unzähligen Abweisungen kommt er endlich an die Telefonnummern von Frauen heran und hat sich sogar schon ein paarmal verabredet.

Im weiteren Verlauf des Abends spricht er mit Stacy über vorher festgelegte Themen, die ihm liegen. Jede Lücke im Gesprächsfluss kann er mit bewährten Scherzen füllen, die er schon dutzendfach ausprobiert hat. Und wie auf Stichwort lacht Stacy jedes Mal. Er berührt ihren Arm so, wie er es gelesen hat, und sie berührt auch ihn. Sie hat Interesse.

Eine Woche und einige launige SMS-Nachrichten später geht Stacy mit Daniel aus. Auch dieses Mal setzt Daniel alles um, was er gelernt hat: bei Themen bleiben, die sie mag, von Lokal zu Lokal ziehen, nie gegenüber, sondern stets neben ihr sitzen, sie mittels einer vorbereiteten Ausrede zu sich nach Hause locken usw.

Trotz kleinerer Pannen läuft alles mehr oder weniger nach Plan. Stacy fühlt sich offenbar wirklich zu ihm hingezogen, und als Daniel endlich einen Kuss wagt, erwidert sie diesen mit Leidenschaft.

Daniel ist überglücklich. Die monatelange harte Arbeit hat sich endlich ausgezahlt.

Das zweite Date verläuft ähnlich. Daniel gelingt es, Stacy mit nach Hause zu nehmen, wo er nach aufgeregter Fummelei mit ihr schläft.

Daniel ist im siebten Himmel, trunken vor Freude und Bestätigung. Sogleich geht er online, um seinem besten Freund von all seinen schlauen Sprüchen zu berichten und von Stacys Zuneigung.

Was Daniel nicht ahnt, ist, dass nicht seine Sprüche und Tricks Stacys Herz erobert haben, sondern die liebenswerte Art, wie er in Momenten der Verlegenheit über sich selbst lachte. Das fand sie niedlich, und es erinnerte sie an ihren ersten Freund. Auch sie hat eine Durststrecke hinter sich und vermisst das Gefühl, dass jemand sie braucht. Dass Daniel sich so sehr um ihre Anerkennung bemüht hat, schmeichelte ihr und linderte ihre Einsamkeit.

Zumindest kurzfristig.

Daniel und Stacy treffen sich in den folgenden Wochen noch mehrmals, aber etwas ist anders. Da sie bereits Sex miteinander hatten, verzichtet Daniel nun auf seine eingeübten Sprüche und Taktiken. Langsam kehrt er wieder sein normales Ich nach außen, sein bedürftiges Ich, das nach Aufmerksamkeit und Anerkennung giert.

Es fängt damit an, dass er allem zustimmt, was sie sagt, und dass ihm auf einmal die neuen und interessanten Gesprächsthemen ausgehen. Wie es sich herausstellt, verbringt er nämlich viel Zeit mit Fernsehen und Videospielen, und darüber gibt es nicht viel zu berichten. Das einstmals lebendige, witzige und neckische Gespräch besteht nun darin, dass Stacy sagt, was sie will, und Daniel ihr einfach so lange zustimmt, bis es Zeit ist, Sex zu haben – schlechten uninteressanten Sex.

Aber auch Stacy wandelt sich. Sie sieht langsam ein, dass Sex für sie ein Mittel gegen Einsamkeit gewesen ist, und dass sie sich womöglich zu sehr auf einen Typen eingelassen hat, mit dem sie eigentlich nichts gemeinsam hat. Aber anstatt sich ihren Fehler einzugestehen, trifft sie sich vor lauter schlechtem Gewissen weiterhin mit Daniel, nur damit sie sich nicht wie eine Schlampe fühlt.

Eines Tages fragt Daniel Stacy per Textnachricht, ob sie sich am Wochenende mit ihm treffen will. An diesem Abend lernt sie eifrig für einen Test und antwortet nicht. Sie war wirklich mit Lernen beschäftigt, sagt sie sich. Aber sie gesteht sich nicht ein, dass sie sich die Zeit hätte nehmen können, wenn sie gewollt hätte.

Daniel ist verunsichert, weil Stacy nicht antwortet. Er geht online und fragt seinen Freund um Rat. Der rät ihm, ihr irgendetwas Verrücktes zu schicken, damit sie ihn wieder beachtet und mag.

Am nächsten Tag entdeckt Stacy gleich nach ihrem Test vier neue Nachrichten von Daniel auf dem Handy. Die Erste ist noch normal im Ton, aber dann werden sie immer schräger und unsinniger. Stacy vergeht die Lust – schon wieder die nervige Bedürftigkeit. Aber weil sie ein schlechtes Gewissen hat und aufgrund ihrer eigenen Bedürftigkeit nicht weiß, wie sie Schluss machen soll, tut sie so, als sei nichts gewesen und sagt Daniel fürs Wochenende zu – obwohl sich das eher wie eine Pflicht anfühlt, nicht wie etwas Schönes. Daniel jedoch lässt sich so leicht nichts vormachen. Er hat nicht vor, Stacys »Fehlverhalten« dadurch zu belohnen, dass er sich gleich mit ihr trifft. Seine Pickup-Ratgeber haben ihn gelehrt, dass man nie das Mädchen den Verlauf der

Beziehung bestimmen lassen darf. Daher wartet er ein paar Stunden ab und teilt ihr dann per Textnachricht mit, dass sie zu spät komme, er habe bereits andere Pläne mit anderen Leuten. Das findet sie merkwürdig. Daniel hatte ihr doch viermal geschrieben. Aber um ehrlich zu sein, ist sie erleichtert. Jetzt kann ihr Leben weitergehen.

In der Woche darauf schreibt Daniel Stacy eine Nachricht, in der er kühl andeutet, dass er sich jetzt mit ihr treffen würde, wenn Sie denn was dafür tut. Der herablassende und anmaßende Ton macht Stacy wütend, also antwortet sie nicht.

Zwei Tage später ist Daniel betrunken und verwirrt, weil Stacy nichts mehr von ihm will, und er schickt ihr eine reumütige Nachricht: Er möge sie und wolle sie wiedersehen und wisse gar nicht, wieso sie kein Interesse mehr an ihm habe.

Völlig verwirrt und abgetörnt erwidert Stacy, sie fände ihn nett, wolle aber nur mit ihm befreundet sein – dabei hat sie nicht die Absicht, ihn je wiederzusehen.

Ich kann versichern, dass ich beide Geschichten viele, viele Male mitangesehen habe, in hundertfach verschiedenen Versionen zwischen Hunderten unterschiedlicher Menschen.

Typ trifft Frau. Typ bleibt sich treu und richtet sich nicht zu sehr nach Frau, es kommt zu Sex und/oder Beziehung, Typ richtet sich mehr und mehr nach Frau, Sex lässt nach und/oder Beziehung endet.

Die erste Geschichte zeigt beispielhaft, warum es wichtig ist, weiterhin auf sich selbst zu setzen, auch bei veränderten Lebensumständen und fortschreitender Beziehung. Es ist das Einzige, was eine lang andauernde Beziehung stabil und glücklich bleiben lässt.

Ryans Beziehung zu Jane ging in die Brüche, weil er nach dem College all die guten Seiten seiner Persönlichkeit, die ihn anfangs für Jane so attraktiv machten, verlor und nicht wiedergewann: sein soziales Umfeld, seine Fröhlichkeit und Spontaneität, die tollen Aktivitäten, die er organisierte. Als er in einem verhassten Job landete und seinen Freundeskreis verlor, hängte er sich immer mehr an sie und definierte sich über sie. Er setzte weniger auf sich selbst und mehr auf sie.

Währenddessen blühte Jane nach dem College auf und geriet bald an eine Arbeit, die sie erfüllte und in der sie gut war. Sie fand neue Freunde, begann zu reisen und neue Erfahrungen zu machen. Während Jane ihr Selbstbild immer weniger von Ryan abhängig machte, wurde er immer abhängiger von ihr, immer bedürftiger. Irgendwann verschob sich die Abhängigkeitsdynamik, und die Beziehung kippte.

Daniel machte eine andere Erfahrung. Daniels Geschichte zeigt beispielhaft, warum Dinge wie Anmachsprüche, Skripte und Statusspielchen nur kurzfristig wirken. Daniel war bedürftig und von Anfang an stark an Stacy orientiert. Er hatte nicht mehr zu bieten als Tricks und Sprüche, die Stacy vorgaukeln sollten, er wäre viel selbstsicherer und weniger an ihr orientiert, als er in Wirklichkeit war.

Und das funktionierte – ein Stück weit. Aber ironischerweise waren es nicht Daniels Sprüche, die Stacy besonders beeindruckten und bezauberten, sondern die authentische Unbeholfenheit, mit der er seine Sprüche ablieferte. Das kam Stacy liebenswert und ehrlich vor, zumal sie zu der Zeit selber in einer unsicheren Phase war. In dieser Phase ihres Lebens wollte sie das Gefühl haben, gebraucht zu werden und Einfluss zu haben. Außerdem fand sie Daniels Eigenheiten süß, da sie sie an ihren ersten Freund erinnerten. Also schlief sie mit Daniel. Doch als Daniel die Sprüche und Tricks ausgingen, kam das wahre Ausmaß an Über-Engagement zum Vorschein. Da Daniels Benehmen immer unberechenbarer und abstoßender wurde, wies sie ihn im SMS-Austausch schroff ab.

Viele Männer, die diese Art von Anmachtipps befolgen, kommen gar nicht so weit. Sie schaffen es vielleicht gerade einmal eine Stunde lang, Status vorzutäuschen, dann knicken sie ein, weil das Täuschungsmanöver so anstrengend ist.

Indem man sich Anmachtricks und -sprüche antrainiert, ohne wahrhaftig an der eigenen Persönlichkeit zu arbeiten und die eigene Bedürftigkeit nachhaltig zu senken, löst man das Problem nur notdürftig. So verschafft man sich kurzfristige Erleichterung eines ansonsten langfristigen Problems. Und man schafft sich noch mehr Stress. Und am Ende fühlt man sich noch beschissener.

Um Bedürftigkeit zu überwinden, reicht es nicht zu wissen, was man wann sagen oder tun muss. Bedürftigkeit überwindet man, indem man das eigene Selbstbild, die eigene Selbstachtung, die eigene Einstellung ändert. Und zuallererst die Einstellung gegenüber Frauen.

Nimm dir kurz Zeit für folgende Überlegungen:

1. Anstatt dir Gedanken darüber zu machen, ob die Frau, die du gerade kennenlernst, dich wohl mag, könntest du darüber nachdenken, ob du sie wohl mögen wirst.
2. Anstatt sie beeindrucken zu wollen, könntest du dich fragen, ob sie dich denn beeindruckt.
3. Anstatt dich in Gesprächspausen zu fragen, was du als Nächstes sagen wirst, könntest du auch gespannt sein, was sie als Nächstes sagen wird, um dich für sich zu gewinnen.
4. Anstatt auf ihren Anruf zu warten, könntest du irgendetwas unternehmen, während sie auf deinen Anruf wartet.
5. Anstatt zu bezweifeln, dass du groß genug oder schön genug oder schlank genug bist, könntest du bezweifeln, ob sie klug genug ist, um deine wahren Qualitäten zu sehen.
6. Anstatt dir das perfekte Ausgeh-Erlebnis auszudenken, könntest du zu dem Schluss kommen, dass eine Frau, die dich mag, nicht perfekt ausgeführt werden muss.
7. Anstatt ein Gesprächsthema zu finden, das ihr zusagt, könntest du eines wählen, das dir gefällt, und schauen, ob es ihr Interesse weckt.
8. Anstatt ihre Bestätigung zu suchen, könntest du entscheiden, ob du ihr deine gewährst.
9. Anstatt dich darüber zu ärgern, dass sie nichts von dir will, könntest du daraus schließen, dass du wahrscheinlich auch nichts von ihr willst.

Das klingt vielleicht ein bisschen egoistisch. Aber es bedeutet nichts anderes, als dass man Grenzen setzt und sich selbst achtet. Es bedeutet, dass man ein nicht-bedürftiger, attraktiver Mann ist.

Du nimmst dir nur Zeit für Menschen, die sich auch Zeit für dich nehmen. Du möchtest nur mit Frauen zusammen sein, die auch gern mit dir zusammen sind. Du kümmerst dich um dein eigenes Glück, nicht um das von jemand anderem. Du suchst dir jemanden, der deine Bedürfnisse erfüllt, und versuchst nicht, ständig fremde Bedürfnisse zu erfüllen. Du wirst der, der du sein willst, nicht der, der deiner Meinung nach Frauen gefallen könnte.

Denn ironischerweise gefällt Frauen eben *dies*: ein Mann, der genau so wird, wie er werden will.

Frauen werden von Männern angezogen, die sie achten können, denen sie vertrauen können. Aber einem Mann, der ständig Bestätigung für seine Äußerungen und Empfindungen sucht, können sie weder Achtung noch Vertrauen schenken.

Was dich anziehend (oder abstoßend) macht, bist *du* – nicht die Sprüche, nicht die Tricks und Kniffe. Wenn du nicht zufrieden bist mit dem, was *du* erreichst, ist es Zeit, *dich* zu verbessern.

Es ist egal, wie scharf sie aussieht. Frage dich lieber: Ist sie gut genug für dich? Ist sie integer? Hat sie Niveau? Ist sie klug, sympathisch, zugewandt? Bist du bereit, sie sitzenzulassen, sobald sie dich verletzt oder dein Vertrauen missbraucht?

Nein? Dann ist das wahrscheinlich der Grund, warum ihr gar nicht erst zusammenkommt.

Der einzige brauchbare Anmachtrick ist: Arbeite an dir selbst. Verbessere dich. Besiege deine Ängste. Stelle dich deiner Scham. Kümmere dich um dich selbst und um die Menschen, die dir wichtig sind.

Liebe dich selbst. Sonst macht es niemand.

Narzissmus und Überkompensation

Wenn ein Mann sein Leben lang bedürftig und an anderen orientiert war, wird ihm die legitime Aufgabe, sich in einen selbstsicheren, attraktiven Mann zu verwandeln, nicht leichtfallen.

Um nicht-bedürftig zu werden, muss ein Mann Selbstachtung, einen gesunden Sinn für die eigenen Grenzen, Sozialkompetenz und sinnvolle Gewohnheiten entwickeln. Oft ist dies ein langwieriger, schmerzhafter Prozess, der unter anderem ganz schön viel Selbstreflexion, Infragestellen, Zweifel, Zorn, Frust und Veränderungsbereitschaft erfordert.

Aber es gibt auch eine Abkürzung. Und die besteht darin, Frauen zu Objekten zu machen, sie als Besitzstücke oder Trophäen zu behandeln, die man sammelt oder anderen vorführt.

Wie ich bereits ausgeführt habe, versuchen manche Männer Nicht-Bedürftigkeit künstlich vorzutäuschen. Dass dies langfristig schiefgeht, haben wir bereits gesehen.

Andere Männer wiederum überkompensieren. Ihnen fällt es so schwer, sich vom Urteil anderer freizumachen und für sich selbst einzustehen, dass sie die entgegengesetzte Richtung einschlagen und sich nur noch um sich selbst drehen. Sie werden narzisstisch und selbstbezogen, sehen ihre Beziehungen als nutzbringende Arrangements und kümmern sich nicht um die Bedürfnisse ihrer Partnerinnen.

Bedürftige Männer können sich nur um die Wünsche anderer kümmern. Nicht-Bedürftige suchen die Schnittmenge, in der sich die eigenen Bedürfnisse mit denen der Partnerin überschneiden. Narzisstische Männer überkompensieren dagegen und beschließen, nur noch die eigenen Bedürfnisse zu erfüllen.

Dazu denken sich Narzissten meistens allerlei Irrlehren über die Minderwertigkeit oder Andersartigkeit von Frauen aus – dass Frauen nicht zu rationalem Denken fähig seien, dass sie »hypergam« seien, also die Männer nach deren sozialen Status auswählen, dass sie Männer manipulieren würden, dass sie dazu bestimmt seien, beherrscht und kontrolliert zu werden.

Das ist alles Schwachsinn, dient solchen Männern jedoch dazu, ihre Überkompensation und ihre Selbstbezogenheit zu rechtfertigen.

Männer die dem Narzissmus anheimfallen, benehmen sich, als seien sie wichtiger als alle anderen. Sie sind aggressiv, unsensibel und fordernd. Sie handeln egoistisch und können nicht mit Ablehnung oder Verlust umgehen. Manche von ihnen werden sogar gewalttätig.

Aber die Fassade des Narzissten ist bröckelig und durchsichtig. In Wahrheit benutzt der Mann seinen Narzissmus als Schutzschild für seine darunterliegende empfindliche Bedürftigkeit. Denn auch narzisstische Männer sehnen sich nach der Bestätigung durch andere. Sie suchen Bestätigung eben auf unkonventionellem Weg: durch Selbstverherrlichung. Während der bedürftige Mann sich Bestätigung holt, indem er sich anderen gegenüber herunterspielt, sucht der Narzisst Bestätigung, indem er seine Überlegenheit herausstellt.

Wer Frauen als Eroberung sieht, als Zahl auf einer Skala, wer sie als Trophäe oder Spielzeug behandelt, macht sich vieles sehr einfach: selbstbewusst zu wirken, den eigenen Werten und Ansichten Priorität einzuräumen, Ablehnung aus dem Weg zu gehen und über ihre Interessen zu dominieren – all das hat Züge von Attraktivität und Selbstsicherheit, allerdings ins Abscheuliche verkehrt.

Narzissmus wird Männern auch in Form von Beziehungstipps serviert. Vieles, was Flirtratgeber empfehlen, bringt Männer dazu, sich egoistisch, dominant und aggressiv zu verhalten: »Alphas«, die den Widerstand und die Ablehnung von Frauen ignorieren und eigene Interessen unter allen Umständen durch schiere Hartnäckigkeit und Aggression durchsetzen. Ein solches Vorgehen rechtfertigen die Ratgeber mit allerlei Begründungen: Frauen wüssten gar nicht, was sie wollen; ihre Ablehnung wäre nur ein »Test«; sie würden es ja auch wollen, könnten das aber nicht zugeben; und so weiter.

Narzissmus wird heranwachsenden Männern auch oft von anderen Männern eingeimpft, besonders in »Macho«-Kulturen (Lateinamerika, Naher und Ferner Osten). Viele Männer werden von Narzissten erzogen, die ihre Beziehungen nur mit Selbstverherrlichung und Egoismus bewältigt haben und diese Wesenszüge an ihre Söhne weitergeben.

Narzissmus drückt sich in Beziehungen so aus, dass man immerzu dominieren und bestimmen muss. Es ist eine nebelhafte Mixtur aus Selbstsucht, Anmaßung und Bevormundung, die nicht daraus entsteht, das eigene Selbst aufzuwerten, sondern das Gegenüber abzuwerten.

Mit dieser Strategie sabotiert man sich letztendlich selbst. Narzisstische Männer sehen in Verführung und Romantik nur einen weiteren Wettkampf, der dominiert und gewonnen werden will, kein freudvolles Zusammenwirken. Wer Menschen dadurch an sich bindet, dass er ihre Bedeutung herunterspielt, schafft dadurch keine das Leben bereichernden Beziehungen, sondern nur unerfüllte und oberflächliche.

Narzisstische Männer landen bei narzisstischen und/oder stark bedürftigen Frauen. Narzisstinnen benutzen Narzissten, um sich zu verherrlichen und zu erhöhen und um ihre eigenen egoistischen Ziele zu erfüllen. Bedürftige Frauen tolerieren das üble Verhalten des Narzissten ihnen gegenüber, weil sie selbst ständig auf der Suche nach Großartigkeit sind.

Und traurigerweise funktioniert das – nicht bei allen Frauen, noch nicht mal bei den meisten, aber es funktioniert bei Frauen, die kein Selbstbewusstsein haben, die damit rechnen, wie Dreck behandelt zu werden, und die ihrerseits Männer wie Dreck behandeln. Frauen mit einem Funken Selbstwertgefühl rühren Narzissten nicht an. Sie durchschauen die Macho-Fassade. Aber Frauen ohne Selbstwertgefühl, die möglicherweise auch noch haufenweise emotionale Probleme oder einen Missbrauchshintergrund mitbringen, schmeißen sich dem Narzissten an den Hals und reißen ihn mit sich nieder.

Narzissmus und Überkompensation funktionieren also durchaus. Aber sie führen zu freudlosen, flachen und oberflächlichen Beziehungen, zu endlosen Schwierigkeiten mit Frauen, die man eigentlich gar nicht mag, was wahrscheinlich auf Gegenseitigkeit beruht. Es führt zu Sex, den die Frau bereut, und zu quälenden emotionalen Dramen. Es ist wie im Nichtschwimmerbecken – man kann zwar schwimmen, aber es ist nicht so schön wie im tiefen Wasser und außerdem voller Pipi.

Narzissmus hat viele Gesichter, aber im Kern bedeutet er meistens, den eigenen Willen so wichtig zu nehmen, dass man ihn anderen aufzwingt. Dass man die eigene Überlegenheit beweist und die eigene Kraft übertreibt. Dass man anderen keine Fehler nachsieht und eigene Fehler nicht zugibt. Dass man die Schuld für eigene Probleme bei anderen sucht. Dass man alles dafür tut, andere klein zu machen, um selbst groß zu wirken.

Das Problem mit Narzissten ist, dass sie das, was sie brauchen, nur von anderen bekommen. Ein narzisstischer Mann fühlt sich nur dann nicht-bedürftig, wenn er dominiert und das bekommt, was er will. Und auf diese Weise orientiert er sich an anderen. So bleibt er bedürftig und unattraktiv.

Trifft beispielsweise ein nicht-bedürftiger Mann eine Frau, die ihn ablehnt oder nicht an ihm interessiert ist, schließt er daraus, dass man wohl nicht zusammenpasst, oder dass die Umstände einfach nicht stimmen. Jedenfalls ist er mit dem Lauf der Dinge einverstanden, und sein Leben geht weiter.

Erfährt dagegen ein Narzisst Ablehnung, reagiert er wütend und beleidigt. Er wirft der Frau vor, sie habe seine Großartigkeit nicht erkannt. Er nennt sie dumm oder selbstsüchtig oder oberflächlich, weil sie in ihm offenbar nur einen dahergelaufenen Typen sieht und ihm – nicht gewährt, was er will.

Auch das ist eine Art Täuschungsmanöver: Er gibt sich als Bestimmer, aber das Bedürfnis, alles zu bestimmen, entspringt seiner Unsicherheit. Ein nicht-bedürftiger Mann will gar nicht bestimmen, was Frauen von ihm halten. Er bestimmt lieber, was er von bestimmten Frauen hält. Er versteht, dass die Welt sich nicht um ihn dreht, und dass er nur über sich selbst und seine Handlungsweise bestimmen kann. Es stört ihn nicht, wenn die Welt sich nicht nach ihm richtet, und wenn die Menschen ihn nicht großartig finden, denn er fühlt sich bereits großartig. Er braucht ihre Billigung nicht, und ihre Missbilligung ficht ihn nicht an.

Narzissten sind oft Serientäter – sie versuchen zwanghaft, unverbindlichen Sex zu bekommen, und denken nicht nur schlecht über die Frauen, die sie erobern, sondern behandeln sie auch schlecht.

Noch ein Fallbeispiel:

Roy war in der ganzen College-Zeit ein netter Kerl. Er war ein nerdiger Wissenschaftler, und dennoch mochten ihn alle Mädchen, mit denen er zu tun hatte. Roy mochte sie ebenfalls, hatte aber auch sexuelle Ambitionen. Immer wenn er sich ein Herz fasste und eine von ihnen ansprach, bekam er zur Antwort, sie wolle nur mit ihm befreundet sein. Und dabei beklagten sich seine Freundinnen ständig über ihre schrecklichen, unsensiblen Liebhaber. Roy hörte zu und dachte sich: »Aber ich mag dich, ich bin sensibel, und ich sitze hier, genau vor deinen Augen. Warum kapierst du das nicht?«

Natürlich kapierten Roys Freundinnen das nie. Trotz des Wartens und Hoffens und Vertröstens fielen sie auf den nächstbesten Typen rein – meistens jemanden, den sie eben erst kennengelernt hatten.

Als Roy 25 Jahre alt war, hatte er endlich seine erste Freundin: eine depressive und leicht übergewichtige Studentin, die in seinem Labor arbeitete. Trotz ihrer offensichtlichen Schwächen war er ihr verfallen. Aber am Ende gewann ihre emotionale Instabilität die Oberhand über die Beziehung. Nach einem turbulenten Jahr machten sie Schluss.

Roy kochte vor Wut. Er war es leid, als Fußabtreter und Spielball benutzt zu werden. Er war es leid, ignoriert und verletzt zu werden. Sein Leben lang hatten Frauen kein sexuelles Interesse an ihm gezeigt, und jetzt hatte es endlich eine getan und war nicht zufrieden mit ihm. Roy hatte die Schnauze voll und beschloss, nur noch an sich selbst zu denken. Fortan sollte es um seine Bedürfnisse gehen. Andere Männer verhielten sich seinen Freundinnen gegenüber wie die letzten Arschlöcher, und nun würde er es genauso machen.

Roy fand bald heraus, dass es ihm leichtfiel, im Gespräch mit Frauen beleidigend und stichelnd aufzutreten. Das verschaffte ihm Genugtuung für die jahrelange emotionale Vernachlässigung. Manche Frauen nahmen daran Anstoß, aber seltsamerweise fühlte sich Roy dadurch noch stärker, und es motivierte ihn dazu, auszugehen und weitere Frauen kennenzulernen.

Bald traf er zu seiner Überraschung Mädchen, die ihn attraktiv fanden. Er nahm sie mit zu sich und schlief mit ihnen. Zuerst kriegte er hässliche, betrunkene Frauen rum, aber je wohler sich Roy in seiner neuen Gigolo-Rolle fühlte, desto attraktiver wurden die Mädchen.

Manche der Mädchen, mit denen Roy schlief, waren aufrichtig an ihm interessiert und wollten ihn gern näher kennenlernen. Mit diesen Frauen spielte Roy dann, wich Anrufen und Verabredungen aus, benutze sie noch ein paarmal zum Sex und erfand dann irgendeinen Konflikt oder Vorwurf als Ausrede, um sich fortan nicht mehr zu treffen. Diese Frauen hatten schnell den Eindruck, dass Roy weder eine stabile Person noch eine angenehme Gesellschaft war, also ließen sie ihn ziehen.

Andere Mädchen, mit denen Roy schlief, hatten weniger Interesse an ihm selbst als an männlicher Anerkennung jeglicher Art.

Manche von ihnen suchten Anerkennung in Form von Sex. In diesem Fall schlief Roy mit ihnen und sah sie nie wieder.

Andere dagegen hatten eine tiefer gehende Bedürftigkeit. Diese Frauen sehnten sich nicht nur nach sexueller, sondern auch nach emotionaler Anerkennung. Sie stürzten sich in Heulkrämpfe, riefen die ganze Nacht über an oder standen unangekündigt vor der Tür. Der Sex war oft herrlich, aber vor lauter Zorn und Unsicherheit verstrickte sich Roy unweigerlich in das Drama dieser Frauen. Die Kräche dauerten Wochen oder Monate und bildeten einen Kreislauf aus Streit, Schlussmachen, erneutem Anbändeln und erneutem Streit, der von Mal zu Mal heftiger wurde. Viele der Frauen hatten in ihrer Vergangenheit sexuellen Missbrauch erlitten. Irgendwann hatte Roy dann die Spielchen satt, machte endgültig Schluss und schwor sich, nie wieder schwach zu werden. Aber oft lief er schon bald der nächsten »Durchgedrehten« in die Arme.

Männern, die immer wieder an labile, »durchgedrehte« Frauen geraten, sage ich: Das spiegelt *deine* emotionale Reife wider. Es spiegelt *deine* mangelnde Selbstsicherheit, *deine* Bedürftigkeit wider. Nicht-bedürftige Menschen sind nicht mit bedürftigen Menschen zusammen – und umgekehrt. Es kommt gar nicht dazu, weil sie einander nicht attraktiv finden.

Wenn alle Frauen, die dich attraktiv finden, bedürftig und emotional hilflos sind – was sagt das über dich aus?

Roy war zuerst bedürftig und überkompensierte dies dann mit Narzissmus. Anfangs verehrte er die Frauen und achtete sich selbst nicht, dann verehrte er sich selbst und achtete die Frauen nicht. Aber die Voraussetzung für Nicht-Bedürftigkeit ist, dass man beides achtet: sich selbst *und* die Frauen.

Die einzige Möglichkeit, an mehr Frauen und an attraktivere Frauen heranzukommen, besteht darin, selbst attraktiver zu werden. Und um als Mann attraktiver zu werden, muss man sich nach sich selbst richten und versuchen, weniger bedürftig zu werden.

Eine dauerhafte Veränderung der eigenen Selbstsicherheit und Bedürftigkeit in Beziehungen ist harte Arbeit und ein Prozess, der alle Bereiche des Lebens berührt. Aber es ist ein Weg, der sich lohnt. Für einen Mann gibt es wohl kaum einen lohnenderen Weg.

Und den Einstieg zu diesem Weg bildet etwas ganz Unvermutetes. Es ist etwas, bei dessen Erwähnung die meisten Männer die Nase rümpfen: Verletzbarkeit.

KAPITEL 2

Kraft durch Verletzbarkeit

Wenn Männer das Wort »Verletzbarkeit« hören, denken die meisten dabei sofort an Schwäche. Im Allgemeinen werden Männer dazu erzogen, ihre Emotionen zurückzuhalten, keine Schwäche zu zeigen und ihr Innenleben abzuschirmen. Dazu kommt, dass ihnen die landläufigen Flirtratgeber empfehlen, sich Frauen gegenüber unnahbar und hochnäsig, kritisch und sogar abwertend zu verhalten.

Männer verbinden mit der Idee, sich verletzlicher und emotional offener zu zeigen, allerlei negative Vorstellungen. Wahrscheinlich erweckt allein das Lesen dieser Zeilen in dir ein mulmiges Gefühl der Skepsis.

Keine Sorge, ich werde dich nicht dazu bringen, händchenhaltend in einem Stuhlkreis zu sitzen und über Heilkristalle oder Krafttiere zu jammern.

Ich möchte den Begriff Verletzbarkeit viel breiter fassen. Ich meine nicht nur emotionale Verletzbarkeit (auch wenn wir darauf noch zu sprechen kommen), sondern auch körperliche und soziale Verletzbarkeit.

Sich verletzlich zu machen, umfasst nicht nur die Bereitschaft, über die eigenen Ängste und Unsicherheiten zu reden. Dazu gehört auch, einen Standpunkt einzunehmen, der bestritten werden kann; einen Witz zu machen, über den keiner lacht; eine Meinung zu vertreten, die womöglich Anstoß erregt; sich einer Gruppe von Menschen vorzustellen, die man nicht kennt; oder einer Frau zu gestehen, dass man sie mag und mit ihr zusammen sein möchte. All diese Dinge erfordern, dass man sich in irgendeiner Weise emotional aus dem Fenster lehnt. Bei all diesen Dingen macht man sich emotional verletzlich.

In diesem Sinne erwächst aus Verletzbarkeit eine Form von Kraft, eine tiefe, subtile Form von Kraft. Ein Mann, der sich verletzlich geben kann, verkündet der Welt: »Scheiß auf die Folgen – das hier bin ich, und nichts anderes will ich sein.« Er zeigt, dass er nicht-bedürftig ist und einen hohen Status hat.

Die meisten Leute glauben, ein verletzlicher Mann müsse in der Ecke kauern und darum betteln, nicht ausgestoßen oder verletzt zu werden. Das ist jedoch keine Verletzbarkeit, das ist Unterwerfung. Das ist Schwäche.

Stell dir zwei Männer vor. Einer steht aufrecht und schaut geradeaus. Im Gespräch blickt er den Menschen in die Augen. Er sagt, was er denkt und nimmt Widerspruch in Kauf. Wenn er einen Fehler macht, ärgert ihn das nicht, und er entschuldigt sich nötigenfalls. Misslingt ihm etwas, gibt er es zu. Er fürchtet sich nicht davor, seine Gefühle auszudrücken, auch wenn er deswegen manchmal Ablehnung erfährt. Dann wendet er sich einfach an Menschen, die ihn nicht ablehnen, sondern ihn als den mögen, der er ist.

Der zweite Mann steht gebückt, seine Augen wandern, und Blickkontakt ist ihm unangenehm. Er gibt sich cool und überlegen. Er schauspielert. Äußerungen, die Ärger hervorrufen könnten, vermeidet er, und manchmal lügt er sogar, um Konflikte zu vermeiden. Er versucht ständig, andere zu beeindrucken. Wenn er einen Fehler macht, schiebt er anderen die Schuld zu oder tut, als wäre nichts geschehen. Er verbirgt seine Gefühle hinter einem Lächeln und sagt, ihm gehe es gut, auch wenn es ihm nicht gut geht. Er hat furchtbare Angst vor Ablehnung. Und wird er abgelehnt, so stürzt ihn das in Wut und Verzweiflung, und er versucht mit allen Mitteln, die Gunst derer zurückzugewinnen, die ihn abgewiesen haben.

Welcher von diesen beiden Männern hat mehr Kraft? Welcher ist verletzlicher? Welcher ist eher mit sich im Reinen? Welcher wirkt wohl auf Frauen attraktiver?

Aus evolutionärer Sicht ist es einleuchtend, warum Frauen Verletzbarkeit bei Männern als Signal für Status und Tauglichkeit interpretieren. Stellen wir uns einen Stamm von 20 Männern vor, alle Jäger und Sammler, alle mit ungefähr gleich viel (oder wenig) Besitz.

Manche Stammesmitglieder reagieren nur auf das, was die anderen ihnen sagen. Sie geben Fehler nicht zu. Sie ändern ihr Verhalten und ihre Äußerungen, um die Anerkennung anderer Männer zu bekommen. Wenn etwas nicht so läuft wie beabsichtigt, geben sie jemand anderem die Schuld. Was sagt das über ihren Status im Stamm? Wenn sie ihr Verhalten nach der Meinung der anderen richten und die eigenen Schwächen ständig übertünchen, heißt das, dass sie von niederem Rang sind, dass sie unsicher und nicht vertrauenswürdig sind und wahrscheinlich keinen verlässlichen Vater abgeben.

Stellen wir uns nun andere Männer im gleichen Stamm vor, die die Bedürftigkeit und die Launenhaftigkeit der anderen Männer nicht kratzt. Sie befassen sich nur mit dem, was zu tun ist, und richten sich nicht nach der Meinung anderer. Bei Vorwürfen vertreten sie ihren Standpunkt, aber wenn sie im Unrecht sind, geben sie es zu, denn sie sehen keinen Sinn darin, ihre Schwächen zu verbergen. Sie haben ein Ehrgefühl. Sie reagieren nicht auf die anderen Männer; die anderen Männer reagieren auf sie.

Ein solches Verhalten deutet auf einen hohen Status hin, auf einen Mann, der seine Stärken und Schwächen kennt und auf den man zählen kann, der wahrscheinlich einen hohen Rang einnehmen wird und seinen Nachwuchs versorgen kann.

Er wird wahrscheinlich Erfolg haben und ein verlässlicher Vater sein.

Es ist plausibel, dass Frauen durch die Evolution dazu selektiert wurden, Männer mit hohem Status vor allem anhand ihrer *Nicht-Bedürftigkeit* auszuwählen, und erst dann nach Aussehen und Erfolg zu unterscheiden, denn Aussehen und Erfolg sind Auswirkungen von nicht-bedürftigem Handeln, nicht umgekehrt. Nicht-bedürftiges Verhalten zeichnet Männer aus, die Verletzbarkeit zulassen können und sich mit all ihren Unzulänglichkeiten der Welt stellen. Das zeigt sich in den unterschiedlichsten Bereichen – in Lebensentscheidungen (Teil III), im Ausmaß ihres Mutes (Teil IV) und in der Art, wie sie sich anderen mitteilen (Teil V).

Wenn du, lieber Leser, Pech bei den Frauen hast, dann liegt das wahrscheinlich daran, dass du deine wahren Gefühle und Absichten nicht richtig ausdrückst. Womöglich traust du dich nicht, auf attraktive Frauen zuzugehen und dich mit ihnen zu verabreden. Womöglich landest du immer bei öden Gesprächsthemen, eben weil sie seicht und »unverfänglich« sind, eben weil du keine Missverständnisse, keine Unstimmigkeiten riskieren willst. Womöglich setzt du dich zu wenig für dich und deine Vorstellungen ein. Vielleicht ist dir deine eigene Sexualität unheimlich, und du wirst ängstlich und nervös, sobald jemand anders offen damit umgeht. Vielleicht steckst du in einer nicht wirklich befriedigenden Karriere oder Lebensweise fest, weil du von allen Seiten gehört hast, dass man das so macht, und weil du niemanden enttäuschen oder vor den Kopf stoßen wolltest. Vielleicht fühlst du dich unwohl, wenn du richtig gut angezogen bist, und schleimig, wenn du Fremde anlächelst. Und die Vorstellung, eine Frau unverhohlen anzugraben und womöglich einen Korb zu bekommen, erfüllt dich mit Grauen.

All das sind Symptome eines tiefer liegenden Problems: der Unfähigkeit, verletzlich zu sein.

Viele Männer wie du und wie ich sind dazu erzogen worden, ihre Gefühle nicht frei auszudrücken. Aus irgendeinem Grund – sei es die Umgebung, ein Kindheitstrauma oder das Vorbild der ebenfalls verklemmten Eltern – sind wir mit der tief sitzenden Gewohnheit groß geworden, alles zu unterdrücken und zu verdrängen. Bloß keinen Anstoß erregen. Bloß nicht auffallen. Bloß nichts »Verrücktes« oder »Dummes« oder »Asoziales« machen.

Ich war auch so. Meine gesamte Jugendzeit war von der Angst bestimmt, jemand könnte mich nicht mögen. Allein die Vermutung, ein Mädchen oder ein Junge könnte mich hassen, machte mich buchstäblich schlaflos. Infolgedessen drehte sich mein ganzes Leben darum, Leuten zu gefallen, meine Fehler zu verbergen, meine Spuren zu verwischen und anderen die Schuld zuzuschieben. Kein Wunder, dass ich kaum Erfolg bei Mädchen hatte. Und als ich endlich eine Freundin fand, ließ sie mich für einen Mann sitzen, der seine Gefühle ausdrücken konnte.

Das alles mag nach esoterischem Blabla klingen. Glaube mir – das ist es nicht. Wenn du mit Frauen in Beziehung trittst, indem du Verletzbarkeit zeigst – anstatt dich zu erhöhen oder sie zu erniedrigen, können sich daraus die besten Begegnungen und Partnerschaften deines Lebens ergeben.

Verletzbarkeit ist der Weg zu wahrer zwischenmenschlicher Verbindung und zu wahrer Attraktivität. Der Psychologe Robert Glover drückt das so aus: »Was Menschen anziehend macht, sind Ecken und Kanten.«

Zeig deine Ecken und Kanten. Hör auf, perfekt sein zu wollen. Mach dich sichtbar und teile dich hemmungslos mit. Nimm Ablehnung und Missverständnisse hin und lasse sie hinter dir, denn sie machen dich größer und stärker. Und wenn du eine Frau findest, die dich liebt (denn das wirst du), dann freu dich über ihre Zuneigung.

Aber offen für Verletzbarkeit, einverstanden mit Gefühlen und Fehlern, angstfrei im Ausdruck wird man nicht über Nacht. Dieses Buch kann als Anleitung zur Verletzbarkeit verstanden werden. Aber es ist ein Prozess, der mitunter quälend sein kann.

Die Schmerzphase

Wer einen emotionalen Wandel oder eine Verhaltensänderung unternimmt, macht zunächst einmal eine »Schmerzphase« durch. Die Schmerzphase steht üblicherweise am Beginn einer Veränderung oder Umstellung. In dieser Phase sind Widerstand und Unbehagen am höchsten, und in dieser Phase geben die meisten auf.

Ob man mit dem Bodybuilding beginnt, eine Fremdsprache erlernt oder eine neue Arbeitsstelle antritt – am Anfang gibt es immer eine schwierige und unbehagliche Phase, in der man zu kämpfen hat, womöglich Rückschläge einsteckt und sich vor allem verletzlich fühlt.

Die meisten Menschen hassen dieses Gefühl und vermeiden es um jeden Preis. Es tut weh, verletzlich zu sein. Es ist peinlich. Es ist schwierig. Und deshalb lernen viele Menschen nichts Neues und verbessern das Alte nicht. Wer zum ersten Mal auf einer Party eine Frau anspricht und ihr die Telefonnummer gibt, hat höchstwahrscheinlich die Hosen voll. Und wenn sie nicht gut darauf reagiert, tut das ganz schön weh. Aber das ist eben so. Das erste Mal, dass man zum Telefon greift und sie anruft. Das erste Mal, dass man sich zum Kuss anbietet. Das sind nervenzerfetzende Augenblicke, die keiner gern durchlebt.

Das alles ist besonders schwer, wenn man in der Vergangenheit bereits Erfolg durch Vorgaukeln oder Narzissmus hatte. Verletzbarkeit einzuüben bedeutet oft, dass es schlechter werden muss, bevor es besser werden kann.

Je mehr du in deinem bisherigen Leben eigene Gefühle unterdrückt hast, desto schmerzhafter wird diese Veränderung wahrscheinlich sein. Die Autorin Brené Brown forscht zu menschlichem Verhalten und zu Verletzbarkeit, und sie sagt: »Je weniger man über Scham redet, desto mehr davon hat man.«

Dieses Buch zeigt dir unzählige Wege auf, um verletzlicher zu werden: wie du dich durch Kleidung, durch Konversation, durch Humor und durch Sexualität besser ausdrücken kannst.

Und ich kann dir versprechen, dass sich das unangenehm anfühlen wird. Du wirst Ausreden erfinden, warum du *sowas* nicht wirklich machen musst. Dass ich ja gar keine Ahnung hätte. Dass du keine Zeit dafür hättest und es ja nachholen könntest. Du wirst dir etwas vornehmen, es aufschieben, es dir erneut vornehmen und wieder aufschieben und dann finden, dass du das Ganze noch ein paarmal nachlesen müsstest – nur weil du Schiss davor hast, verletzlich zu sein.

Vielleicht hast du das alles schon durchgemacht. Vielleicht drückst du dich schon seit Monaten oder Jahren vor Veränderung, weil du die Auswirkungen fürchtest. Vielleicht schiebst du es schon lange vor dir her, den Beruf zu wechseln, dir neue Klamotten anzuschaffen oder dich bei einem Dating-Portal anzumelden. Vielleicht hast du Chancen bei Frauen verpasst, weil du dich nicht getraut hast, den ersten Schritt zu tun. Vielleicht hast du dir eingeredet, dass du erst noch mehr »Knowhow« bräuchtest, oder dass du lieber abwartest und schaust, was andere machen.

Das alles sind Formen der Vermeidung. Und sie entspringen allesamt tief sitzender Bedürftigkeit, die nur dadurch weggeht, dass man sich verletzlicher macht. Und Verletzbarkeit tut erst einmal weh.

Du kommst nicht drumherum. Du musst da durch.

Ich kann dir zwei Beispiele aus meiner Schmerzphase erzählen, aus der Zeit, als ich gerade erst lernte, mich zu öffnen und verletzlich zu machen. Nennen wir die beiden Frauen Melina und Kate. Melina war wohl das erste Mädchen, mit dem ich nach meiner katastrophalen Trennung im Jahr 2005 ausging. Da wir von Natur aus auf einer Wellenlänge lagen, saßen wir stundenlang zusammen und redeten. Aber ich ahnte gar nicht, wie viel Wut und Ballast aus meiner vorherigen Beziehung noch in mir steckte.

Eines Abends ließ ich im Gespräch mit Melina den ganzen Dampf ab – eine ganze Viertelstunde lang zog ich über meine Ex her, diese miese Schlampe, erzählte in allen Einzelheiten, wie beschissen sie sich verhalten hatte, und so weiter und so fort. Völlig verbittert und verletzt. Völlig unnötig.

Dann verstummte ich. Ich hatte gar nicht gemerkt, wie lange mein Ausbruch gedauert hatte. Nach verlegenem Schweigen schaute mich Melina ein wenig erschrocken an und sagte ganz ruhig: »Das alles hättest du mir eher nicht erzählen müssen.«

Autsch.

Danach ging es schnell mit uns zu Ende, und wir trennten uns. Ich war starr vor Scham. In den folgenden Monaten lief ich ihr ein paarmal über den Weg, und mir wurde jedes Mal übel vor Peinlichkeit.

Diese Erfahrung war gleichermaßen schlimm wie wichtig. Es war das erste Mal, dass ich in Beziehungsdingen offen über meine Gefühle gesprochen hatte. Und ich merkte, dass es mir seitdem leichter fiel. Nun, da ich leichter darüber sprechen konnte, wurde mir bewusst, welche Fehler ich in der Beziehung gemacht hatte und wie ich zukünftig ein besserer Mann und ein besserer Partner sein könnte. Aber um zu dieser Erkenntnis zu gelangen, musste ich mich zuerst auf diese peinliche Weise verletzlich machen.

Dann kam Kate. Kate war etwas älter als ich und sexuell extrem offen. Unser erstes »Date« bestand darin, dass sie mich anrief und sagte: »Ich will, dass du herkommst und mich auf dem Küchentresen vögelst.«

»Okay, klingt gut«, gab ich mich cool. Dabei ging mir der Arsch auf Grundeis: So können sich Frauen also auch verhalten? Was soll das bedeuten? Die kennt mich doch gar nicht.

Ich fahre also zu ihr. Und vor lauter Aufregung, vor lauter Verkopftheit hält mein Ständer nicht lange genug, um in sie einzudringen. Und wieder bin ich starr vor Scham. Mir war das schon mit anderen Mädchen passiert, aber da war ich immer betrunken gewesen und konnte das als Ausrede benutzen. Motto: Es lag am Alkohol, nicht an meiner verdrehten, bescheuerten Denke.

Diesmal gab es keine Ausrede. Angesichts von Kate, die nackt auf ihrem Küchentresen saß und gleichzeitig erwartungsvoll und furchtbar enttäuscht guckte, sah ich mich in die Enge getrieben: Ich musste mich meiner bescheuerten Angst stellen. Ich war weder ein toller Playboy noch ein cooler Aufreißer. Nein, ich war ein von sexuellen Unsicherheiten und emotionalem Ballast getriebenes Nervenbündel. Und dazu stand ich nun. Ich sagte ihr, dass ich unerfahren war und eine lange Dürreperiode hinter mir hatte, und dass ich echt nervös war. Ich merkte, dass sie mich von Sekunde zu Sekunde unattraktiver fand.

Zum Glück ging Kate besser mit meinen Unsicherheiten um als Melina. Sie verstünde mich, sagte sie, ich solle mich erstmal entspannen, mir Zeit nehmen, Bescheid sagen, wenn ich so weit wäre, oder so. Daraufhin tat ich etwas Superdoofes, absolut Beta-mäßiges, was man laut Flirtratgebern nie, nie, nie tun darf: Ich fragte sie, ob ich sie nicht erstmal besser kennenlernen könnte.

Auch das verstieß gegen alles, was ein »wahrer Mann« angeblich tun soll. Aber es zeigte Verletzbarkeit, und es war wahrhaftig.

Und wir lernten uns besser kennen. Und schliefen dann später miteinander, als ich mich beruhigt und an sie gewöhnt hatte. Sie war zuvorkommend und nahm mir das nicht übel. Und wir waren monatelang zusammen und hatten wilden und abgefahrenen Sex auf allen möglichen Einrichtungsgegenständen. Es war erstaunlich. Ich hatte die Zeit gebraucht, um mich zu öffnen und zu entspannen. Wir waren mit Unterbrechungen fast ein Jahr lang zusammen. Der Sex war toll. Und sie war eine tolle Freundin.

Selbstverständlich sind deine Probleme und deine Bedürftigkeit anders als meine. Worauf ich hinaus will, ist, dass es am Anfang, wenn Bedürftigkeit und Verletzbarkeit aufbrechen, schlimm ist. Eher unsexy. Eher unglaublich unschön und unangenehm.

Aber das gehört zum Prozess. Die Schmerzphase. Langsam gewöhnt man sich daran. Man gewinnt nach und nach Abstand. Und irgendwann ist man damit einverstanden. Das, was ich soeben erzählt habe, war mir, als es geschah, derart peinlich, dass ich am liebsten gestorben wäre. Inzwischen kann ich davon ohne Scham oder Reue berichten. Ich erzähle solche Geschichten sogar in ähnlicher Form den Frauen, die ich heutzutage neu kennenlerne.

»Es war peinlich. Ja, es fühlte sich beschissen an. Ja, ich habe Probleme. Nein, ich bin nicht perfekt.« Implizit sage ich damit, dass ich mit mir im Reinen bin. Ich brauche kein Mitleid, keine Bestätigung. Ich brauche nichts von ihr. So bin ich eben, mit Ecken und Kanten.

Wir haben alle unsere Schwächen, Peinlichkeiten und Schwachpunkte. Bedürftige Männer fürchten sich davor, sie zu offenbaren, weil sie sich mehr mit den Werturteilen anderer beschäftigen als mit der eigenen Selbstbewertung. Ein nicht-bedürftiger Mann hat kein Problem damit, Schwäche zu zeigen, weil er sich eher selbst reflektiert, anstatt sich um das Urteil anderer zu kümmern.

Sich anderen gegenüber offen mitzuteilen ist der schwierige erste Schritt von Bedürftigkeit zu Nicht-Bedürftigkeit, von der Furcht vor der Meinung anderer zur Selbstakzeptanz. Denn um derart unangenehme Wahrheiten zu offenbaren, muss man zwangsläufig dazu stehen und sie akzeptieren. Außerdem lernt man dadurch, dass das Gefühl von Peinlichkeit und Scham auch nur ein Gefühl ist, etwas ganz Menschliches – und nicht das Ende der Welt.

Ob man diesen emotionalen Ballast wirklich mit den Frauen abarbeiten muss, mit denen man ausgeht? Nicht unbedingt. Man kann ihn auch bewältigen, indem man sich Freunden, Familienmitgliedern oder einem Therapeuten gegenüber öffnet. Manche Probleme lassen sich jedoch nur zusammen mit Bettgenossinnen lösen – besonders, wenn es um Intimität und Sex geht.

Du wirst also eine Weile lang an dir herumfeilen. Du wirst dich erniedrigen, dich nackig machen und merken, dass es nicht so schlimm ist. Dass es nicht schlimm ist, abgelehnt zu werden. Dass es nicht schlimm ist, Fehler zu machen. Dass es nicht schlimm ist, etwas Dummes zu sagen. Gib nicht auf. Frauen werden dich nicht weniger mögen, weil du Ablehnung erfährst, Fehler machst und Dummheiten sagst.

Sie werden dich mögen, weil du es nicht schlimm findest, Ablehnung zu erfahren, Fehler zu machen und Dummheiten zu sagen. Männern, die jederzeit den perfekten Spruch auf den Lippen haben, trauen sie nicht, weil solche Männer keine Verletzbarkeit zeigen, sich nicht authentisch geben und daher bedürftig erscheinen.

Einem Mann, der gute Sprüche und schlechte Sprüche bringt und über beides lachen kann, können sie dagegen vertrauen, und ihm gegenüber können sie sich sowohl emotional als auch körperlich öffnen. Du musst dich also mit deiner Unvollkommenheit abfinden. Denn nur deine Ecken und Kanten machen dich attraktiv.

Anfangs macht das keinen Spaß. Das Schlimme an der Schmerzphase ist, dass die meisten Menschen, die ihre Gefühle bisher immer unterdrückt haben, vor Wut, Frust und Scham beinahe platzen. Je älter man ist, desto mehr hat sich üblicherweise aufgestaut. Und wenn man dann Wut und Scham endlich rauslässt, wird's umso unschöner.

Es kann sein, dass du auf einmal irrationales Verhalten an den Tag legst, dass du seltsame Ansichten ausbrütest oder mit vielen Leuten Ärger bekommst. Deshalb empfehle ich manchen Männern, die schwer mit ihrer Verletzbarkeit zu kämpfen haben, sich bei diesem Prozess therapeutische Hilfe und Anleitung zu holen.

Womöglich liest du dies und denkst dir: »Schön und gut, aber ich kann mich ziemlich gut ausdrücken und bin mir meiner Gefühle durchaus bewusst.«

Wirklich?

Das kauf ich dir nicht ab. Eines hatten nämlich sämtliche Männer, mit denen ich in all den Jahren gearbeitet habe, gemeinsam: Entweder fehlte ihnen der Sinn für die eigenen emotionalen Beweggründe oder sie konnten ihre Gefühle anderen gegenüber nicht frei ausdrücken. Und traurigerweise glaubten diese Männer fast alle, dass sie komplett in Ordnung waren. Wir glauben immer, *wir* wären in Ordnung. Alle anderen sind völlig verkorkst.

Lass dir gesagt sein: Wenn es dir anhaltend schwerfällt, interessante Gespräche mit Frauen zu führen; wenn du in Gegenwart von Frauen unter heftiger Beklommenheit leidest; wenn du dir oder anderen ständig etwas beweisen musst – dann stimmt etwas nicht. Glaub mir, dann stimmt wirklich etwas nicht. Dann ist da irgendetwas, was nicht aus dir rauskommt oder was du nicht fühlen willst. Das ist nicht schlimm. Das passiert uns allen.

Letzten Endes wollen Frauen – wollen wir alle – einen starken, eigenständigen Partner, der uns erfüllt, dem wir uns mitteilen können und der sich uns mitteilt.

Denn zusammen sein bedeutet mehr, als dass man physisch am selben Ort ist. Sich mitteilen bedeutet mehr, als dass man Fakten austauscht. Es bedeutet, dass man Werte, Wünsche, Gefühle und Träume einander offenbart. Es bedeutet, dass man Scham, Unsicherheit, Selbstzweifel und Ängste zeigt. Es bedeutet, dass man gemeinsam auf einer emotionalen Wellenlänge ist, dass man Herz an Herz zusammenlebt, denn das ist etwas, was niemand alleine kann.

Aber einen Haken gibt es dabei. Viele Männer sagen sich nach diesem Kapitel, nach dem ganzen Verletzbarkeits-Gerede: »Ah ja, also erzähle ich ihr die ganzen Peinlichkeiten, und dann will sie mit mir ins Bett. Verstanden.«

Nein. Falsch. Was zählt, sind nicht Äußerungen oder Verhaltensweisen, sondern Absichten. Wenn du hingehst und Frauen von deiner Unsicherheit berichtest und auf die Tränendrüse drückst, um sie flachzulegen, werden sie das merken und dich widerlich finden. Das ist keine Verletzbarkeit; das ist nur ein weiteres Theaterstück. Und wer sich so benimmt, ist bedürftig.

Ebenso wenig »funktioniert« es, wenn du dich Frauen gegenüber einfach hemmungslos benimmst und das für »ausdrucksstark« hältst. Denn deine Absicht ist dann nicht, sie zu verstehen und kennenzulernen, sondern nur Selbstbefriedigung. Das ist keine Verletzbarkeit, das ist Narzissmus. Und Narzissmus kommt immer von Bedürftigkeit.

Hör auf, Kommunikation als Informationsaustausch zu begreifen und achte lieber auf die Emotionen und Motive, die hinter dem stecken, was du sagst und tust. Dort findest du die wahre Bedeutung.

Ich sage es noch mal, weil es oft überhört wird: Verletzbarkeit ist keine Technik und keine Taktik. Sie ist eine Daseinsweise, eine Einstellung. Sie lässt sich nicht lernen, aber einüben.

Manchmal schreiben mir Männer ungefähr Folgendes: »Mensch, ich habe dem Mädchen doch erzählt, wie mein Hund gestorben ist, und dass ich meine Mama hasse. Sie hat trotzdem nicht mit mir geschlafen. Verletzbarkeit taugt nichts.«

Wenn ich solche Mails bekomme, schüttele ich den Kopf. Derjenige hat es nicht kapiert. Ich gebe dir einen Tipp: Immer, wenn du denkst »Dies klappt ja nicht« oder »Jenes taugt nichts«, bist du dabei zu performen, und das ist bedürftig. Punkt.

Allein die Vorstellung, dass etwas bei Frauen »funktioniert«, ist eine Form von Bedürftigkeit. Denn eine sexuelle Verbindung ist keine Leistung. Sie ist kein Level in einem Videospiel. Sie ist kein strategisches Ziel. Sie ist entweder da – oder nicht.

Wenn Frauen emotional mit dir und deinem Begehren in Kontakt treten, liegt das nicht daran, über was und auf welche Art und Weise du redest, sondern an der Emotion dahinter. Wenn die Emotion hinter deinen Worten bedürftig und selbstbezogen ist, wirken sie abtörnend, egal wie geistreich und persönlich und tief empfunden sie sind. Ist die Emotion hinter deinen Worten dagegen aufrichtig und verletzlich, dann wirkt sie antörnend, auch wenn du über deine Einkaufsliste oder den Namen deines Hundes redest. Klar, kurzfristig kann man das alles mit ordentlich Schauspielkunst auch vortäuschen. Aber lass es lieber bleiben. Wir suchen ja keine Notlösungen, schon vergessen?

Der Haken ist also, dass deine Äußerungen authentisch sein müssen. Du musst Frauen gegenüber vorbehaltslos offen sein, sonst ist deine Verletzbarkeit nicht echt. Wenn du einer Frau nur deshalb sagst, sie sei schön, weil du dir davon eine höhere Beischlafchance erhoffst, dann wird sie sich seltsamerweise nicht wirklich geschmeichelt fühlen. Probiere es aus. Es stimmt. Mach einer Frau falsche Komplimente, und schau, wie sie reagiert. Nicht sehr positiv, möchte ich wetten.

Zeigst du ihr hingegen aufrichtige Wertschätzung, so wirst du staunen, wie sie strahlt.

Der Haken ist also, dass alles, was du sagst, so wahrhaftig wie möglich sein muss. Es gibt keinen Umweg. Es gibt keinen Trick. Was du sagst, meinst du auch, und was du meinst, sagst du. Je nervöser dich das macht, desto besser, denn das heißt, dass du authentisch bist und dich verletzlich machst.

Wie attraktiv du bist, hängt vom Grad deiner Nicht-Bedürftigkeit ab. Deine Nicht-Bedürftigkeit hängt davon ab, wie verletzlich du dich machen kannst. Und wie verletzlich du sein kannst, hängt davon ab, wie ehrlich du dir und anderen gegenüber bist.

Womit wir beim nächsten Thema wären: der Gabe der Wahrhaftigkeit.

KAPITEL 3

Die Gabe der Wahrhaftigheit

»Hey Süße, kann ich dir in den Arsch pissen?«

Ich wurde schockstarr, als mein Freund diesen Satz jedem einzelnen hübschen Mädchen zurief, dass uns näher als zwei Meter kam.

Es war im Jahr 2006, ich war Collegestudent und hatte mich, um den Umgang mit Mädchen zu erlernen, einigen Typen angeschlossen, die mehr Frauen abräumten als irgendjemand sonst. Ich war jung und naiv und furchtbar bedürftig und betrachtete Beziehungen immer noch als eine Art Darbietung. Ich hatte mir vorgenommen, mit diesen Frauenhelden auszugehen, mir ihre Sprüche abzugucken und sie dann erfolgreich nachzuahmen.

Und dann brachte mein Kumpel Matt seinen Satz: »Kann ich dir in den Arsch pissen?«

Matt hatte ich flüchtig über einen Freund kennengelernt, aber sein Ruf eilte ihm voraus. Er war in einer Rockband, hatte tätowierte Arme und bumste Mädchen, als wäre es sein Nebenjob. Ich hatte ihn zufällig eine oder zwei Wochen vorher getroffen, und nun war ich zum ersten Mal mit ihm auf Tour.

Wie man sich vorstellen kann, war sein »Kann ich dir in den Arsch pissen?« nicht besonders erfolgreich. Es führte eher dazu, dass praktisch jedes Mädchen erschrocken davonlief. Matt war besoffen, und ich fragte mich ernsthaft, warum ich mich überhaupt mit ihm abgab.

Aber da geschah etwas Komisches. Ein paar Mädchen lachten. Und dann blieb ein Mädchen tatsächlich stehen und unterhielt sich mit uns.

Natürlich hatte ich 2006 nirgendwo in meinen Flirtratgebern gelesen, wie man nach dem Spruch »Kann ich dir in den Arsch pissen?« weiter vorgeht. Also stand ich verwirrt und verlegen daneben und war gespannt, wie es ausgehen würde.

Und da versprach Matt dem Mädchen doch tatsächlich, ihr noch heute Nacht das Poloch zu lecken …

Okay, dachte ich, vergiss es, ich geh nach Hause. Ich will nichts mit dem Trottel zu tun haben, wenn er aus der Bar geschmissen oder am Ende noch wegen sexueller Belästigung verhaftet wird.

Doch eine Viertelstunde später kam Matt wieder an, und zu meiner Überraschung hatte er das Mädchen im Arm. Sie strahlte.

»Alter, wir gehen jetzt zu ihr, war echt nett mit dir, sollten wir noch mal machen.«

Ich blieb allein in der Bar sitzen und versuchte, aus dem eben Erlebten schlau zu werden. Es ergab keinen Sinn und widersprach allem, was ich in meinem Leben über Frauen gelernt hatte.

Bis heute gehört dieser Abend für mich zu den wichtigsten Wendepunkten, was das Verständnis von Attraktion angeht. Hatte ich etwa gelernt, dass der richtige Spruch »Kann ich dir in den Arsch pissen?« lautet?

Nein, und auch heute finde ich den Satz ziemlich widerlich. Und im Nachhinein muss ich sagen, dass mein Kumpel Mark ganz schön narzisstisch unterwegs war.

Aber damals lernte ich, dass es nicht darauf ankommt, *was* man zu einer Frau sagt, sondern *warum*. Dass die unausgesprochene Absicht wichtiger und viel wirksamer ist als das Gesagte.

Man kann das Ödeste oder Blödeste (oder Lustigste, je nach Sichtweise) sagen – solange dabei der Subtext »Mir egal, ob du lachst oder schreiend davonläufst, so bin ich eben« lautet, wird unterschwellig eine Fremdbestimmtheit auf Tiefstniveau und ein unglaublich hohes Maß an Verletzbarkeit signalisiert.

Heißt das, dass man nur aus schierem Übermut etwas Groteskes sagen muss, und schon wird man flachgelegt? Nicht immer. Und auch nicht oft. Aber es ist nicht der schlechteste Ansatz.

Heißt das, dass man einfach in Bars gehen und solche anstößigen Sprüche ausprobieren sollte? *Fake it 'til you make it?* Lieber nicht. Weißt du, warum?

Die Idee, eine Frau aufzureißen, ohne dass es danach aussieht, erscheint den meisten Männern plausibel. Oder cool zu wirken, ohne dass so aussieht, als wolle man cool wirken. Ganze Aufreißmethoden und Flirtbücher basieren auf dieser Idee – dass man eine Frau umwirbt, ohne sie spüren zu lassen, dass man etwas von ihr will.

Allein das alles hinzuschreiben ist schon anstrengend. Es ist verlorene Liebesmüh.

Wie ich bereits erklärte, funktionieren solche performativen Tricks manchmal, aber es sind Notlösungen, die viel Zeit und Aufwand beanspruchen. Meiner Meinung sind sie eine einzige Verschwendung von Zeit und Aufwand. Die Zeit und den Aufwand investiert man lieber in sich selbst und lässt die gewonnene Persönlichkeit und Wahrhaftigkeit für sich arbeiten.

Denn warum sollte man lernen, Coolness vorzutäuschen, wenn man echte Coolness lernen kann?

Dazu kommt, dass das Umwerben ohne den Anschein des Umwerbens ein Eiertanz ist, der viel Aufmerksamkeit und Anstrengung erfordert. Da fällt man leicht auf die Schnauze. Die Fehlertoleranz ist gering, und das Ganze macht letzten Endes keinen Spaß. Außerdem sorgt die ganze Aufmerksamkeit und Anstrengung, die ein solches Manipulieren von Frauen erfordert, dafür, dass man sich noch mehr nach ihnen richtet und bedürftig wird, was die mögliche Attraktivität verringert.

Männer vermeiden es, Frauen gegenüber ehrliches Interesse zu zeigen, weil sie fürchten überengagiert rüberzukommen – und somit als bedürftig dazustehen. Sie glauben, dass der Satz »Du gefällst mir, und ich möchte dich kennenlernen« von den Frauen tatsächlich eher mit »Ich bin ein so verzweifelter Loser, dass ich dir mein ganzes Begehren vor die Füße schmeiße und dich anflehe, es zu erfüllen« übersetzt wird.

Du darfst nicht vergessen, dass nicht die Verhaltensweisen oder Äußerungen an sich wirken, sondern die *Absichten* dahinter. Eine ehrliche Interessensbekundung sendet allerlei unterschwellige Signale – attraktive Signale.

Denn wenn ein Mann mit offenen Karten spielt und sein Interesse an einer Frau kundtut, lautet die unterschwellige Botschaft: »Mir ist es vollkommen recht, wenn du mich zurückweist, sonst würde ich ja nicht so auf dich zukommen. Ich bin eben mit mir und meinen Aussichten zufrieden.«

Wenn dem Mann die Aussicht, zurückgewiesen zu werden, nicht behagte, würde er nämlich gar nicht so ehrlich sein können. Er würde dann so tun, als hätte er kein Interesse an ihr!

Allein schon der Umstand, dass er ihr seine Absichten offenbart, dass er ihr sozusagen seine Eier unters Hackebeil legt und sich von vornherein verletzbar macht, drückt unterschwellig Nicht-Bedürftigkeit und Attraktivität aus. Und dazu teilt er ihr noch sein Begehren mit, was sie erregend finden wird.

Nicht vergessen: Was du sagst, ist egal; entscheidend ist, *warum* du es sagst. Immer. Ohne Ausnahmen. Du kannst den besten Spruch der Welt bringen, aber wenn du ihn aus Bedürftigkeit und Sehnsucht nach Anerkennung und Bestätigung von Frauen bringst, merkt sie das sofort.

Aus diesem Grund sind Anmachsprüche letztendlich zwecklos. Ich kann dir die 100 besten Sachen verkaufen, die ich je zu einer Frau gesagt habe, aber ich kann dir unmöglich meine Absicht oder meine Selbstsicherheit verkaufen. Die musst du selber entwickeln. Und wenn dir das gelingt, stimmt alles, was du sagst, *mit dir persönlich* und niemandem sonst überein.

Die Wahrheit scheint immer durch

Ich verrate dir jetzt, dass ich in der nächsten Woche wirklich in Bars ging und zu Frauen »Kann ich dir in den Arsch pissen?« sagte. Rat mal, was passierte.

Nichts.

Genauer gesagt erntete ich lauter befremdete und angewiderte Blicke und kein einziges Lachen.

Ich wollte mit dem Satz nämlich immer eine Reaktion bewirken. Wie immer war ich sehr fixiert auf die Reaktion der Frauen. Ich kapierte es damals einfach nicht. Egal was ich sagte oder nicht sagte – wenn ich dabei durchscheinen ließ, dass mir die Reaktion viel zu wichtig war, funktionierte es nicht. Ich kam dann schmierig rüber, und die Frauen sahen mich an, als hätte ich Pusteln.

Das liegt daran, dass die Wahrheit immer durchscheint. Verletzbarkeit lässt sich nicht vortäuschen, und Aufrichtigkeit auch nicht. Das ist per definitionem unmöglich.

Flirtratgeber für Männer unterschätzen Frauen in diesem Punkt gewaltig. Frauen haben im Allgemeinen eine gute Intuition für Gefühle, Beweggründe und unterschwellige Signale. Wir kommen uns clever vor, wenn wir Frauen mit einem neckischen Spruch ansprechen. Wir glauben, sie merken gar nicht, dass wir sie heimlich angraben. Sie merken es. Sie merken es immer. Und es macht ihnen gar nichts aus.

Sie merken nicht nur, dass wir sie angraben, sondern auch, dass wir ihre Zurückweisung fürchten, und das törnt sie ab. Dass wir uns Sprüche und Legenden ausgedacht haben, um mit ihr ins Gespräch zu kommen, nimmt sie bewusst oder unbewusst als Zeichen dafür, dass wir übereifrig sind und nicht wirklich attraktiv.

Nicht-Bedürftigkeit kann man nicht ausreichend lange vortäuschen. Die Einzigen, denen man etwas vormachen kann, sind betrunkene oder selbst extrem bedürftige Frauen. Wirklich wahr.

Nicht-bedürftige und wirklich erstklassige Frauen, denen an der Aufmerksamkeit der Männer nicht viel liegt, haben für Sprüche und Spielchen keine Geduld. Sie durchschauen sie entweder und erkennen deine Angst vor Verletzbarkeit, oder sie gehen einfach davon aus, dass du der Mühe nicht wert bist.

Verletzbarkeit erfordert Aufrichtigkeit, und Aufrichtigkeit taugt nur, wenn sie bedingungslos gewährt wird, ohne Haken und Ösen. Da bedeutet, dass alles, was du sagst oder tust, frei von Hintergedanken sein muss. Du drückst nur deine Gedanken und Gefühle aus, so wie sie gerade kommen – ohne Hemmung, ohne Scham.

Die Wahrheit scheint immer durch. Und wenn du lügst oder dich verstellst, sagt das in Wirklichkeit mehr über dich aus als der Inhalt deiner Äußerungen. Auch wenn du nur dick aufträgst oder eine kleine Show abziehst, um jemanden zu beeindrucken, scheinen deine wahren Absichten durch, und das sagt mehr über dich aus, als Worte es je könnten.

Du kannst Frauen erzählen, du seist Musikproduzent und mit Jay-Z auf du und du, aber wenn du kein begnadeter Schauspieler bist, wird man feine Unstimmigkeiten in der Art wahrnehmen, wie du deine Legende untermauerst. Früher oder später scheint es durch. Dann kommen deine wahre Identität, deine fehlende Verletzbarkeit und deine Sehnsucht nach Zuneigung zum Vorschein, und dann kommst du als armseliger, erbärmlicher, unattraktiver Mann rüber.

Das ist ein Extrembeispiel, aber in kleinerem Maßstab geht es genau so vor sich. Nehmen wir das klassische Beispiel, dass einer sich uninteressiert gibt, um eine Frau für sich zu interessieren.

Wenn er so tut, als möge er die Frau nicht, sie ignoriert, so tut, als sei das, was sie sagt, dumm oder uninteressant, obwohl er sie mag und sich für ihre Äußerungen interessiert, werden ihn feine Unstimmigkeiten in seinem Verhalten und seiner Körpersprache früher oder später verraten. Die Rüstung wird Risse zeigen. Vielleicht ein zu lautes Lachen über den eigenen Witz. Oder eine verlegene Kopfdrehung im falschen Augenblick. Oder eine schräge Äußerung ihrer Freundin gegenüber, die gezwungen wirkt. Irgendwann klingelt der Bullshit-Alarm, und es wird offensichtlich, dass sich der Mann unehrlich dargestellt hat.

Aber was ist mit den Typen, die Frauen mit Komplimenten über ihre Schönheit umschmeicheln? Die ihnen Drinks ausgeben und um Dates betteln und immer wieder anrufen und ihnen versichern, dass sie ständig an sie denken? Solche Typen offenbaren ihre Absichten und ihre Gefühle, kommen damit aber auch nicht weiter, oder?

Das Problem ist: Es liegt in unserem Wesen, dass wir Menschen, die uns mögen, nicht über den Weg trauen, wenn wir nicht das Gefühl haben, wir hätten ihre Zuneigung irgendwie verdient. Stell dir vor, ein fremder Mensch kommt auf dich zu, überschüttet dich mit Komplimenten und kauft dir Sachen. Wie würdest du reagieren?

Wahrscheinlich würdest du denken: »Na, was will der wohl von mir?« Oder, wenn er besonders aufdringlich und sonderbar ist: »Oh Gott, ist der Typ ein Axtmörder?«

Das liegt daran, dass dieser Mensch großes Interesse an deiner Anerkennung zeigt, ohne dich wirklich zu kennen, ohne dich in Ruhe kennenlernen zu wollen und zu verstehen. Deshalb traust du ihm nicht. Er kommt dir schmierig und schräg vor.

Bei solchen Männern wirkt die Bedürftigkeit wie eine riesige Neonreklame, die aus ihrem Arsch ragt. Sie erzählen einer Frau zehn Sekunden nach dem Kennenlernen, wie toll sie ist, und kaufen ihr eine Stunde später Geschenke.

Damit signalisieren sie: »Ich kenne dich zwar nicht, aber aus lauter Verzweiflung tu ich vorsichtshalber alles, um deine Gunst zu gewinnen.« Und das wirkt armselig.

Darunter liegt sogar noch eine unterschwellige Botschaft: »Das Einzige, was ich als Mann zu bieten habe, sind Geld und Komplimente. Sonstige Qualitäten habe ich nicht.«

Ein Mann mit einem attraktiven und interessanten Leben, mit hohen Ansprüchen an sich selbst und seine Beziehungen nimmt sich die Zeit, eine attraktive Frau kennenzulernen, bevor er sie mit Geschenken umwirbt. Er wartet, bis seine Gefühle so stark sind, dass seine Komplimente von Herzen kommen. Und wenn er im Gespräch mit ihr feststellt, dass ihr Aussehen das einzig Interessante an ihr ist, verliert er das Interesse.

Ironischerweise spüren Frauen eben diese hohen Ansprüche und finden sie unglaublich sexy. Deshalb geben sich viele Männer so viel Mühe, hohe Ansprüche vorzutäuschen.

Im Zweifelsfall kommt es auf die Absichten an.

Überleg mal: Wenn der Durchschnittsmann in einer Bar einem hübschen Mädchen Drinks spendiert – warum macht er das? Damit sich das Mädchen zu ihm setzt und mit ihm redet. Wenn er ihre Schönheit lobt und seine Verliebtheit beschwört – wozu diese Komplimente? Damit das Mädchen ihn mag. Wenn er mit ihr schick essen geht und ihr teuren Schmuck verspricht – wieso macht er das? Damit sie beeindruckt ist und ihn nicht sitzenlässt.

Das alles sind gar keine Geschenke, keine Komplimente. Es sind Geschäfte, die er einfädelt. Die Konditionen mögen unausgesprochen bleiben, aber es sind doch Transaktionen. Für alles, was er ihr gibt, erwartet er eine Gegenleistung. Die Drinks sind nicht gratis. Er kauft sie ihr in dem stillen Einvernehmen, dass sie bei ihm bleibt und mit ihm redet. Er äußert Komplimente in dem stillen Einvernehmen, dass sie ihm im Gegenzug gewogen ist.

Und wenn eine Frau ihm die Anerkennung verweigert oder das Interesse nicht erwidert, wird er wütend und wirft ihr vor, eine Goldgräberin zu sein, eine verlogene Hure, eine Zicke. Hier zeigt sich wieder, dass ein »Netter« kaum anders ist als ein Narzisst. Der eine gibt nur. Der andere nimmt nur. Aber beiden ist die Sucht nach Bestätigung gemein.

Dies ist eine subtile Form der Manipulation und daher im Kern unaufrichtig. Auch dies durchschauen selbstsichere Klassefrauen meistens, und sie geben sich selten mit solchen Männern ab. Die einzigen Frauen, die bei einem solchen Mann landen, sind oberflächliche Naturen, die bereit sind, ihre Zuneigung gegen materiellen und äußerlichen Gewinn zu tauschen. Solche Frauen sind seelenlos und unterdrücken ihre Gefühle mindestens so sehr wie die Männer, die ihnen Sachen kaufen.

Ein attraktiver Mann zeigt sein Interesse bedingungslos und erwartet keine Gegenleistung. Das finden Frauen erregend, und wenn sie sein Interesse erwidern, ist auch dies wiederum ein Geschenk.

Wahrhaftigkeit ist nur möglich, wenn sie bedingungslos ist. Die Wahrheit ist nur dann wahr, wenn sie als Geschenk gegeben wird, wenn keine Gegenleistung erwartet wird. Wenn ich einem Mädchen sage, dass sie schön ist, erwarte ich dafür keine Gegenleistung. Ob sie mich zurückweist und sich in mich verliebt, ist momentan nicht wichtig. Wichtig ist, dass ich ihr zeige, was ich *momentan* fühle.

Komplimente benutze ich nicht als Verhandlungsargument. Ich vergebe sie bedingungslos. Bedürftige Männer vergeben Komplimente an Frauen, die sie gar nicht kennen, und warten darauf, dass sie sie entweder in Form von Aufmerksamkeit oder Dank oder sexuellen Gefälligkeiten zurückzahlen. Ich vergebe Komplimente nur dann, wenn ich den ehrlichen Drang dazu verspüre. Meistens passiert das erst, nachdem ich eine Frau kennengelernt und ihr meine Bereitschaft gezeigt habe, ihr zu widersprechen, von ihr abgewiesen zu werden und sie gegebenenfalls sitzenzulassen. Die Bereitschaft zum Sitzenlassen und der Verzicht auf Gegenleistung verleihen meiner Interessensbekundung so viel Wert.

Ein Kompliment aus dem Munde eines Mannes, der nichts im Gegenzug erwartet, ist eine geschenkte Wahrheit, ein Stück Verletzbarkeit und daher unendlich viel wirkungsvoller.

Ein derart wahrhaftes Kompliment regt Frauen dazu an, sich mehr auf den Mann einzulassen. Indem man auf ihre Anerkennung verzichtet, regt man sie paradoxerweise zu mehr Anerkennung an.

Schöne Frauen bekommen oft Komplimente für ihr Aussehen. Diese Komplimente entstehen zu 99 Prozent aus der Bedürftigkeit eines Mannes und aus einem idealisierten Bild von ihr oder von dem, was sie für ihn sein könnte.

Schöne Frauen haben viel Erfahrung darin, zu unterscheiden, ob ein Mann aufrichtig oder unaufrichtig, ob ein Kompliment Geschenk oder Köder ist.

Und wenn es ein aufrichtiges Geschenk ist, erkennt sie daran einen Mann, der sie wahrhaftig wertschätzt. Solche Männer sind selten.

Frauen sind auch Menschen (ganz schön radikal, ich weiß). Und Menschen schätzen diejenigen, die sie wahrhaftig schätzen, ohne eine Gegenleistung zu erwarten.

Der stärkste Liebestrank der Welt ist das Gefühl, von jemandem gemocht zu werden – wirklich gemocht. Das Begehren einer Frau ist begehrenswert. Aber es muss immer aufrichtig sein und sollte kein »Ich begehre dich, solange du mein Ego polsterst und meine Kollegen beeindruckst«-Begehren sein.

Der Punkt ist, dass echte, bedingungslose Wertschätzung in dieser Welt selten ist, besonders bei Männern. Frauen spüren das, und deshalb interessieren sie sich auch so sehr für eben die Männer, die ihnen ihre Verletzbarkeit beweisen.

Der Lackmustest geht so: Achte auf deine Äußerungen und dein Verhalten Frauen gegenüber, und auf die Absichten dahinter. Diese Absichten tönen immer zehnmal lauter als das, was du aussprichst. Was sagen sie?

Wenn du einer Frau einen ausgibst, damit sie mit dir redet statt mit jemand anderem – was verrät diese Absicht über dich? Sie verrät, dass du übereifrig bist, und dass dein Benehmen unattraktiv ist.

Wenn du einer Frau etwas erzählst, um sie zu beeindrucken und für dich einzunehmen – was verrät diese Absicht über dich? Sie verrät, dass du übereifrig bist, und dass dein Benehmen unattraktiv ist.

Wenn du eine Frau in ein teures Restaurant einlädst, um ihr zu zeigen wie viel Geld du hast – was verrät diese Absicht über dich? Sie verrät, dass du übereifrig bist, und dass dein Benehmen unattraktiv ist.

Wer glaubt, die Zuneigung einer Frau durch Vergnügungen, Geld oder andere Äußerlichkeiten kaufen oder erschleichen zu müssen, hat kein Vertrauen in den eigenen Charakter und ist daher nicht wirklich attraktiv.

Ich muss dazu sagen, dass hierbei kein strenges »Alles oder nichts« gilt. Jeder möchte gemocht werden, jeder möchte andere beeindrucken, jeder braucht manchmal Bestätigung. Zu einem gewissen Grad sind wir alle so. Man kann unmöglich rund und die Uhr absolut nicht-bedürftig sein.

Doch Bedürftigkeit ist relativ. Deshalb rate ich ja auch, *weniger* auf die Meinung anderer zu geben, und nicht, *gar nichts* darauf zu geben. Der Unterschied ist wichtig.

Ich rate nicht dazu, ein herzloser Soziopath zu werden. Ganz im Gegenteil. Denn indem man mehr für sich selbst eintritt, gewinnt man erst die Freiheit, sich um andere zu kümmern, ohne eine Gegenleistung zu erwarten. Ein Mann, der bedürftig ist und nicht für sich selbst eintritt, bringt letztendlich nur oberflächliche Interaktionen zustande, weil er so wenig Verletzbarkeit aushält.

Es ist unmöglich, sich überhaupt nicht auf andere Menschen einzulassen. Das ginge gegen unsere Natur. Aber es ist immer möglich, mehr auf sich selbst zu setzen und sich mehr um sich selbst zu kümmern.

Grenzen setzen

Bedingungslos ehrlich zu sein umfasst nicht nur Komplimente und Wertschätzung. Bedingungslose Ehrlichkeit kann auch brutal und verletzend sein. Und seltsamerweise finden Frauen brutale, zornige Ehrlichkeit manchmal ebenso erregend wie das aufrichtigste Kompliment.

Auch hier kommt es nicht auf das Gesagte an, sondern auf die unausgesprochene Absicht dahinter. Wenn du dich traust, einer Frau ins Wort zu fallen und ihr zu sagen, dass du ihr Benehmen missbilligst, oder ihr klarzumachen, was du in deinem Leben tolerierst und was nicht, dann sendest du unterschwellig äußerst attraktive Botschaften, die viel wirkungsvoller sind als lustige Geschichten oder Spielchen.

Deshalb ist es durchaus möglich, eine Frau gleichzeitig zu verärgern und anzutörnen. Jeder erfahrene Mann kennt das.

Wenn ein bedürftiger Mann die Äußerung einer schönen Frau anstößig oder übergriffig findet, ignoriert er sie, wechselt das Thema oder verbirgt seinen Ärger. Womöglich stimmt er ihr sogar scheinbar zu, nur um sie nicht aufzuregen.

Ein nicht-bedürftiger Mann dagegen teilt der Frau mit, dass er ihre Äußerung anstößig oder übergriffig findet. Ihm ist egal, was sie daraus macht. Er dreht ihr daraus keinen Strick. Er zieht einfach nur eine rote Linie und sagt: »So etwas gefällt mir nicht.« Ob sie die Linie überschreitet, ist ihre Sache.

Narzisstische Männer nehmen dies oft als Freifahrtschein dazu, andere ständig zu kritisieren und auf deren Gefühle keinerlei Rücksicht zu nehmen.

Das ist Überkompensation und ein Zeichen dafür, dass man zu viel auf die Bestätigung und die Reaktion anderer gibt.

Nicht-bedürftige Männer setzen sich *nicht* über die Grenzen anderer hinweg, sondern achten sie und versuchen, die eigenen Grenzen zu schützen.

Nicht-Bedürftigkeit bedeutet, dass man sich selbst *und* andere achtet. Narzissmus bedeutet, dass man nur sich selbst achtet. Bedürftigkeit bedeutet, dass man nur andere achtet.

Der Unterschied liegt darin, dass ein Narzisst, dem eine Frau etwas Anstößiges oder Übergriffiges sagt, sie beschimpft, damit sie es zurücknimmt. Ein nicht-bedürftiger Mann stellt dagegen einfach nur klar, dass er ihre Äußerung missbilligt und so etwas nicht wieder hören möchte. Wie sie darauf reagiert, ist ihre Sache.

Beleidigt eine Frau die Freunde eines nicht-bedürftigen Mannes, gebietet er ihr ohne zu zögern Einhalt und steht für seine Freunde ein. Wenn eine Frau ein Date nach einer halben Stunde aus irgendeinem Grund beenden möchte, bringt er sie nicht durch Betteln oder Tricksen dazu, zu bleiben, er beschimpft sie auch nicht oder rügt ihre Manieren. Er sagt lächelnd »War nett mit dir«, und lässt sie ziehen.

Die eigenen Grenzen wahren. Nicht die der anderen verletzen.

Die meisten Fragen oder Probleme, die mir Männer mailen, drehen sich im Kern um die missglückte Wahrung der eigenen Grenzen. Egal ob es um ein Date geht, das Ausbleiben eines Rückrufs, Spott über den Beruf des Mannes – das »Problem« besteht einfach darin, dass er sich nicht traut, ihr zu sagen, was er in seinen Beziehungen zulässt und was nicht.

Ein typischer Fall sieht ungefähr so aus:

»Sie mochte mich echt und hat mir ihre Nummer gegeben. Auf meine SMS antwortet sie, aber jedes Mal, wenn ich mich verabreden will, hat sie eine Ausrede. Also schrieb ich ihr weitere Nachrichten, und irgendwann sagte sie mir zu, doch beim zweiten Date kam sie zu spät und musste früh wieder weg. Geküsst hat sie mich nicht. Jetzt schreibe ich ihr wieder, und sie schreibt auch zurück, will sich jedoch nicht noch mal verabreden. Was tun?«

Solche Männer beschweren sich oft zwanghaft über »die Spielchen, die Frauen spielen« oder darüber, dass sie »auf die Probe gestellt« werden.

Meine Antwort ist immer die Gleiche: Wenn man von Anfang an klarstellt, dass man keine Spielchen mitmacht, hören die Frauen, die man trifft, nicht nur damit auf, sondern man trifft einfach keine Frauen mehr, die Spielchen spielen.

Was ich in der oben beschriebenen Situation gemacht hätte? Ich hätte ihr gesagt: »Sag Bescheid, wenn du dich noch mal treffen möchtest. Wenn du keine Lust dazu hast, ist es auch okay.«

Ja, das würde ich ihr genau so mitteilen. Nicht auf schroffe Art. Aber unmissverständlich.

Ähnliches habe ich schon ungefähr fünf- bis zehnmal zu verschiedenen Frauen gesagt. Sie waren ausnahmslos verblüfft. Oft entschuldigten sie sich sofort für ihre Unzuverlässigkeit: das sei nicht böse gemeint. Meine Offenheit und meine Bereitschaft, zurückgewiesen zu werden (oder sie zurückzuweisen), bewies ihnen seltsamerweise meine Nicht-Bedürftigkeit. Und oft fanden sie mich deshalb umso attraktiver.

Manchmal sagten sie aber auch auf die eine oder andere Weise: »Stimmt. Ich will gar nicht mit dir ausgehen.« Und das war okay. Ja, es tat weh, das zu hören. Aber das Leben tut eben oft weh. Reiß dich zusammen, es ist besser so. Solche Frauen ersparen uns eine Menge Zeit und Nerven.

Deine Fähigkeit und dein Wille, Grenzen zu setzen, ist umgekehrt proportional zu deiner Bedürftigkeit. Männer, die bedürftig sind und keine Verletzbarkeit zeigen, lassen ihre Grenzen offen und unbestimmt und laden dadurch zu Manipulation und Rücksichtslosigkeit ein. Denn sie sind viel zu sehr bereit, sich anzupassen, nur um von ihrer Partnerin Bestätigung zu erhalten.

Nicht-bedürftige Männer setzen strenge Grenzen, weil ihnen ihre Zeit und ihr Glück wichtiger sind als die Bestätigung einer Frau. Sie sehen aber auch keinen Grund dazu, die Grenzen anderer niederzutrampeln.

Wenn man sich selbst verletzbar machen will, muss man oft erst einmal Grenzen setzen. Man muss lernen, nein zu sagen, besonders Frauen gegenüber. Man muss herausfinden, was man mag und was nicht, was man toleriert und was nicht. Man muss sich selbst gegenüber ehrlich sein, bis es schmerzt. Und dann ebenso ehrlich ihr gegenüber.

Das Schwierige am Setzen von Grenzen ist, dass man sich dazu die eigenen Wünsche und Gefühle besonders bewusst machen muss. Und Männer, die immer bedürftig waren, haben oft keinen Sinn dafür. Sie wissen nicht, für was sie einstehen und worüber sie lieber hinwegsehen sollten. Sie kennen ihre eigenen emotionalen Beweggründe und Sehnsüchte nicht.

Oft müssen Männer lange nach der ihnen innewohnenden Wahrheit suchen, bevor sie sie nach außen hin ausdrücken können.

Die eigene Wahrheit finden

Hier einige Wahrheiten, die ich über mich herausgefunden habe:

- Mein starkes Verlangen nach weiblicher Zuneigung hat wahrscheinlich viel damit zu tun, dass ich als Jugendlicher bei einer alleinerziehenden Mutter aufwuchs.
- Die Scheidung meiner Eltern hinterließ bei mir eine tief sitzende Bindungsangst, die meine Beziehungen prägte, bis ich weit über 30 war.
- Viel von dem, was ich in meiner Jugend cool fand, diente eigentlich nur dem Selbstschutz und der Betäubung emotionaler Wunden.
- Ich war lange Zeit wütend auf meinen Vater.
- Ich bin in eigenartiger Weise auf meine Männlichkeit fixiert.
- Meine wichtigsten Werte sind Ehrlichkeit, Empathie und intellektuelle Neugier.
- Ich weigere mich, Frauen zu tolerieren, die mich nicht glücklich machen, egal wie scharf sie sind.

Heute fällt es mir leicht, dies zu äußern, doch das Wichtige dabei ist nicht, all das in Worte zu fassen. Wichtig waren die Gefühlsströme, die ins Fließen kamen, als ich diese Wahrheiten herausfand, denn erst dadurch konnte ich im

Alltag und im Umgang mit Frauen endlich Gefühle zulassen, die bisher unterdrückt waren.

Weil ich all diese Wahrheiten über mich herausgefunden habe, konnte ich anschließend entsprechende Grenzen setzen, was mich wiederum weniger bedürftig machte.

Zu Anfang rannte ich beispielsweise ständig mit dem Kopf gegen die Wand, indem ich in lauten Nachtclubs versuchte, die »heißen Bräute« aufzureißen. Die Sorte mit unechter Bräune, unechten Titten, unechten Haaren, unechtem Wesen.

Aus irgendeinem Grund schaffte ich es anfangs nie, sie lange genug für mich zu interessieren. Doch irgendwann, durch Hartnäckigkeit, und nachdem ich weit mehr Zeit und Schweiß in solchen Etablissements verbrachte, als ich zugeben möchte, schaffte ich es doch noch, eben solche heißen Bräute abzuschleppen.

Und … es war eine einzige Enttäuschung.

Ich musste feststellen, dass an diesen Mädchen nichts objektiv besser oder interessanter war. Der einzige Grund, warum sich Männer zu ihnen hingezogen fühlen, ist offenbar, dass sie aussehen wie die Frauen im Fernsehen oder im Film oder im Porno. Sie haben nichts Begehrenswertes außer der Tatsache, dass sie als Statussymbol gelten. Und die Jagd nach ihnen entsprang meiner Bedürftigkeit und keiner ehrlichen Absicht. Ich brauchte einige Jahre, um einzusehen, dass ich einem Statussymbol hinterherjagte, einem Schulterklopfen, dass ich eigentlich immer nur das Scheitern meiner Schulzeit, als die hübschen Mädchen nichts von mir wissen wollten, neu durchlebte und zu tilgen suchte.

Es hatte nichts mit den Frauen zu tun, sondern nur mit mir.

Wenn ich heute an solchen Orten auf Frauen treffe, deren Persönlichkeit keinerlei Tiefe zeigt, bemühe ich mich nicht mehr, sie kennenzulernen. Meine Grenze ist gesetzt: Ich schätze Neugier, Bildung, Intelligenz und Authentizität. Was ich nicht schätze, ist »unechtes« Aussehen: dickes Make-up, Selbstbräuner, Extensions oder knallenge Röcke.

Okay, in Bezug auf die knallengen Röcke könnte es sein, dass ich mich irre.

Die Ironie der Geschichte? Da ich diese Grenze gesetzt habe, liegt mir nicht mehr viel an diesen Frauen, und infolgedessen schenken sie mir mehr Aufmerksamkeit als je zuvor.

Es ist wichtig, dass du die Gründe verstehst, warum das Thema »Frauen« für dich eine so große Rolle spielt, und dass du dich damit auseinandersetzt und versuchst, dich davon freizumachen.

Möglich wäre es beispielsweise, dass dir so viel an Frauen liegt, weil du noch Jungfrau bist und keine Erfahrung hast. Du musst zunächst kapieren, dass dich dein Mangel an Erfahrung dazu bringt, dich selbst abzuwerten und nach Bestätigung zu suchen. Dann musst du dich, wenn du Erfahrungen sammeln willst, damit anfreunden, unerfahren zu sein und dies auch zugeben.

Es könnte auch sein, dass dich deine letzte Freundin wegen eines anderen verlassen hat, und du deshalb verbittert bist. Bevor du den Zorn loswirst, der dich so viel Wert auf Frauen legen lässt, musst du dich mit den Gründen deines Zorns und den Ursachen deiner Trennung auseinandersetzen.

Für mich war es ein harter Brocken einzusehen, dass sich meine Exfreundin zur Trennung entschied, weil ich ein ziemlich naiver und mieser Partner gewesen war. Mir fielen aber auch Schwächen und Unsicherheiten an ihr auf, die ich in unserer gemeinsamen Zeit nicht bemerkt hatte; sie war nicht der perfekte Engel, für den ich sie gehalten hatte. Alles in allem machte ich meinen Frieden mit dieser Erfahrung, und der Zorn ließ nach, sodass ich mich davon lösen und unbefangener mit Frauen umgehen konnte.

Ein weiteres Beispiel wäre ein Mann, der noch nie »cool« war. Womöglich wurde er in seiner Jugend gehänselt und in seiner Schulzeit verspottet. Vielleicht haben die beliebten Jungs gesagt, er sei schwul oder ein Schlappschwanz.

Vielleicht ist er älter und geselliger geworden und sieht attraktiver aus als früher und will nun die Jahre der Minderwertigkeit wiedergutmachen. Also schmeißt er mit Geld um sich und erntet jede Menge oberflächliche Aufmerksamkeit. Es macht ihm Spaß, er leckt die alte Wunde, er ist endlich cool und beliebt. Aber an irgendeinem Punkt muss er sich damit auseinandersetzen, es annehmen und dazu stehen. Erst dann kommt er weiter.

Wie gesagt, wer nur deshalb Frauen nachjagt, um Männer zu beeindrucken, hat den Schuss nicht gehört und sollte mal über die eigenen Beweggründe nachdenken. Um sich davon zu lösen, muss man ergründen, warum man die Aufmerksamkeit und Anerkennung anderer Männer sucht – der Grund könnte sogar beim eigenen Vater liegen –, und dann auf andere Art Anerkennung erlangen. Sich einer Sportmannschaft anschließen. Die Kollegen zum Bier einladen. Saisonkarten fürs örtliche Stadion kaufen. Es gibt deutlich gesündere Arten, an Männerfreundschaften zu gelangen, als die Kerle mit weiblichen Eroberungen zu beeindrucken.

Bei mir persönlich lag eine Kombination der letzten beiden Fallbeispiele vor. Ich habe den größten Teil meiner Jugendjahre allein bei meiner Mutter gelebt. Aus diesem Grund kam ich immer besser mit Mädchen als mit Jungs klar und hatte bis ins Erwachsenenalter kaum männliche Freunde. Und selbst zu diesen fand ich keinen richtigen Draht. Da ich wenig Kontakt zu meinem Vater hatte (körperlich wie emotional), suchte ich unbewusst bei anderen Männern nach Bestätigung.

Dazu kam die Tatsache, dass mich meine Freundin nach vier Jahren verließ und sich in mir eine Wut auf Frauen angestaut hatte. Diese beiden Zutaten ergaben das perfekte Rezept für einen bedürftigen Mann, der aus Überkompensation zum narzisstischen Frauenheld avanciert.

Erst als ich dieser Wahrheit ins Auge sah, konnte ich mich von meinem Übereifer und meiner Bedürftigkeit Frauen gegenüber lösen und befreien. Ich musste mich mit meinen Schwachstellen auseinandersetzen, bevor mein Leben endlich für tolle Frauen attraktiv wurde. Sobald ich mich von dem Wunsch freimachte, andere Männer zu beeindrucken, verschwand auch meine Sorge darum, was das besoffene Mädchen am Tresen wohl von mir halten könnte. Als ich mich von meinem Zorn auf meine Exfreundin freimachte, verschwand auch größtenteils mein Bedürfnis, alle und jede zu ficken.

In der Folge richtete ich mich weniger nach den Frauen um mich herum und ließ mich von dem, was sie sagten und taten, weniger beeinflussen – was mich wiederum attraktiver machte. Wie von Zauberhand zog ich auf einmal viel schönere und interessantere Frauen an.

Wie gelang mir das? Eines war klar. Mein Aussehen hatte sich nicht geändert. Ich trug die gleichen Klamotten. Ging zu den gleichen Partys, in die gleichen Bars. Aber auf einmal kamen Frauen auf mich zu. Ich erwischte immer mehr Frauen dabei, dass sie mich anlächelten und herüberblickten. Mein Äußeres hatte sich kaum geändert. Doch mein Innenleben war völlig umgekrempelt. Und mein Verhalten bald auch.

Der eigenen inneren Wahrheit auf die Spur zu kommen, ist ein langwieriger Prozess. Ein ganzes Buch könnte man allein darüber verfassen. Aber auch in dir stecken garantiert ein paar tief sitzende Wahrheiten, wegen denen du die Art, wie Frauen dich behandeln, überbewertest. Andernfalls hättest du dieses Buch nicht gekauft und bis hierhin gelesen.

Wenn du meinst, ernsthafte emotionale Probleme zu haben, oder deine Identität aus irgendeinem Grund von der Bestätigung durch Frauen abhängig machst, empfehle ich dir eine Therapie.

Bei Psychotherapien kommen sofort allerlei negative Vorurteile und Klischees hoch, doch sie können hilfreich sein, wenn man sich die Mühe macht, einen guten, vertrauenswürdigen Therapeuten zu finden.

Wichtig ist, sich bewusst zu machen, dass eine Psychotherapie ein Werkzeug ist, keine Lösung. Therapeuten sind dazu da, dich bei der Suche nach deinen eigenen emotionalen Wahrheiten anzuleiten und zu motivieren. Sie können sie nicht für dich herausfinden. Manch einer kommt mit der Erwartung in die Therapie, dort auf magische Weise repariert zu werden. Wenn er dann nur »reden« soll und mit Fragen genervt wird, kommt Frust auf.

Die nervenden Fragen haben einen Grund. Du musst aktiv nach emotionalen Knoten in deinem Innern suchen, von denen du noch gar nichts weißt. Dabei wirst du manch Erstaunliches entdecken: Zum Beispiel, wie dich die Nachbarskinder einmal den ganzen Nachmittag lang in einen Schrank gesperrt haben. Wie deine Mutter einmal nach Hause fuhr und dich im Supermarkt vergaß. Wie sich deine Eltern trennten oder ein Familienmitglied starb. Solche Erlebnisse habe emotionale Spätfolgen, die dich möglicherweise und sehr wahrscheinlich dazu bringen, später im Leben deine Bestätigung aus anderen Quellen zu beziehen.

Und diese Quellen sind manchmal Frauen.

Dieses Buch hilft dir weiter, wenn du dich an seine Ratschläge hältst. Alles, was ich dir hier ans Herz lege, soll dir dabei helfen, Nicht-Bedürftigkeit auszubilden. Indem du dir neue Verhaltensweisen angewöhnst und dir deiner

Gefühle bewusster wirst, legst du den Grundstein für permanente Veränderung.

Wie du sehen wirst, ist das Buch in drei Kernthemen unterteilt: wie man sich einen kongruenten und attraktiven Lebensstil schafft, wie man Ängste überwindet, und wie man in Gesellschaft Gefühle und sexuelle Regungen ohne Scham und falsche Hemmungen ausdrückt.

Alle drei Themenfelder werden dir dabei helfen, verletzbarer und weniger bedürftig zu werden. Alle diese Themen hängen miteinander zusammen, wie ich im 6. Kapitel noch erläutern werde. Arbeitest du an einem, wirkt sich das positiv auf die anderen aus, und umgekehrt.

Reibung und Projektion

Gegen Ende des Kapitels möchte ich noch auf ein paar Ausnahmen zu sprechen kommen, die mit Verletzbarkeit und Nicht-Bedürftigkeit gegenüber Frauen zu tun haben. Ich weiß, dass ich dir versprochen habe, du müsstest bloß weniger auf eine Frau setzen, als sie auf dich setzt, und schon würde sie dich attraktiv finden.

Nun, das stimmt, aber nur weil sie in dir einen attraktiven Mann sieht, heißt das nicht, dass sie gleich mit dir ins Bett hüpft.

Attraktivität ist gut, aber an und für sich reicht sie nicht immer, um eine romantische oder erotische Beziehung einzuleiten.

Es gibt zwei Gründe, warum eine Frau, die dich attraktiv findet, dennoch nichts mit dir anfängt. Ich nenne sie *Reibung* und *Projektion.*

Reibung liegt dann vor, wenn eine Frau einen Mann attraktiv findet, aber durch Wertunterschiede oder äußere Umstände davon abgehalten wird, der Anziehungskraft nachzugeben.

Nehmen wir an, du bist ein Rockstar, der sich jede Nacht besäuft und Groupies vögelt, während sie eine fromme Christin ist, die jeglichem Sex vor der Ehe abgeschworen hat. Diese Diskrepanz zwischen den persönlichen Werten ruiniert die Chance, dass ihr beiden zusammenkommt. Es ist eine starke Reibung, die dafür sorgt, dass nichts passiert.

Der häufigste Fall von Reibung ist, wenn die Frau bereits vergeben ist. Das passiert ständig. Du triffst eine Frau, es macht klick, sie lacht über jeden deiner Scherze, lächelt, wenn du lächelst, schaut dir ein bisschen zu lang in die Augen …

… und ist übrigens verheiratet.

Sie ist nicht nur verheiratet, sondern bricht auch jeden Flirt ab, bevor er zu weit geht. Sie mag dich. Sie gibt womöglich sogar zu, dass sie dich attraktiv findet. Aber ihre Ehe ist ihr mehr wert als ihre Zuneigung zu dir. Und daran kannst du nichts ändern. Das ist Reibung.

Männer fragen mich oft, wie sie eine Frau dazu bringen können, ihren Freund oder Ehemann zu betrügen. Meine Antwort ist zweigeteilt. Der erste Teil lautet: Du bringst sie nicht dazu, sie entscheidet sich dazu. Der zweite Teil lautet: Lass den Scheiß, bist du bescheuert? Du kannst damit Leuten das Leben kaputtmachen, und selbst wenn nicht, ist es den ganzen Stress nicht wert.

Reibung kann religiöse, kulturelle oder einfach logistische Gründe haben. So liegt beispielsweise Reibung vor, wenn sie in Australien lebt, er aber in New York. Das macht eine Beziehung schwierig, egal wie attraktiv man einander findet.

Jede Interaktion bringt ein Mindestmaß an Reibung mit sich. Du wirst niemals eine Frau zu 100 Prozent mögen, und keine Frau wird dich jemals zu 100 Prozent mögen. Es gibt immer kleine Unterschiede in den Werten oder Prioritäten, die manchmal ein bisschen stören, manchmal auch gewaltig. Und es können immer unvermeidliche Ereignisse oder Situationen eintreten, die unüberwindbare Hindernisse aufwerfen.

Ob diese Reibung eine sexuelle Beziehung verhindert, hängt allerdings davon ab, wie streng die eigenen Grenzen gesetzt und wie hoch die Erwartungen gesteckt sind.

Möglicherweise lernt man ein extrem scharfes Mädchen kennen, das kokainabhängig ist. Möchte man eigentlich nur mit ihr schlafen, kann man über ihre Kokainsucht hinwegsehen. Hegt man dagegen starke moralische Einwände gegen Drogen, wird man wahrscheinlich vor Abscheu die Finger von ihr lassen.

Letzten Endes bestimmen die Werte das Verhalten. Und das ist es, worauf ich hinauswill. Deine Werte bestimmen dein Verhalten – nicht das, was eine

Frau vermeintlich von dir will, oder was andere vermeintlich von dir erwarten. Frage dich, was für dich und für die Beziehung das Beste ist.

Projektion ist etwas völlig anderes. Viele Frauen haben aus irgendeinem Grund Angst vor der eigenen Sexualität oder vor offen sexuell auftretenden Männern. Ihr Vertrauen zu Männern ist gestört, und sie hegen Wut gegen sie. Oft liegt das daran, dass es in ihrer Vergangenheit emotionalen oder sexuellen Missbrauch gab und/oder dass sie in ihrem Leben immer wieder von Männern enttäuscht wurden.

Begegnet ihnen ein nicht-bedürftiger Mann – ein Mann ohne ähnlichen emotionalen Ballast und Argwohn –, dann lassen sich solche Frauen meist nicht auf ihn ein, sondern schlagen um sich – nicht, weil sie ihn nicht attraktiv finden, sondern *weil* sie ihn attraktiv finden. Die starke sexuelle Anziehung macht ihnen Angst, besonders wenn sie den Mann als bedrohlich empfinden. Männliche Sexualität ist für sie etwas Negatives, und wenn ihnen ein aufrichtiger und attraktiver Mann begegnet, greifen sie ihn oft gerade deswegen an.

Solche Frauen werden sauer und machen Bemerkungen wie: »Das sagst du sicher allen Frauen.« Oder sie weisen einen aus irgendeinem Grund ab, bereuen es dann und wollen einen zurückgewinnen. Sie ignorieren Anrufe und werden wütend, wenn man ihnen nicht hinterhertelefoniert, oder sie lassen einen bei Verabredungen aus fadenscheinigen Gründen links liegen und beschweren sich dann, wenn man sich nicht wie ein perfekter Gentleman benimmt.

Offensichtlich ist man ohne solche Frauen besser bedient. Also nimm ihre Zurückweisung an und vergiss sie.

Im Allgemeinen sind solche Frauen extrem bedürftig, und aufgrund des sehr unterschiedlichen Engagements projizieren sie ihr eigenes Engagement auf den Partner. Sie werfen ihm vor, anspruchsvoll, herrisch, notgeil, unzuverlässig oder schwach zu sein. Diese Vorwürfe haben nur wenig oder gar nichts mit der Realität zu tun, und ein nicht-bedürftiger Mann trennt sich entweder von so einer Frau oder er ignoriert die haltlosen Vorwürfe.

Die einzigen Männer, die sich diesen Unsinn antun, sind selber äußerst bedürftig. Der bedürftige Mann tut alles, um die Vorwürfe und Fehler, die die Frau auf ihn projiziert, wiedergutzumachen und zu beheben. Und das Bekloppte daran ist, dass der Bedürftige *daran Freude hat*. Er erfreut sich daran, weil er, solange er den Ängsten und Vorwürfen der argwöhnischen Frau hinterherrennt, das Gefühl hat, gebraucht zu werden.

Ist der Mann ein Narzisst, schlägt auch er sofort um sich, und es kommt zu einer Beziehung voller kleinlicher Streitereien, dramatischer Gefühlsausbrüche und gegenseitiger Projektion der jeweiligen Leid- und Ausgrenzungserfahrungen. Das wiederholt sich so lange, bis einer von beiden halbwegs zur Vernunft komm und mit dem Zirkus Schluss macht. Manchmal geht das schnell. Manchmal dauert es Monate oder Jahre. In jedem Fall ist es unschön.

Die unbequeme Wahrheit ist, dass es bei den meisten Frauen, die du triffst, anfangs viel Reibung und Projektion gibt: Du wirst nicht weit kommen, egal was du sagst oder tust. Damit musst du rechnen. Und es ist okay. Du wirst mit den meisten Frauen dieser Welt inkompatibel sein. Wer glaubt, mit den meisten Frauen kompatibel zu sein, unterliegt einem Größenwahn, der der eigenen narzisstischen Tendenz entspringt.

Inkompatibilität ist eine Gegebenheit. Egal wie du dich verhältst und wonach du suchst – die meisten Frauen sind entweder nicht interessiert an dir oder emotional nicht zugänglich. Unser Job besteht also nicht darin, attraktiv für alle und jede zu sein, sondern diejenigen zu finden, die uns höchstwahrscheinlich so, wie wir sind, attraktiv finden.

Das Anerkennen von Inkompatibilität ist der Ausgangspunkt unserer Flirtstrategie. Von irgendeiner anderen Annahme auszugehen, wäre bestenfalls weniger effizient und schlimmstenfalls destruktiv. Die Welt ist, wie sie ist, und wir müssen uns ihr gegenüber einfach so kühn und klar wie möglich aufstellen, die Reaktionen aushalten und sich ergebende Chancen nutzen. Wer versucht, die Reaktionen anderer zu bestimmen oder zu beeinflussen, ist ein Narr und ein Träumer.

Teil II

STRATEGIE

KAPITEL 4

Polarisierung

In Teil I haben wir gelernt, dass die Attraktivität eines Mannes davon abhängt, wie nicht-bedürftig er ist und wie unverklemmt er die eigenen Wünsche und Verletzbarkeiten offenbaren kann. Außerdem ging es um die Grenzen der Attraktivität und um die Tatsache, dass die allermeisten Frauen der Welt nicht mit dir kompatibel sein werden, egal was du sagst oder tust.

In Teil II nehmen wir uns zum Ziel, ausgehend von dieser Sachlage eine anwendbare Strategie zu entwerfen, mit der jeder Mann sein Liebesleben rasch und spürbar verbessern kann.

Ziel dieser Strategie ist Effektivität und Anwendbarkeit. Die Strategie beruht auf der Realität – und nicht auf dem fantastischen Gedanken, das Geheimnis jeder Frau knacken zu können oder jedes heiße Babe ins Bett zu kriegen.

Daher befasst sich dieses Buch mit Gegebenheiten, die viele andere Flirtratgeber links liegenlassen, nämlich Zurückweisung, Rassen- und Altersunterschiede, Aussehen, Schamgefühl, Ehrlichkeit, emotionale Bindung und – nicht zu vergessen – Zurückweisung.

Du wirst Zurückweisung erfahren. Aber keine Sorge, das ist gut so.

Viele Flirtratgeber, besonders die leistungsorientierten, versprechen, dass man mit jeder beliebigen Frau schlafen kann, unabhängig von … eigentlich allem. Zugespitzt formuliert: Wenn du ein Fettsack bist, der bei Mama im Keller wohnt, musst du nur die richtigen Sprüche klopfen, und schon schläfst du mit einem Unterwäschemodel (als lungerten Unterwäschemodels an jeder Straßenecke rum).

Das sind Märchen. Und zwar Märchen, die du lieber nicht nachspielen solltest. Sie geben deiner Bedürftigkeit Futter.

Zurückweisung hat einen Zweck: Sie ist dazu da, Menschen, die nicht gut füreinander sind, auseinander zu halten.

So mancher Mann kapiert offenbar nicht, dass die Beziehung zu einer Frau, die ihn zu klein findet oder seine Frisur nicht mag oder ihn langweilig findet, ihm ohnehin keine Freude machen würde.

Frag dich Folgendes: Wieso solltest du mit einer Frau intim werden, die dich gar nicht wertschätzt? Wieso solltest du dich mit so einer zufriedengeben? Weil sie scharf ist? Na hör mal, ein bisschen mehr Selbstachtung, bitte. Ein bisschen mehr Anspruch, bitte.

Auch hier zeigt sich, dass es Männer mit hoher Bedürftigkeit und geringer Selbstachtung sind, die sich völlig verbiegen, um *jede* Frau verführen zu können. Der erste Schritt zu mehr Attraktivität ist, Zurückweisung als Mittel zu sehen, mit dem man diejenigen Frauen ausschließt, die kein Glück im Leben bringen. Zurückweisung ist ein Segen, kein Fluch.

Fangen wir von vorn an. Es gibt unendlich viele Frauen, und wir können unmöglich alle von ihnen treffen oder sogar kennenlernen. Die erste Aufgabe besteht also darin, die Auswahl so zu verringern und zu filtern, dass wir bessere Chancen haben.

Drei Kategorien von Frauen

Nehmen wir zuerst sämtliche Frauen auf dem Planeten. Das sind um die 3,6 Milliarden.

Selbstverständlich wirst du dich für die meisten von ihnen überhaupt nicht interessieren. Wir können also alle streichen, die dir körperlich nicht gefallen. Wenn du eine Frau nicht attraktiv findest, dann grab sie nicht an, lade sie nicht ein, lass die Finger von ihr.

Überlege dir nun, was du persönlich an Frauen magst. Wenn du Dicke oder Kurvige magst, dann nur zu. Sind dir schwarze Frauen mit Dreadlocks lieber, dann ist das wunderbar. Auch ob du ältere oder jüngere Frauen bevorzugst, liegt an dir. Versuch nur nicht, den Ansprüchen anderer nachzueifern. Und ich sag es nochmal deutlich: *Wenn du eine Frau nicht attraktiv findest, dann lass sie in Ruhe.*

Der Einfachheit halber teilen wir alle Frauen, die du attraktiv findest, in drei Kategorien auf: *bereit*, *neutral* und *unbereit*.

Beginnen wir mit *unbereit*.

Frauen, die *unbereit* sind, sind nicht verfügbar oder nicht daran interessiert, mit dir eine sexuelle oder romantische Beziehung zu beginnen. Die häufigsten Gründe dafür sind:

- Da du wesentlich bedürftiger als sie bist, erscheinst du ihr nicht attraktiv.
- Sie ist liiert oder verheiratet und damit glücklich.
- Zu viel Reibung hindert sie daran, mit dir auszugehen: unterschiedliche Werte oder Interessen, logistische Schwierigkeiten etc.
- Sie möchte momentan mit *keinem* Mann etwas anfangen.

Dass eine Frau unbereit ist, merkt man daran, dass sie Interessensbekundungen mehrfach nicht erwidert oder sogar Desinteresse demonstriert. Wenn du sie auf einen Kaffee einlädst und sie sich immer wieder herausredet, ist sie unbereit. Wenn du sie dreimal anrufst und sie nicht zurückruft, ist sie unbereit. Wenn du sie ansprichst und sie sich entschuldigt und lieber allein sein will, ist sie unbereit. Wenn du sie triffst und sie sich endlos über ihren Freund beklagt und dich als guten Zuhörer lobt, ist sie unbereit.

Ausnahmen gibt es nicht. Viele Männer verschwenden ihre Zeit damit, sich einzureden, dass sie von unbereiten Frauen gemocht werden. Eine gute Faustregel ist: »Wenn du dich das fragen musst, hast du die Antwort schon.« Unklarheiten dürfte es nicht geben. Und wenn doch, löst man sie mit dem Satz: »Ich finde dich süß/hübsch/attraktiv/lustig/wasauchimmer – hast du Lust, Kaffee trinken/essen/einen trinken zu gehen?«

Problem gelöst. Ziemlich bald weißt du, woran du bist.

Aber ich greife voraus …

Die nächste Kategorie ist *neutral*. Uns Männern leuchtet diese Kategorie nicht ohne Weiteres ein, weil wir uns viel seltener als Frauen in dem dazugehörigen Zustand befinden. Meistens weiß ein Mann binnen Sekunden, ob er eine Frau näher kennenlernen und mit ihr schlafen will oder nicht.

Frauen sind anders. Sie werden sich lange nicht über einen Mann klar und können in die eine oder andere Richtung umschwenken.

Frauen der neutralen Sorte sind üblicherweise solche, die man noch nicht lange kennt. Wichtig zu wissen ist, dass Frauen nie ewig in dieser Kategorie bleiben. Irgendwann schwenken sie zum einen oder anderen Pol. Und wenn man ihnen keine Avancen macht oder kein Interesse an ihnen zeigt, schwenken sie *meistens* in Richtung unbereit (womit man in der Freundeszone landet, dazu gleich mehr).

Neutrale Frauen sind eben dies: neutral. Sie lehnen Angebote nicht unbedingt ab, machen aber selbst keine, auch nicht im Gegenzug. Die Würfel sind noch nicht gefallen. Oft bekommt man ein zaghaftes »Ja«, aber kein freudiges. Die Testphase läuft noch. Manchmal hat die Frau den Mann auch noch gar nicht als potentiellen Partner wahrgenommen.

Bei neutralen Frauen ist das Ziel, sie durch Äußerungen oder Verhaltensweisen zu polarisieren. Das kann durch Flirten oder Necken geschehen. Das kann durch eine Einladung geschehen. Das kann durch schlichtes Anlächeln geschehen. Alles, was man unternimmt, hat zum Ziel, sie vor die Entscheidung zu stellen, ob sie einen mag oder nicht. In welche Richtung sie polarisiert wird, ist nicht so wichtig wie die Tatsache, dass es geschieht. Denk daran: Wenn du ihre Neutralität unangetastet lässt, wird sie *wahrscheinlich* unbereit und sortiert dich zu den Unattraktiven.

In der letzten Kategorie befinden sich die bereiten Frauen, die sich sexuell oder romantisch zu dir hingezogen fühlen. Bereite Frauen erkennst du an zwei Zeichen: 1) sie ergreifen die Initiative, und 2) sie erwidern deine Avancen mit Begeisterung.

Wenn eine Frau initiativ wird, kann das so aussehen:

- sie hält ausdauernd tiefen Blickkontakt.
- Sie spricht dich an.
- Sie berührt dich ohne Anlass.
- Sie fragt dich nach deiner Nummer oder nimmt dich zu Unternehmungen mit ihrem Freundeskreis mit.
- Sie fragt dich aus und zeigt echtes Interesse an dir.

- Sie stellt dich ihren Freundinnen vor.
- Sie gibt dir ihre Telefonnummer.
- Sie gibt Gründe/Geschichten/Ausreden an, um mit dir Zeit zu verbringen.

Wenn du dieses Buch liest, sind wahrscheinlich viele der Beziehungen oder sexuellen Erfahrungen in deiner Vergangenheit deshalb zustande gekommen, weil eine Frau die Initiative ergriffen hat.

Das ist in Ordnung. Aber solange du nicht extrem gut aussiehst, ein tolles Leben hast oder aufgrund deiner Kontakte viele Frauen kennenlernst, wird es im Alltag so sein, dass nur wenige Frauen bei dir initiativ werden. Und die, die es tun, tun es nicht oft.

Tatsächlich werden die meisten Frauen, gerade die sehr schönen Frauen, selbst dann nicht initiativ, wenn sie dich attraktiv finden. Frauen haben vor dem Sex eher weniger Chips auf dem Tisch als der Mann, daher erwarten sie (meistens), dass er den Anfang macht. Außerdem gibt es einen starken kulturellen Druck, der Frauen auf die Initiative des Mannes warten lässt.

Das andere Zeichen, mit dem Frauen ihre Bereitschaft signalisieren, ist das Erwidern. Dabei gilt es, den subtilen Unterschied zwischen dem Erwidern von Avancen und neutralem Verhalten zu erkennen. Ist die Frau neutral, reagiert sie einfach gar nicht. Legst du ihr beispielsweise im Gespräch die Hand auf den Rücken, wird sie einfach so tun, als hättest du sie gar nicht berührt.

Wenn sie deine Annäherung erwidert, tut sie dies, indem sie auf irgendeine Weise positiv reagiert. Irgendwie gibt sie dir das Signal, dass sie deine Annäherung akzeptiert und mag. Eine Erwiderung seiner Berührung am Rücken könnte entweder darin bestehen, dass sie sich dagegen lehnt, sich zu dir lehnt oder dich ihrerseits berührt.

Weitere Beispiele für ein Erwidern wären:

- Sie lässt ihre Freundinnen stehen und redet mit dir.
- Sie hält intensiven Blickkontakt und lacht ein wenig zu sehr über deine Scherze.
- Wenn du sie berührst, berührt sie dich auch.

- Wenn du den Arm um sie legst, lehnt sie sich an.
- Wenn du sie bei der Hand nimmst, um sie irgendwohin zu führen, hält sie fest.
- Wenn du mit ihr ausgehen möchtest, schlägt sie ein Lokal oder eine Unternehmung vor.

Frauen, die Interesse haben, teilen dies mit, indem sie kleine Signale erwidern. Wie man diese Signale und Erwiderungen erkennt, lernt man aus Erfahrung, aber wenn man weiß, worauf man achten muss, ist es nicht schwer.

Viele der Flirttechniken, zu denen wir in Teil V kommen werden, befassen sich mit der Art und Weise, wie Frauen Signale erwidern und wie man damit umgeht.

Leider sind die allermeisten Frauen, die man als normaler Mann kennenlernt, entweder neutral oder unbereit. Das geht den allermeisten Männern so, auch mir, also mach dir keine Sorgen.

Auf wie viele Frauen der einen oder anderen Kategorie man trifft, unterscheidet sich von Mann zu Mann und hängt auch stark von den äußeren Umständen ab.

Von den Frauen, die beispielsweise ein 40-jähriger Finanzmogul bei Networking-Events oder Konferenzen trifft, mögen sich 40 Prozent oder mehr bereit zeigen, und nur wenige neutral oder unbereit.

Taucht der gleiche Mann dagegen in einem Nachtclub voller betrunkener 20-Jähriger auf, wird er feststellen, dass nur eine von hundert bereit oder neutral ist, die anderen 99 aber unbereit.

Dieser soziologische Aspekt ist sehr wichtig, und daher habe ich ihm das ganze 7. Kapitel gewidmet.

Wie viel Prozent aller Frauen nun genau auf welche Kategorie entfallen, spielt keine Rolle. Viele Männer und sogar viele Flirtratgeber verschwenden eine Menge Zeit, weil sie die Funktion und die strategische Bedeutung der drei Kategorien nicht verstehen.

Strategien für jede Kategorie

Deine Vorgehensweise hängt davon ab, mit welcher Sorte von Frau du es zu tun hast. Viele Männer machen den Fehler, dass sie bei einer Frau der falschen Kategorie die falsche Strategie anwenden. So versuchen sie etwa, eine unbereite Frau dazu zu bringen, bereit zu werden. Ober sie behandeln eine Frau, die schon bereit ist, so, als wäre sie es noch nicht. Das ist nicht nur Zeitverschwendung, sondern auch unproduktiv.

Bei unbereiten Frauen geht es darum, sie zu erkennen und so schnell wie möglich hinter sich zu lassen. Sie kosten nur wertvolle Zeit. Frauen, die unbereit sind, haben dafür meistens gute Gründe, die wenig mit deiner Person zu tun haben (Wenn sie doch mit dir zu tun haben, solltest du Lehren daraus ziehen).

Die Meinung einer unbereiten Frau lässt sich praktisch nicht ändern, und falls es doch gelingt, lohnt sich selten der Aufwand.

Ich glaube fest an die Idee des *Fuck yeah or no*, dass es also zwischen »ja, verdammt nochmal!« und »nein« kein vernünftiges Mittelding gibt. Ich will also, dass Frauen, die mich kennenlernen, »ja, verdammt nochmal« sagen. Wenn es sie nicht begeistert, mit mir zusammen zu sein, verliere ich das Interesse an ihnen. Auf unbereite Frauen verwende ich daher keinerlei Zeit und Mühe. Sie sind möglicherweise tolle Menschen, mit denen ich mich gern anfreunde. Aber sobald sie sich mir gegenüber unbereit zeigen, will ich nichts mehr von ihnen.

Nachdem ich in sieben Jahren Tausende von Frauen kennengelernt habe, fallen mir vielleicht fünf Fälle ein, in denen sich eine Frau mir gegenüber offen unbereit verhielt und ich sie anschließend »bekehrte«. Wenn sie sich schroff zeigt, dich abweist, dir ihr Interesse verweigert, dir mitteilt, dass sie liiert ist, dann mach dich vom Acker. Schlag sie dir aus dem Kopf und zieh weiter. Du verschwendest nur deine Zeit. Und wenn sie in deinen Augen noch so besonders ist – du wirst eine finden, die ebenso besonders ist, *aber auch* bereit für dich.

Die beiden häufigsten Fälle von Zeitverschwendung sind die *Freundeszone* und die *liierte Frau.*

In der Freundeszone landet man, wenn man von einer Frau als Freund eingeordnet wird, nicht als potentieller Partner. Diese beiden Kategorien schließen sich bei den meisten Frauen gegenseitig aus. Ein Mann ist entweder ein Freund oder ein potentieller Geschlechtspartner, aber nur selten beides. Es gibt Ausnahmen, aber die sind rar.

Wer einmal im Freundeskreis landet, kommt kaum je heraus. Und wenn es doch gelingt, liegt das wahrscheinlich nicht an eigener Leistung. Warum? Weil ein Mann, der sein sexuelles Verlangen nicht in die Tat umsetzt, bedürftig ist, sich nicht verletzbar macht und daher unattraktiv wirkt.

In die Freundeszone gerät man, weil man an eine bereite oder neutrale Frau gerät und ihr keine Avancen macht. Stattdessen verhält man sich nett, wie es ein guter Freund eben tut. Man glaubt, Chancen zu haben, weil sie sich gern unterhält, über Scherze lacht usw. Aber weil man kein sexuelles Interesse zeigt, ordnet sie einen in die Schublade mit der Aufschrift »nett« ein.

Ein typisches, allerdings trauriges Beispiel für die Freundeszone bekam ich bei einem Freund meiner Exfreundin mit. Als ich sie kennenlernte, zog sie gerade in eine neue Wohnung ein. Wir zwei Männer halfen ihr beim Umzug. Der andere war groß und gab sich nach Kräften nett und hilfsbereit. Ich erkannte schnell, dass er ihr gegenüber ziemlich bedürftig war. Seine ungeschickten Flirtversuche erwiderte sie nicht.

Als attraktives Mädchen zeigte sie ihrerseits natürlich nicht sehr viel Interesse an ihm, also ordnete ich ihn in ihre Freundeszone ein. Ich sollte Recht behalten.

Während ich dann mit ihr zusammen war, hasste der Typ mich. Er hielt mich für ein Arschloch, weil er so lange nett zu ihr gewesen war, und ich dann kam und einfach mit ihr ausging, ohne mich einen Dreck darum zu scheren, ob sie mich zurückweisen würde. Komischerweise funktioniert das. Als ich mich nach ein paar Jahren im Guten von ihr trennte, durfte sie mich in seiner Gegenwart nicht erwähnen. In dieser Zeit versuchte er mehrmals, sie für sich zu gewinnen, einmal bekannte er sogar tränenreich, schon jahrelang in sie verliebt gewesen zu sein.

Kein Wunder, dass all sein Bemühen sie eher abtörnte. Es verdarb die ganze Freundschaft. Sie waren vier Jahre lang befreundet gewesen, und ganz abgesehen von seiner Scheu (vier Jahre Zögern) zeigte das Ausmaß seines Über-Engagements unterschwellig eine *enorme* Bedürftigkeit und ein miserables Selbstwertgefühl.

Natürlich wies sie ihn zurück. Immer wieder. Da wurde er wütend. Und da er in mir immer ein Arschloch sah, das sie nicht gut behandelte, beschloss er, selber ein Arschloch zu werden, das sie nicht gut behandelt. Er entschied sich für Narzissmus und Überkompensation. Er behandelte sie auf einmal verächtlich, weil er glaubte, sie könne keine Selbstachtung haben, wenn sie einen so zuvorkommenden Mann wie ihn zurückweise. Und es kam noch ironischer: Weil er so lange »nett« gewesen war, glaubte er Ansprüche zu haben und sie schlechter behandeln und zum Objekt machen zu dürfen. Am Ende versuchte er eines Abends, sie physisch zu einem Kuss zu zwingen.

Selbstverständlich beendete das die Freundschaft. Sie wollte nichts mehr mit ihm zu tun haben.

Nichts verschlingt mehr Zeit als das Verweilen in der Freundeszone, denn die meisten Männer geben sich dabei der Illusion hin, dass sie nur auf das Unvermeidliche warten. Es nährt allerlei romantische Schicksalsfantasien. Man glaubt, der perfekte Mann für sie zu sein, und sie müsse nur aufwachen und erkennen, dass die Liebe ihres Lebens die ganze Zeit schon an ihrer Seite war.

Das passiert aber nicht. Niemals. Die Einstellung dahinter ist unglaublich arrogant und manipulativ. Kein Wunder, dass Frauen sie so unattraktiv finden.

Solltest du derzeit in so einer Situation sein, musst du dir die Sache aus dem Kopf schlagen und hinter dir lassen. Unverzüglich. Wenn ein Mann auch nur einen Monat, höchstens zwei, mit einer Frau befreundet ist, ohne sein sexuelles Interesse an ihr deutlich zu machen, ist es wahrscheinlich zu spät.

Man muss sexuelles Interesse gleich zu Anfang in irgendeiner Form signalisieren. Denn je länger man wartet, desto schwieriger wird es und desto eher wird die Frau unbereit. Überlege dir, wie die unterschwellige Botschaft lautet, wenn man vier Jahre mit dem Bekenntnis wartet. Es teilt mit: »Mir liegt so viel mehr an dir als an mir selbst, dass ich vier Jahre lang meinen Mut zusammennehmen musste, um dir mein Interesse zu offenbaren.« Extrem unattraktiv. Und wahrscheinlich weiß sie längst Bescheid! Wahrscheinlich schon immer! Das macht es noch schlimmer.

Die zweithäufigste Zeitverschwendung, der ein Mann anheimfallen kann, ist eine Frau, die glücklich liiert ist. Anders als bei der Freundeszone, in der Männer oft Monate oder Jahre ausharren, kosten liierte Frauen meistens nur ein paar Wochen, höchstens Monate. Aber Zeitverschwendung ist Zeitverschwendung.

Viele Männer bleiben an Frauen hängen, die bereits vergeben sind. Anstatt sich die Mühe zu sparen und weiterzuziehen, hegen sie die Illusion, jede Frau würde unter den richtigen Umständen ihren Partner betrügen. Das stimmt nicht. Und selbst in den Fällen, wo es stimmt, ist es die Zeit und Mühe nicht wert.

Es lohnt sich einfach nicht, auf eine Frau zu warten, die in einer festen Beziehung ist. Punkt. Und die Beziehung zu sabotieren, um dann zuzuschlagen und die Frau »wegzuschnappen«, ist nicht nur unpraktikabel, sondern auch moralisch das Allerletzte. Es zeigt ein extremes Ausmaß an Bedürftigkeit und Narzissmus.

Was viele Männer jedoch nicht kapieren, ist, dass verheiratete oder sonstwie vergebene Frauen oft einfach deshalb mit anderen Männern flirten, weil es ihnen Spaß macht und sie die Aufmerksamkeit genießen. Für manche Frauen ist Flirten eine Art Hobby, ein harmloses Vergnügen. Wenn eine liierte Frau insgesamt recht glücklich wirkt und mit mir flirtet, dann nehme ich den Flirt nicht allzu ernst.

Viele Männer können auch nicht gut mit dem abweisenden »Ich habe einen Freund« umgehen. Manche Männer bezweifeln obsessiv den Wahrheitsgehalt dieser Behauptung und sehen darin eine vorgeschobene Ausrede.

Aber auch hier geht es überhaupt nicht darum, ob ihre Aussage zutrifft oder nicht. Es geht um die Absicht. Und die Absicht lautet: »Ich habe kein Interesse.«

Und das sollte man ihr unbesehen glauben und sie in Ruhe lassen. Selbst wenn sie tatsächlich keinen Freund hat, lohnt es sich nicht, eine Frau umzustimmen, die diese Lüge für nötig hält. Und falls sie wirklich einen Freund hat, ist sie wahrscheinlich glücklich mit ihm, sonst hätte sie ihn nicht erwähnt.

Und das ist das Dilemma: Frauen, die ihren Freund/Ehemann zu betrügen bereit sind, erwähnen ihren Freund/Ehemann … so gut wie nie. Meistens erwähnt eine Frau ihren Partner, kurz bevor oder kurz nachdem du mit ihr etwas anfängst bzw. angefangen hast. Erwähnt sie ihn schon beim Kennenlernen, ist sie nicht interessiert. Erwähnt sie ihn beim Knutschen im Taxi zu dir, dann ist sie wahrscheinlich interessiert. Aber das merkst du ja auch so.

Bei unbereiten Frauen besteht deine Aufgabe also darin, sie möglichst schnell zu erkennen und dich dann höflich zurückzuziehen. In diesem Fall ist Zurückweisung ein Segen, wie wir noch sehen werden.

Erst wenn du auf eine Frau triffst, die zumindest neutral ist, wird es interessant.

Bei neutralen Frauen geht es darum, ihnen die Neutralität möglichst schnell auszutreiben. Wie bereits gesagt, werden Frauen, die neutral sind und neutral bleiben, früher oder später unbereit. Die Entscheidung stößt man an, indem man sich verletzbar macht und offenbart.

Indem du Frauen dein wahres Wesen offenbarst, polarisierst du: Entweder werden sie für dich bereit – oder unbereit. Wenn du dich offenbarst und dabei mehr Engagement zeigst als sie, wird sie dich nicht attraktiv finden und unbereit werden. Auch wenn du dich offenbarst und zwischen euch eine große, unüberbrückbare Reibung besteht, wird sie unbereit.

Wenn du deine Wahrheit offenbarst und dabei zeigen kannst, dass du nicht-bedürftig bist, aber auch keine Reibung besteht (ähnliche Interessen, Werte, Lebenslagen usw.), wird sie sehr bereit werden. Und wenn ich sehr bereit sage, meine ich *sehr* bereit.

Männer sitzen dem großen Irrtum auf, sich so verhalten zu wollen, dass sie jeder Frau gefallen – als wären alle Frauen gleich. Das ist deshalb kontraproduktiv, weil eine Anpassung des Verhaltens an das, was Frauen vermeintlich wollen, Verletzbarkeit ausschließt und daher bedürftig und unattraktiv macht.

Andere Männer belassen es aus lauter Angst vor Zurückweisung bei harmlosen Witzen und unverfänglichen Gesprächsthemen, die überhaupt nicht polarisieren. Damit verbergen sie ihr wahres Wesen und ihre Verletzbarkeit, zeigen übermäßiges Engagement und machen sich unattraktiv.

Wenn es eins gibt, was narzisstische Männer gut können, dann ist es schnelle Polarisierung. Frauen wissen sofort, ob sie etwas von einem Narzissten wollen oder nicht, weil er so übergriffig und anmaßend erscheint, dass sie unwillkürlich eindeutige Gefühle für ihn haben.

Das Problem bei einem Narzissten ist, dass die wenigen Frauen, die auf ihn anspringen, nicht zu der angenehmen Sorte gehören (weil sie selbst äußerst bedürftig sind).

Wie du siehst, kommt bei neutralen Frauen das sogenannte »Rumkriegen« ins Spiel. Frauen rumkriegen zu können bedeutet, sie schnell aus dem neutralen Zustand in den bereiten Zustand zu locken. Dies geschieht, indem man sich verletzbar macht, sich schonungslos offenbart, dadurch polarisiert und sich mit dem Ergebnis, was es auch sei, zufriedengibt.

Vor Kurzem habe ich zum Beispiel in einem Club eine schöne Frau kennengelernt. Sie tanzte mit mir, ignorierte aber meine Annäherungsversuche. Sie schien damit zufrieden zu sein, mit mir zu tanzen, engagierte sich aber nicht weiter. Als ich merkte, dass ich womöglich die ganze Nacht mit ihr tanzen würde, ohne zu polarisieren, lud ich sie zu einem Drink ein und sagte, dass ich sie gern näher kennenlernen würde. Sie nahm an.

An der Bar fragte ich sie als Erstes das, was ich neutrale Frauen mit am liebsten frage: »Was auf der Welt magst du am allerliebsten?«

Die Antwort darauf verrät mir zweierlei: nämlich erstens wie leidenschaftlich und eigensinnig sie ist, und zweitens, ob wir etwas gemeinsam haben. Frauen, die keine Leidenschaft und keinen Eigensinn zeigen, lasse ich sehr schnell links liegen, um mir eine andere zu suchen. Frauen mit ähnlichen Interessen wie meinen geben mir die Gelegenheit, sie zügig auf bereit zu polen.

Antwortet eine Frau beispielsweise: »Jesus«, dann weiß ich schon, dass es in Richtung unbereit geht. Nicht dass ich was gegen Jesus hätte, aber sagen wir es so: Hier gehen die Interessen auseinander. Diese Polarisierung ist jedoch sinnvoll, auch wenn ich das Mädchen nicht abkriege. Dass nichts daraus wird, ist für uns beide besser. Und indem ich ihre Frömmigkeit so früh feststelle, wissen wir rechtzeitig Bescheid.

In diesem Fall antwortete die Frau im Club, dass sie am liebsten reise und neue Kulturen kennenlerne. Bingo. Ich reise selber sehr gern. Also erzählte ich ihr, dass ich schon in über 40 Ländern war. Und keine halbe Stunde später saßen wir zusammen und plauschten angeregt über russische Grammatik.

Hättest du gedacht, dass russische Grammatik als Flirttechnik taugt? Wohl kaum? Aber ich habe einen Hang dazu. Und sie hatte ebenfalls einen Hang dazu. Und am Ende wurde sie meine feste Freundin. Mein Erfolg kam daher, dass ich mich ihr offenbarte, sodass sie sich für oder gegen mich entscheiden musste.

Als Letztes wäre da noch die bereite Frau. Wer auf eine solche trifft, hat viel Freude und wenig Mühe. Bei einer bereiten Frau ist die Aufgabe ganz leicht: Man eskaliert. Man macht Avancen. Man treibt die Sache voran – vorausgesetzt, man will es.

Wenn man bereiten Frauen, die anfangs neutral waren, nicht schnell genug Avancen macht und sexuell näherkommt, polen sie sich oft wieder um in Richtung neutral und letztendlich in Richtung unbereit um. Frauen, die von Anfang an bereit waren, bleiben meiner Erfahrung nach meist fast unbegrenzt lange bereit. Dies sind übrigens die einzigen Fälle, in denen man sich aus der Freundeszone herauswinden kann. Es sind die seltenen Fälle, in denen die Frau von Anfang an bereit ist, aber aus irgendeinem Grund keine Beziehung zustande kommt (bestehende Beziehung, geografische Distanz o. ä.).

Der folgende Absatz ist wichtig und bildet die Grundlage für den Rest des Buches. Daher solltest du ihn ruhig mehrmals lesen, bis du sicher bist, dass du ihn verstehst:

Der Anteil der Bereiten unter den Frauen, die man kennenlernt, steigt proportional mit der Lebensqualität, dem sozialen Status und dem Aussehen des Mannes. Der Anteil derer, die man von neutral auf bereit umpolen kann, verhält sich proportional dazu, wie gut man im »Rumkriegen« ist, oder wie gut man sich Frauen gegenüber mitteilen und ausdrücken kann.

Die meisten Flirtratgeber beschäftigen sich sehr damit, wie man Zurückweisung vermeidet. In meiner Strategie spielt Zurückweisung dagegen eine zentrale Rolle. Sie ist ohnehin unvermeidlich, also setzen wir doch lieber auf eine Strategie, die sie sich zunutze macht. Zurückweisung erfüllt einen Zweck. Ein Professor an einer renommierten Universität wird wahrscheinlich nicht viel Freude mit einer alkoholkranken Schulabbrecherin haben. Dass sie einen hübschen Hintern hat, bedeutet nicht, dass er mit ihr zusammen sein sollte.

Indem du bei Frauen so polarisierst, dass sie dich zurückweisen – und mit *du* meine ich dein wahres Selbst, dein verletzbares, unverstelltes Selbst –, tust du dir einen Gefallen, denn du sortierst diejenigen aus, die dich glücklich machen können.

Männer wollen oft beides: Sie wollen verbale Fehltritte, peinliche Situationen und schmerzhafte Zurückweisungen vermeiden, gleichzeitig aber auch ein attraktiver, toller Typ sein, dem die Frauen zu Füßen liegen.

Das geht nicht.

Beides hängt nämlich zusammen. Man kann *unmöglich* auf manche Frauen attraktiv und bewegend wirken, ohne sich für andere zum Narren zu machen. Unmöglich. Man muss spalten können, polarisieren. Das ist der ganze Trick. Und das lernt man, indem man sich emotional ausreichend öffnet, sich ausreichend ehrlich ausdrückt und sich ausreichend mit der eigenen Verletzbarkeit anfreundet, um peinliche Momente ebenso auszuhalten wie leidenschaftliche. Es fällt nicht leicht, zu polarisieren. Aber es ist notwendig. Und aus eben diesem Grund liest du dieses Buch.

Attraktiv durch Polarisierung

Unsere Hauptstrategie bei Frauen ist die Polarisierung. Die Idee dahinter ist Folgende: Je offener du zeigst, wer du bist, was du fühlst und was du denkst, desto eher trennst du die unbereiten Frauen von den bereiten und zwingst die neutralen dazu, sich zu entscheiden, ob sie dich mögen oder nicht.

Das Tolle an der Polarisierung ist, dass du damit gleichzeitig Nicht-Bedürftigkeit demonstrierst. So verwandelst du neutrale Frauen eher in bereite als mit anderen Strategien und Taktiken.

Wie schon gesagt, verfolgen die meisten unerfahrenen Männer bei Frauen die Strategie, »von allen gemocht, von keiner gehasst« werden zu wollen. Das ist eine beschissene Strategie, um attraktiv zu wirken und Intimität zu erreichen. Wer von niemandem gehasst wird, wird meistens auch von niemandem geliebt.

Männer, die diese Strategie verfolgen, tun dies, weil sie Konfrontationen und Kontroversen aus dem Weg gehen wollen. Oft haben sie ihr ganzes Leben lang Konfrontationen und Kontroversen gemieden. Man muss Konfrontationen und Kontroversen bewusst in Kauf nehmen, sonst bleiben alle Reaktionen neutral.

Du wirkst polarisierend, wenn du dein wahres Wesen ausdrückst und dich damit verletzbar machst. Wenn du einer Frau sagst, dass sie schön ist, polarisierst du. Wenn du sie wegen ihrer Ohrringe neckst und deinen Arm um sie legst, polarisierst du. Wenn du in einem maßgeschneiderten Anzug ausgehst, polarisierst du. Wenn du einer Frau, die zu spät zum Date erscheint, sagst, dass sie das nie wieder tun soll, polarisierst du. Wenn du sie anlächelst, polarisierst du. Wenn du ihre Hand ergreifst und sie irgendwohin führst, polarisierst du.

Alles, was attraktiv ist, wirkt polarisierend.

Du machst mit keiner dieser Handlungen etwas falsch, solange sie ein aufrichtiger Ausdruck deines Selbst sind und Verletzbarkeit offenbaren.

Ein hochgradig übereifriger Mann richtet sein Verhalten nach der Frau, mit der er spricht. Er scheut sich davor, ihr zu sagen, dass sie nicht zu spät kommen soll. Er traut sich nicht, in seinem besten Anzug auszugehen. Er ist zu schüchtern, um seinen Arm um sie zu legen. Er schafft es nicht, sich verletzbar zu machen und sein wahres Wesen zu zeigen, und deshalb polarisiert er nicht.

Ein Mann, der seine Gefühle und Wünsche ohne falsche Hemmungen ausdrückt, beweist Nicht-Bedürftigkeit. Das zieht Frauen an und zwingt sie dazu, sich schnell zwischen bereit und unbereit zu entscheiden. Und solange keine große Reibung besteht, ist es nicht unwahrscheinlich, dass sie bereit wird. Du wirst überrascht sein, wie viele Frauen einen Mann nur deshalb attraktiv finden, weil er den Mut hat, sich aus dem Fenster zu lehnen.

Viele Männer fürchten, dass ihnen das einen Haufen Zurückweisung einbringt. Überraschenderweise ist das selten der Fall. Zugegeben, wer polarisiert, wird auch zurückgewiesen. Und zugegeben, manchmal ist diese Zurückweisung auch brüsk.

Aber überraschenderweise reagieren *viele* Frauen warmherzig auf solche Avancen, auch wenn sie kein Interesse haben. Sie achten Männer, die vorwitzig und aufrichtig sind. Mir ist es oft passiert, dass ich vorwitzig und aufrichtig auf eine Frau zugegangen bin und ihr gesagt habe, dass sie schön ist und ich sie kennenlernen möchte. Und obwohl sie mich abwies, war sie so beeindruckt von meiner Vorwitzigkeit und Selbstsicherheit, dass sie mich umgehend einer Freundin vorstellte, die zu haben war.

Oft haben mir Frauen gedankt, die ich erfolglos angegraben habe. Nicht für die Tatsache, dass ich sie angegraben habe, sondern für die *Art, in der ich es tat.* Und selbst wenn sich gar nichts daraus ergibt, achten mich Frauen dafür, dass ich einfach sage, was ich fühle.

Scharfe Zurückweisungen habe ich größtenteils in der Zeit erhalten, als ich etwas vorführte, als ich Bestätigung suchte, als ich übermäßig engagiert und bedürftig war und überkompensierte. Wenn ich mich dagegen beim Umwerben einer Frau verletzbar mache, respektiert sie in den meisten Fällen meine Annäherungsversuche, auch wenn sie kein Interesse hat.

Meiner Erfahrung nach bekommen die Männer, die am meisten polarisieren, die meisten Chancen bei Frauen. Bei jedem mir bekannten Mann, der bei Frauen überragend erfolgreich ist, trifft das zu.

Bei vielen Männern besteht die größte Hürde aus der Unfähigkeit, mit Zurückweisung umzugehen. Diesen Männern ist ihr Leben lang – auch von anderen Flirtratgebern – eingetrichtert worden, dass Zurückweisung etwas Schlimmes ist und unter allen Umständen vermieden werden muss. Diese Männer glauben das Märchen, es gebe begnadete Frauenhelden, die niemals zurückgewiesen werden.

Wie wir sehen werden, ist das Unsinn.

KAPITEL 5

Zurückweisung und Erfolg

Der Business-Guru Dan Kennedy hat einmal gesagt: »Je besser der Umgang mit dem Scheitern, desto mehr Umgang wird man mit dem Erfolg haben.«

Die schärfste Zurückweisung meines Lebens erfuhr ich in Austin, Texas, wahrscheinlich war es im Winter 2007. Ich war am späten Freitagabend mit einem Freund unterwegs. Da sehe ich zwei süße Mädchen alleine tanzen. Ich nähere mich, berühre die eine sanft an der Schulter und spreche sie an.

Sie wirbelt herum: »LASS DEINE DRECKSPFOTEN VON MIR! FASS MICH BLOSS NICHT AN!«

»Hey, ganz ruhig, ich hab doch nichts gemacht!«, rutscht es mir zwischen ihren Schreien heraus. Sie hört mich gar nicht. Kreischend schubst sie mich von sich. Ich stoße ihre Arme weg, um mich zu schützen.

Die Ohrfeige trifft schnell und mit Wucht. Völlig unverdient. »HAU AB, DU SAU! FASS MICH BLOSS NICHT NOCHMAL AN!«

Ehe ich mich versehe, zerren mich die Türsteher aus der Bar.

»Ich hab nichts gemacht. Ich kenne sie gar nicht.«

»Schon klar, Freundchen«, meint der Türsteher. Als ich draußen stehe, kommt mein Freund hinterher. »Alter, was für'n Scheiß hast du denn zu der gesagt?«

»*Nichts* hab ich zu der gesagt.« Er schaut skeptisch. »Ganz im Ernst, gar nichts.«

»Schon klar.«

Ein anderer Abend, eine andere Bar. Wahrscheinlich irgendwann 2006. Ich rede mit einer supersüßen Blondine. College-Mädchen. Studentenverbindung. Dumm wie Brot und unheimlich nervig. Die Art von Mensch, die einen ständig unterbricht und jedes beliebige Gespräch auf irgendein dämliches Thema bringt, das mit ihr zu tun hat. Waterboarding in Form von Smalltalk.

Aber scharf ist sie. Und ich bin jung und bedürftig und notgeil und habe ehrlich gesagt nichts Besseres zu tun. Also rede ich mit ihr, leider.

Während ich insgeheim überlege, ob ich mich selbst oder lieber sie mit Alkohol abfülle, ob ich mir selbst oder lieber ihr eine abgebrochen Bierflasche ins Gesicht ramme … kommt sie mit folgendem Klopper:

»Übrigens danke dafür, dass du nicht hässlich bist.«

Ich ignoriere das Kompliment und höre nur das Oberflächliche, Unreife heraus. Das kann ich einfach nicht so stehen lassen.

»Wie bitte?«, frage ich.

»Ich hab gesagt: danke dafür, dass du nicht hässlich bist.«

Jetzt fällt mir die Kinnlade herunter (zumindest in der Erinnerung). Aber sie bemerkt mein Befremden gar nicht und fährt mit ihrem Monolog fort (Monologe sind ihr Ding):

»Ich mein jetzt nicht dich, aber es ist so langweilig, in Bars mit Typen zu labern. Heute haben mich nur voll hässliche Typen angelabert und mir Drinks ausgegeben. Aber du bist wenigstens nicht hässlich.«

Wenigstens?

Sie fährt fort: »Ehrlich gesagt, kann ich hässliche Leute nicht ausstehen. Tut mir echt in der Seele weh, wenn ich hässliche Leute sehe. Ich krieg echt körperliche Schmerzen, wenn ich jemand Hässlichen angucken muss.«

Ich kann mich nicht mehr zurückhalten: »Dann hast du bestimmt keinen Spiegel zu Hause.«

Im Verlauf einer halben Sekunde huschen nacheinander Unglauben, Schreck und Wut über ihr Gesicht – und schon kommt ihr klebriger Cocktail auf das meine zugeflogen, gefolgt von einer zierlichen Ohrfeige.

»Arschloch!«

Und sie stürmt zurück zu ihren Freundinnen.

Als ich anfing, auszugehen und Mädchen zu treffen, hatte ich eine Heidenangst vor solchen Szenen. Eine Ohrfeige abzubekommen, mit einem Getränk beworfen oder aus einer Bar geschmissen zu werden – das waren Albträume. Schon beim Gedanken daran wäre ich ins Zittern gekommen. Womöglich geht es dir jetzt auch so.

Aber an beide Erlebnisse erinnere ich mich glasklar und gern, denn sie gehören zu den wichtigsten Erfahrungen mit Frauen, die ich je hatte – wichtiger als viele meiner Erfolge.

Schwer zu glauben, aber aus den Ohrfeigen habe ich mehr gelernt als aus anderen Flirt-Erfahrungen. Zuallererst, dass die Ohrfeige einer Frau nicht das Ende der Welt bedeutet, auch nicht unbedingt das Ende des Gesprächs. Sie ist nur eine sehr emotionale Reaktion. Und als solche ist sie mir hundertmal lieber als Gleichgültigkeit oder Langeweile. Sie bedeutet Polarisierung. Und es ist wichtiger, Frauen zu polarisieren, als ihnen zu gefallen.

Geohrfeigt zu werden lehrte mich auch, dass man die Reaktionen von Menschen nicht immer unter Kontrolle hat. Manche Menschen drehen eben durch oder handeln völlig unangemessen. Das lässt sich nicht verhindern. Man hat nicht jede Situation unter Kontrolle. Je eher man das einsieht, desto besser kommt man zurecht.

Manchmal wird man zu Recht zurückgewiesen. Manchmal zu Unrecht. Ich bereue nicht, was ich zu der College-Schnepfe gesagt habe, auch wenn ich rückblickend einsehe, dass ich nicht so grob zu ihr hätte sein müssen. Wenn mir heute so etwas passierte, würde ich einfach 'tschuldigung sagen und weggehen.

Wie bei jeder Art des Scheiterns muss man erst genügend oft abgewiesen worden sein, ehe man kapiert, dass es eigentlich egal ist und man sich völlig unnötig Sorgen gemacht hat und man sich lieber so verhält, wie man will.

Dass Männer Zurückweisung fürchten, liegt daran, dass sie sich nach der Wahrheit anderer richten, nicht nach der eigenen. Männer, die Zurückweisung fürchten, kennen sogar oft ihre eigene Wahrheit gar nicht, denn wenn sie ihre eigenen Wünsche, Bedürfnisse und Werte kennen würden, hätten sie ja nichts zu befürchten. Dann könnten sie ja ungehemmt ihre Verletzbarkeit zeigen.

Die meisten Männer, die nicht mit ihrem wahren Wesen im Reinen sind, träumen davon, nie zurückgewiesen zu werden. Das ist nicht nur ein Zeichen ihrer Bedürftigkeit, sondern auch weltfremd. Zurückweisung erspart so viel Zeit und Aufwand. Wenn ich mit jeder Frau ausgehen müsste, die ich halbwegs attraktiv finde, würde ich ja wahnsinnig werden.

Meistens liegt es nicht an dir

Hast du erst einmal begriffen, dass es zu 95 Prozent gar nicht an dir liegt, ob eine Frau dich attraktiv findet, kannst du endlich ohne Zögern und Zaudern das machen, was du wirklich willst.

Wenn du ausgehst und viele Frauen kennenlernst, wirst du merken, dass du oft »zur falschen Zeit die Richtige« triffst. Wie oft habe ich schon tolle Frauen kennengelernt, aber irgendwas kam dazwischen. Das passiert ständig. Womöglich ist sie auf Reisen und fliegt morgen 3000 Kilometer nach Hause. Oder sie hat sich gerade mit ihrem langjährigen Freund versöhnt und möchte sich das nicht versauen. Oder ihr ist nicht nach Plaudern zumute, weil ihr Hund gerade gestorben ist. Oder sie will in Ruhe gelassen werden, weil ihr Ex gerade Telefonterror macht. Oder sie ist neulich mit einem Dreckskerl ausgegangen, der sie begrabscht hat, und der genau so heißt wie du.

Es gibt Millionen äußere Umstände, auf die man keinerlei Einfluss hat, und bei einem Großteil der Frauen, die man kennenlernt, liegt wahrscheinlich einer davon vor. Dann lässt man es eben sein und sagt sich: *Liegt nicht an mir.*

Deshalb umwerben wir Frauen mit *unserer* Wahrheit. Deshalb polarisieren wir bei Frauen so bald wie möglich. Deshalb achten wir bei Frauen darauf, ob sie *unseren* Werten und Bedürfnissen entsprechen, und nicht umgekehrt.

Die meisten Männer denken: »Hoffentlich mag sie mich« oder »Hoffentlich weist sie mich nicht ab, das wäre peinlich«. Als ob es nur um sie selbst ginge. Wenn dann nichts daraus wird, nehmen diese Männer es persönlich. Sie ärgern oder grämen sich darüber, dass ein dahergelaufener Mensch mit Brüsten nicht über ihren dummen Witz lacht.

Statt dich zu fragen »Ob sie mich wohl mag?«, solltest du lieber denken: »Was ist sie wohl für eine?«

Statt dich zu sorgen »Hoffentlich weist sie mich nicht ab«, solltest du lieber denken: »Hoffentlich kriege ich heraus, ob sie was für mich ist«.

Das Schöne ist: Egal, ob sie sich in dich verknallt oder dir ihr Getränk an den Kopf wirft – du hast es geschafft. Du hast die Wahrheit gefunden. Deine Neugier ist gestillt, und du kannst entscheiden, ob damit Schluss ist oder nicht.

Ich sehe in jeder Zurückweisung eine Form von Inkompatibilität. Egal, ob sie mich schrecklich findet; ob sie mich toll findet, aber am anderen Ende der Welt lebt; ob sie gerade furchtbar gelaunt ist, wenn ich sie einlade; oder ob sie mich süß findet, aber ganz andere Werte und Interessen hat als ich – egal aus welchem Grund mich eine Frau zurückweist, es liegt letztlich daran, dass wir nicht kompatibel sind. Die Inkompatibilität mag permanent sein oder temporär. Aber wenn die Frau mich ausreichend mag, wird sie dafür sorgen, dass es zwischen uns klappt. Und wenn nicht, dann ist sie eben die Falsche – oder die Richtige zur falschen Zeit. Und das ist in Ordnung.

In diesem Sinne brauchst du entweder ein »Verdammt nochmal, ja!« oder ein »nein«. Und wenn ich kein »Verdammt nochmal, ja!« kriege, ist mir ein »nein« lieber als ein »Na ja, okay.«

Erfolg umdefinieren

Heutige Flirtratgeber gehen von einer verqueren Vorstellung von »Erfolg« aus. Einerseits spielen da traditionelle Rollen und Regeln hinein – hübsche Freundin finden, heiraten usw. –, andererseits aber auch unrealistische Erwartungen und Zwänge vonseiten anderer Männer – etwa dass ein »echter Kerl« Dutzende von Frauen haben muss, nie zurückgewiesen wird, Models vögeln muss usw. Männer machen einander jede Menge Druck und Scham, was Zurückweisung angeht, und dadurch entsteht ein ungesunder Männlichkeitskult, der mehr mit Bedürftigkeit zu tun hat als mit echtem Selbstausdruck.

Wie wir Erfolg bei Frauen definieren, ist von höchster Wichtigkeit. Wer sich falsche Ziele setzt, verschwendet Monate oder Jahre damit, ihnen vergeblich nachzujagen.

Männer, die ihren Erfolg beispielsweise daran messen, mit wie vielen Frauen sie schlafen, verschwenden ihre Zeit damit, Frauen rumzukriegen und zu manipulieren, an denen sie gar keine Freude haben, oder die sie nicht einmal besonders attraktiv finden, nur damit sie ihren selbst definierten »Erfolg« erlangen.

Wir sind hier aber nicht beim Entchenangeln. Hier geht es um unsere emotionale Gesundheit. Unsere Beziehungen zu Frauen und unsere emotionale Gesundheit sind ein und dasselbe. So wie wir unsere Beziehungen zu Frauen gestalten, gestalten wir auch unsere emotionale Gesundheit.

Wenn du deinen »Erfolg bei Frauen« danach beurteilst, welche Frau dich erwählt oder mit wie viel Geld du sie versorgen kannst – nun, dann wirst du wahrscheinlich ziemlich einsam bleiben und irgendwann bei der Erstbesten landen, die dich dauerhaft erträgt.

Beurteilst du deinen »Erfolg bei Frauen« nach deiner Beischlafquote oder sonst einem statistischen Messwert, dann wirst du dein Liebesleben genauso verdinglichen wie deine Partnerinnen, und auch wenn deine Eroberungen auf dem Papier gut aussehen, wird jede emotionale Qualität fehlen.

Ich definiere Erfolg nicht quantitativ, sondern qualitativ: als maximales Glück mit der bevorzugten Partnerin/den bevorzugten Partnerinnen.

Erfolg = maximales Glück mit der bevorzugten Partnerin/den bevorzugten Partnerinnen

Das mag trivial erscheinen, aber darin stecken ziemlich weitgehende Konsequenzen. Die meisten Männer auf der Welt definieren »Erfolg bei Frauen« nämlich so:

- verheiratet oder liiert sein.
- nie zurückgewiesen werden.
- eine attraktivere Freundin haben als die Kumpels.
- Mit vielen Frauen ausgehen.
- Quantität vor Qualität.
- eine Frau haben, die dem Klischee von »Schönheit« entspricht.
- eine Frau haben, die den Vorstellungen der Familie entspricht.

Indem wir Erfolg dadurch definieren, Beziehungen mit maximalem Glück zu finden, verändern wir unsere Herangehensweise grundlegend. Anstatt darauf zu warten und zu hoffen, dass uns eine Frau erwählt, anstatt Telefonnummern zu sammeln, anstatt an die Prahlerei vor den Kumpels zu denken, anstatt Zurückweisungen zu meiden, testen wir so viele Frauen wie möglich aus, bis wir die finden, die uns Freude bereitet und der wir Freude bereiten.

Mit diesem Konzept schaden Zurückweisungen unserer Erfolgsquote nicht mehr, sondern nützen ihr. Ein schöner Abend mit einer Frau, die mit dem Sex lieber noch warten will, kann ein weit größerer Erfolg sein als das Durchvögeln einer flüchtigen Bekanntschaft.

Wir testen Frauen, indem wir uns polarisierend verhalten. Wir polarisieren, indem wir ihnen unser wahres Wesen unverblümt offenbaren. Das bringt sie dazu, uns entweder unglaublich attraktiv zu finden oder uns zurückzuweisen. Beides kommt uns nur gelegen.

Bei Frauen, die uns womöglich glücklich machen, umwerben und polarisieren wir nicht nur, wir treiben die Interaktion auch voran. Manche Männer zählen, wie viele Frauen sie küssen oder wie viele Telefonnummern sie einsammeln. Das ist kein Erfolg, denn sie *maximieren* ihre Beziehungen zu diesen Frauen nicht. Die erreichten Zahlen sind nur Teil des Prozesses. Wer die meisten Telefonnummern besitzt, ist nicht glücklicher als andere. Dadurch findet man Bestätigung, aber keine Erfüllung. So bekommt man keine Freundin, keinen Sex, keine Intimität und schon gar keine feste Beziehung. Also geh lieber aus dir raus und zeig dich. Offenbare dich und finde heraus, was dich glücklich macht. Ja, das bedeutet, dass du wahrscheinlich verletzt wirst. Na und? Glück gibt es nicht umsonst.

Jetzt geht es ans Eingemachte. Bisher haben wir größtenteils Innenschau betrieben und unser Gefühlsleben beleuchtet. Ob wir die eine oder andere Frau bekommen oder nicht, hängt davon ab, ob unser Engagement für uns selbst höher ist als für sie. Das ist Nicht-Bedürftigkeit. Nicht-Bedürftigkeit entsteht aus Verletzbarkeit. Und Verletzbarkeit entsteht, wenn wir wahrhaftig sind.

Wahrhaftigkeit drückt sich auf dreierlei Weise aus. Und mit diesen drei Arten von Wahrhaftigkeit beschäftigt sich der Großteil dieses Buches. Es sind:

1. Nach Grundsätzen verhalten (leben)
2. Mit den eigenen Absichten im Reinen sein (handeln)
3. Sexualität frei ausdrücken (kommunizieren)

Die erste Art der Wahrhaftigkeit verlangt, dass wir eine Lebensweise entwickeln, die uns glücklich macht. Die Zweite erfordert, dass wir mutig sind und unsere Ängste überwinden. Und die Dritte bedeutet, dass wir gut und ohne sexuelle Hemmungen kommunizieren.

Wer eine Lebensweise wählt, die nicht mit den eigenen Werten und Interessen übereinstimmt, ist unehrlich mit sich selbst. Es zeigt, dass man mehr Wert auf andere legt als auf sich selbst. Daher ist es unattraktiv.

Wenn man seinen Wünschen nicht folgt und sich nicht angemessen durchsetzt, zeigt man, dass man mehr Wert auf andere legt als auf sich selbst. Daher ist es unattraktiv.

Wenn man Gedanken, Gefühle und Wünsche nicht offen und deutlich ausspricht, zeigt man ebenfalls, dass man mehr Wert auf andere legt als auf sich selbst. Auch das ist unattraktiv.

Leben, handeln, kommunizieren: Das sind für mich die drei Fundamente.

KAPITEL 6

Die drei Fundamente

Die drei Fundamente sind die Felder, auf denen sich ein Mann verletzbarer und weniger bedürftig machen kann. Jede Verbesserung auf einem der drei Gebiete wird mehr Erfolg einbringen, manchmal in drastischer Weise. An jedem der drei Fundamente kann man unabhängig arbeiten, aber wie wir sehen werden, helfen Verbesserungen auf einem Gebiet oft auch auf den anderen beiden weiter.

Die drei Fundamente sind:

1. Schaffung eines attraktiven und bereichernden Lebens.
2. Überwindung von Ängsten in Bezug auf Geselligkeit, Intimität, Sexualität.
3. Freier Ausdruck von Gefühlen und reibungslose Kommunikation.
4. Ich nenne die drei Fundamente also »wahrhaftiges Leben«, »wahrhaftiges Handeln« und »wahrhaftiges Kommunizieren«.

Wahrhaftiges Leben setzt beispielsweise voraus, dass man herausfindet, was man im tiefsten Inneren als Mann vom Leben erwartet, und dies dann auch umsetzt. Wenn man einem verhassten Job nachgeht, doofe Hobbys pflegt und sich mit Freunden abgibt, die man nicht mag, dann kann man noch so viel baggern und noch so viel Geld haben – attraktive Frauen, mit denen man Freude hat, wird man kaum kennenlernen. Das liegt daran, dass man eine Identität angenommen hat, die den eigenen emotionalen Bedürfnissen und Wünschen nicht gerecht wird. Man lebt nicht wahrhaftig, deshalb engagiert man sich nicht für sich, und deshalb ist man bedürftig und unattraktiv.

Wenn du für die Kunst brennst und bei einer Versicherung im Büro hockst, dann lebst du nicht wahrhaftig. Dann hast du deine Identität zurechtgebogen, um den Erwartungen anderer zu entsprechen. In diesem Fall hast du das, was dich glücklich macht, den gesellschaftlichen Werten (feste Arbeit bei einer großen Firma, Haus, Auto usw.) untergeordnet. Das beweist fehlende Verletzbarkeit und Bedürftigkeit.

Wenn dir diese Statussymbole nicht *wirklich* wichtig sind, dann bist die dir selber Veränderung schuldig. Sonst bleibst du auf ewig unattraktiv. Warum? Weil du deine Identität 40 Stunden in der Woche dafür hergibst, was andere von dir wollen, und nicht dafür, was du willst. Das ist Bedürftigkeit auf unterster Ebene, und bevor du daran nichts änderst, wirst du bei *allen* Frauen, die du kennenlernst, bedürftig sein und nie die wirklich tolle Frau kennenlernen, mit der du eines Tages zusammen sein könntest.

Wahrhaftiges Leben steht in direkter Korrelation mit der *Qualität der Frauen*, die du anziehst. Je mehr du mit deiner Lebensweise im Reinen bist, desto eher achtest du auf dein Aussehen und deine Gesundheit, desto höher ist die Qualität der Frauen, die du kennenlernst, und desto mehr von ihnen zeigen sich bereit.

Wahrhaftiges Handeln bedeutet, dass du deine Ängste im Umgang mit Frauen überwindest. Ängste sind ein weiterer Ausdruck davon, wie sehr wir uns für die Meinung anderer engagieren und unser wahres Wesen verkennen. Wie schlechte Lebensgewohnheiten scheinen auch Ängste tief in uns zu wurzeln und lassen sich nur mit viel Denkarbeit, Mühe und Zeit überwinden.

Ich nenne es wahrhaftiges Handeln, weil es im wahrsten Sinne um Wahrhaftigkeit geht. Wenn du eine schöne Frau siehst, die du gern kennenlernen möchtest, und dich nicht traust, sie anzusprechen, bist du in gewisser Weise nicht ehrlich zu dir selbst. Wenn du an der Bar stehst, und eine Frau dir auffällt und du den ganzen Abend hinguckst, ohne etwas zu tun, bist du tief in deinem Innern nicht aufrichtig, was deine Absichten und Triebe angeht. Du kümmerst dich zu sehr um ihre Meinung und machst dich nicht verletzbar.

Sämtliche Ängste rund um Sexualität sind Folgen von Minderwertigkeitsgefühlen. Wenn man sich nicht traut, eine Frau anzusprechen, liegt das daran, dass irgendwo im Innern ihre Meinung wichtiger ist als das eigene Selbstbild. Wenn man sich nicht traut, sie zu sich einzuladen, dann liegt das daran, dass man Angst vor der sexuellen Tatsache hat, dass man mit ihr schlafen möchte. Man engagiert sich mehr dafür, nicht zurückgewiesen zu werden, als für das eigene Begehren.

Wahrhaftiges Handeln steht in direkter Korrelation mit der *Quantität der Frauen*, die man anzieht.

Das dritte Fundament ist wahrhaftiges Kommunizieren – zu lernen, sich freier und effektiver auszudrücken. Es handelt sich um das, was die meisten Flirtratgeber als *Game* bezeichnen: Sinn für Humor, Kontaktfreudigkeit, Erzählgabe, Fesseln von Aufmerksamkeit, Charisma und offener Ausdruck von Sexualität. All das gehört zum dritten Fundament.

Ich nenne es wahrhaftiges Kommunizieren, weil es darum geht, die eigenen wahren Absichten und Gefühle anderen gegenüber klar auszudrücken. Oft haben wir bestimmte Gedanken oder Gefühle, wissen aber nicht, wie wir sie am besten vermitteln können. Darum geht es beim dritten Fundament.

Wahrhaftiges Kommunizieren steigert die Effizienz, mit der man an kompatible Frauen herankommt. Ein Mann, der schlecht kommuniziert oder sich nicht klar ausdrücken kann, verpasst viele romantische Chancen durch Missverständnisse, vage Aussagen, unzutreffende Vermutungen usw.

Stärken und Schwächen

Vermutlich bist du in einem oder mehreren der drei Fundamente schon recht gut und in den anderen schwach oder mittelmäßig aufgestellt. Die Verteilung deiner Stärken und Schwächen bestimmt nicht nur, wie viel Erfolg du bei Frauen hast, sondern auch die Art des Erfolges.

So ist ein Mann mit großartigem Lebensstil aber schlechter Handlungsweise und schlechter Kommunikation wahrscheinlich von schönen und interessanten Frauen umgeben, kommt aber womöglich nie mit einer zusammen. Klassische Beispiele dafür sind reiche oder gutaussehende Männer, die dennoch frustrierte Singles bleiben. Sie mögen Geld, Beziehungen und Macht haben und regelmäßig schöne Frauen kennenlernen (oder von ihnen bezirzt werden), aber sie schaffen es nie, ihre Chancen zu nutzen.

Ein lediglich angstfreier Mann schafft es dagegen, viele Frauen anzusprechen und auszuführen, aber seine Mühe wird sich selten lohnen, und die Qualität der Frauen wird gering sein. Viele Möchtegern-Gigolos fallen in diese Kategorie: Sie gehen fünf- bis sechsmal pro Woche aus, sprechen Dutzende von Frauen an, kriegen fast überall einen Korb, schleppen aber hin und wieder eine Betrunkene ab.

Auch ein Mann mit vielen Ängsten, schlechter Lebensweise aber großem Kommunikationstalent wird kaum je an schöne Frauen herankommen, aber wenn es dann doch passiert, kann er die Chance nutzen. Die meisten »Normalos« sind so. Sie kriegen selten Chancen, aber wenn sie Glück haben, greifen sie zu und machen etwas draus. Das Problem dieser Männer ist, dass sie nie das Gefühl bekommen, ein selbstbestimmtes Liebesleben zu haben. Sie warten immer darauf, dass ihnen die nächste willige Frau über den Weg läuft. Und manchmal müssen sie lange warten.

Die drei Fundamente sind deshalb interessant, weil sie die Erklärung dafür liefern, warum viele Männer allerlei Flirtratgeber- und Selbsthilfewissen anwenden, ohne dass sich an ihrem Erfolg etwas ändert. Wenn deine Schwäche darin besteht, dass du nicht schlüssig kommunizieren kannst oder die Äußerungen anderer nicht empathisch aufnimmst, dann führt dich der Tipp, einfach 500 fremde Frauen anzuquatschen, in ein einziges Debakel.

Wenn du pleite bist, keinen Job hast und bei deinen Eltern wohnst, dann bist du schlecht damit beraten, Zeit und Geld in Nachtclubs zu verschwenden, denn dort findest du höchstens belanglosen Sex mit betrunkenen Mädchen, denen nichts anderes übrig bleibt.

Wenn du eine Heidenangst davor hasst, überhaupt mit attraktiven Frauen zu reden, werden dir auch die besten Konversationstricks, Flirtroutinen und Anmachsprüche nicht helfen.

Aber wie ich schon sagte: Die drei Fundamente hängen zusammen – sie fördern sich gegenseitig. Wenn das größte Problem darin besteht, dass man nicht gut kommuniziert, dann hilft es nicht *direkt*, hundert Frauen kennenzulernen, aber indem man mit hundert neuen Menschen spricht, lernt man indirekt dazu. Ebenso ist es für Männer mit extremer Scheu hilfreich, wenn sie gut kommunizieren können, denn wenn sie sich tatsächlich einmal trauen, eine Frau anzusprechen, können sie es elegant und höflich tun.

Du solltest bewusst entscheiden, welche Ratschläge du angesichts deiner individuellen Probleme umsetzt. Ich hoffe, dass du dir beim Lesen dieses Kapitels wenigstens eine ungefähre Vorstellung davon machst, wo deine Schwächen liegen. Der Rest des Buches befasst sich näher mit den einzelnen Fundamenten und mit konkreten Maßnahmen zu ihrer Verbesserung. Am schnellsten verbesserst du dein Liebes- und Sexleben, indem du herausfindest, welche Fundamente du verbessern musst und dich darauf konzentrierst. Meistens finden sich zwei Schwachstellen und eine angeborene Stärke. Möglicherweise hast du auch auf allen drei Gebieten Nachholbedarf. Wenn du diese Zeilen liest, bist du jedenfalls nicht in allen dreien stark. Du glaubst, du hättest keine Schwächen, und hast trotzdem bis hierhin gelesen? Dann machst du dir etwas vor und solltest das 3. Kapitel über Wahrhaftigkeit noch einmal lesen.

Zwei Arten von Männern

Meiner Erfahrung nach kann man fast alle Männer mit Beziehungsproblemen in zwei Kategorien einteilen: sozial gehemmt und sozial gestört.

Sozial gehemmte Männer haben meistens kein Problem mit dem dritten Fundament. Sie können sich gut ausdrücken und achten auf soziale Normen und die Gedanken und Gefühle anderer. Oft ist es eher so, dass sozial gehemmte Männer *zu sehr* darauf achten, was andere Menschen denken und fühlen – daher ihre Hemmungen. Sie trauen sich nicht, fremde Frauen anzusprechen. Sie sind zu nervös, um Avancen zu machen. Sie schrecken davor zurück, sich mit Frauen zu verabreden.

Sobald ein solcher Mann allerdings eine Frau kennenlernt, die ihn mag, kommt er zurecht. Er kann den ganzen Abend mit ihr reden. Und wenn sie ihn attraktiv findet, wirft ihn das nicht aus der Bahn. Nur der proaktive Teil der Annäherung jagt ihm Angst ein. Ein solcher Mann verbringt meistens viel Zeit damit, seinen Mut zusammenzunehmen, und wenig Zeit mit Selbstausdruck.

Sozial gestörte Männer sind das genaue Gegenteil. Sie sind die Typen, die grundsätzlich eher »schmerzfrei« sind, was die Gedanken und Gefühle anderer angeht. Meistens sind es Männer, die schon immer in sich gekehrt waren und sich überdurchschnittlich für ihr Fachgebiet oder irgendein nerdiges Themenfeld begeistern.

Interessanterweise sind solche sozial isolierten Männer deutlich weniger ängstlich oder nervös, wenn es daran geht, Frauen anzusprechen, zu umwerben und rumzukriegen. Dass sie so furchtlos sind, liegt eben daran, dass sie sich so wenig um nonverbale Signale und die Gedanken und Gefühle anderer scheren.

Zum Problem wird für diese Männer erst das dritte Fundament: sich auszudrücken und zu verstehen, wie andere denken und fühlen. Diese Männer handeln zwar ohne Zögern und Zaudern, aber sie handeln gern falsch oder zur falschen Zeit, sie tun dies wieder und wieder und verstehen selten warum.

Das erste Fundament ist sehr breit gefächert und bedeutet für jeden eine Menge Arbeit. Je besser man lebt, desto leichter wird alles andere. Und schließlich und endlich sollte man vor allem um seiner selbst willen alles für eine gute Lebensweise tun – dass Frauen das attraktiv finden, ist nur ein schöner Nebeneffekt.

Aber das zweite und das dritte Fundament sind eng miteinander verbunden. Gehemmte Männer sind deshalb gehemmt, weil sie sozial so sensibel (womöglich zu sensibel) sind, und sozial gestörte Männer sind furchtlos, weil sie sozial isoliert sind.

Das Ziel wäre, sozial kontaktfähig *und* furchtlos zu werden *und* ein großartiges, attraktives Leben zu führen. Das volle Programm. Alle drei Fundamente.

Aber egal zu welcher Sorte Mann du dich zählst, du solltest alle drei Teile lesen, denn es kann deine guten Seiten nur stärken, wenn du darüber liest. Und möglicherweise findest du doch etwas, was du gebrauchen kannst, um deine Stärken zu verfeinern.

Teil III handelt vom wahrhaftigen Leben – wie du dir ein attraktives und erfülltes Leben schafft, das auf großartige, mit dir kompatible Frauen anziehend wirkt.

In Teil IV geht es um wahrhaftiges Handeln – wie du deine Ängste überwindest, um ohne Zögern und Scham deinen Impulsen gemäß handeln zu können.

Teil V betrifft wahrhaftiges Kommunizieren – wie du dich dazu bringst, dich offen und effektiv, lebendig und interessant auszudrücken, sodass du Frauen nachhaltig für dich interessierst und ihnen auch körperlich näherkommen kannst.

Teil III und IV sind in je zwei Kapitel aufgeteilt. Das Erste befasst sich konzeptionell und theoretisch mit dem jeweiligen Fundament, das Zweite liefert konkrete, umsetzbare Maßnahmen zur Verbesserung des Fundaments. So bietet beispielsweise das 7. Kapitel in Teil III (wahrhaftiges Leben) soziologische Überlegungen, die bestimmte Reaktionen von Frauen erklären können. Das 8. Kapitel heißt »Lebensstil und Äußeres« und legt dar, wie man die soziologischen Erkenntnisse nutzt, um sich für Frauen möglichst attraktiv zu machen.

Teil V umfasst vier Kapitel, in denen neben sämtlichen Aspekten des Kommunizierens (verbal, körperlich usw.) auch die sozialen Normen des Liebeswerbens abgehandelt werden.

Vergiss bei all dem, was kommt, nicht: Sämtlichen praktischen Anleitungen liegt die Idee zugrunde, dass der wahrhaftige Ausdruck deines Wesens und deines Begehrens als Mann die wirksamste Art ist, Nicht-Bedürftigkeit zu demonstrieren und attraktiv zu werden für die Frauen, die dich maximal glücklich machen.

Sollte dir an irgendeinem Punkt in den ersten sechs Kapiteln irgendetwas nicht eingeleuchtet haben, dann kannst du gern zurückblättern und nachlesen. Wenn dies nicht der Fall ist und alles bisherige Sinn ergeben hat, dann bist du jetzt bereit zum Weiterlesen …

Teil III

WAHR-HAFTIGES LEBEN

KAPITEL 7

Zielgruppen

Bevor du dich damit befasst, wie du mit Frauen sprichst, wie du sie zum Lachen bringst, wohin du sie ausführst, wie du sie küsst; bevor du dich mit grundlegenden Dingen abgibst wie Kleidung, Aussehen und Anrede, musst du dir eine wichtigere Frage beantworten. Eine Frage, deren Antwort alles oben Aufgeführte beeinflusst und verschiebt: Was für Frauen willst du kennenlernen, und was für eine Beziehung willst du mit ihnen eingehen?

Auf den Rahmen kommt es an. Ob du eine Frau im Kaffee anquatschst, dich ihr auf einem Kongress vorstellst oder sie bei einem Speed-Dating-Event triffst – der Unterschied ist gewaltig.

Die Beschäftigung damit, wo und in welchem Zusammenhang du Frauen triffst, ist das, was ich mit *Soziologie* meine. Dieses Thema wird im Großen und Ganzen von fast allen heutigen Flirtratgebern völlig vernachlässigt. Mir ist das ein Rätsel, denn soziale Interaktionen hängen immer von Rahmenbedingungen ab, und die Rahmenbedingungen bestimmen folglich auch, wie man Frauen kennenlernt.

Manche Flirtratgeber raten dem 40-jährigen geschiedenen Banker, der Frauen in Kunstgalerien trifft, die gleiche Vorgehensweise wie einem 19-jährigen Studenten, der sich auf WG-Partys rumdrückt. Wie blöd. Die beiden Männer haben völlig verschiedene Prioritäten, Lebenserfahrungen, Persönlichkeiten und Interessen, und die Frauen, die sie an den jeweiligen Orten treffen, unterscheiden sich in Alter, Bildungsgrad, Wertvorstellungen, emotionaler Reife, Erscheinungsbild und Interessen. Dass einige Ratgeber beiden Männern die gleichen Strategien und Sprüche mitgeben, zeigt nur, wie weltfremd manche Pickup-Experten heutzutage sind.

Mein soziologisches Grundprinzip ist ganz einfach und einprägsam: Gleich und Gleich gesellt sich gern. Man bekommt das ab, was man selber ist.

Wenn du ein beruflich erfolgreicher Weinkenner bist, der im Ausland studiert hat und sich gut kleidet, wirst du wahrscheinlich ganz von alleine in deinem Alltag Frauen kennenlernen, die ähnlich gebildet sind, ähnlich gepflegt aussehen, ähnliche Interessen haben und ähnlich erfolgreich sind. Wenn es soziologisch nicht passt, entsteht Reibung. Und wie wir im 3. Kapitel gelernt haben, verhindert Reibung, dass aus Anziehung Intimität und Sex wird.

Eine typische soziologische Schieflage, die ich schon oft mitangesehen habe, tritt beispielsweise ein, wenn ein Nerd zum Frauenheld werden möchte. Nehmen wir einen 35-jährigen Ingenieur namens John. John war sein Leben lang ein in sich gekehrter Bücherwurm. Er hatte zwei feste Beziehungen, die beide mehr als fünf Jahre dauerten. Jetzt ist er wieder Single und hat beschlossen, noch möglichst viele Frauen kennenzulernen, bevor er sich verheiratet. Also liest er einige Pickup-Artist-Bücher und schmeißt sich mit den gelernten »Techniken« ins Nachtleben.

Wir schauen jetzt mal nicht auf die Sprüche, die er verwendet – nehmen wir einfach an, es sind gute (auch wenn es wahrscheinlich schlechte sind). Er nähert sich einem sehr scharfen Mädchen namens Jenna an.

Jenna ist 20 Jahre alt und geht zur Abendschule. Sie kommt aus einem ärmeren Stadtviertel und arbeitet seit zwei Jahren in einem Schuhgeschäft, um sich bis zum Schulabschluss über Wasser zu halten. Jenna hat keine Ahnung, was sie mit ihrem Leben anfangen soll. An die Zukunft mag sie gar nicht denken. Sie steckt tief im Dispo, weil sie Klamotten geshoppt hat, und verbringt mehr Zeit auf Partys als beim Lernen.

John hat drei Studiengrade, hat in den letzten acht Jahren eine 60-Stunden-Woche gehabt und trinkt nie. In seinem ganzen Leben war er vielleicht auf 20 Partys und ganze zwei Male betrunken. Er ist passiv und verkopft und hat einen sehr intellektuellen Humor. Er spricht sanft und bedacht. Er kleidet sich nicht wirklich gut und ist etwas unfrisiert. Er trägt eine dicke Brille und ist unterdurchschnittlich groß.

Wen wundert's, dass er bei Jenna auch mit den besten Sprüchen nicht weit kommt, und dass Jenna ihr Desinteresse recht unverblümt kundtut.

John glaubt womöglich, dass sein Misserfolg an den Sprüchen liegt. Oder daran, dass er zu hässlich oder zu klein ist. Dabei liegt es schlicht und einfach an der Inkompatibilität. Johns Wertvorstellungen passen nicht zu Jennas. Jennas Lebensweise und ihre Interessen passen nicht zu Johns. John ist älter, aber unerfahrener. Jenna ist jünger, aber erfahrener. John ist erwachsen und pragmatisch. Jenna ist unreif und impulsiv. Eine einzige Schieflage.

Aber führen wir doch das Gedankenexperiment fort. Angenommen, zwei Jahre sind vergangen. In den zwei Jahren hat John an sich gearbeitet. Inzwischen kleidet er sich makellos: hochwertige Klamotten und Designerstücke, die nicht nur schick sind, sondern auch seine Professionalität unterstreichen. Er wirkt sehr gepflegt. Er geht ins Fitnessstudio und ist muskulöser geworden, hat sich Kontaktlinsen angeschafft und war bei einem guten Friseur.

John hat auch gelernt, heiterer zu sein und gelegentliche Partys zu genießen. Er hat sich mit jungen Kollegen angefreundet und geht hin und wieder mit ihnen aus. Er verbringt jetzt mehr Zeit am Strand und hat sich ein bisschen Gitarre beigebracht. Sein Selbstbewusstsein ist jetzt viel stärker, seine Lebensweise ist breit gefächerter und vielseitiger.

Auch Jenna hat sich in den zwei Jahren verändert. Seit sie John zum ersten Mal traf, nimmt sie das Lernen ernster. Sie ist neuerdings eine eifrige Krankenpflegeschülerin und hat gemerkt, dass sie schlauer ist, als sie dachte. Manchmal macht ihr das Lernen sogar Spaß. Außerdem hat sie nach einem Jahr ihre Beziehung zu einem Footballspieler beendet, weil er unzuverlässig war und sie wie Dreck behandelt hat. Sie hat kapiert, dass sie einen Mann braucht, der verantwortungsvoller ist als sie, dass sie zu sich stehen muss und von Männern mehr erwarten darf.

Als John sie diesmal anspricht (mit oder ohne Anmachspruch), gibt es auf einmal soziologische Überschneidungen: John ist jetzt ein attraktiver, gepflegter, erfolgreicher Junggeselle, der auch mal fünf gerade sein lassen, Spaß haben und Gefühle ausdrücken kann; Jenna ist nicht mehr nur schön, sondern auch verantwortungsvoll, ehrgeizig und selbstsicher.

Und auf einmal finden beide einander attraktiv.

Zugegeben, auch wenn John an seinen Anmachsprüchen und Taktiken gefeilt hätte, hätte er Jenna möglicherweise kurzfristig davon überzeugt, dass er weniger engagiert ist als sie und soziologisch zu ihr passt (irgendwelche Geschichten über eine Ex, die Stripperin war), aber inzwischen musst du kapiert haben, dass solche Strategien furchtbar nach hinten losgehen, besonders auf lange Sicht. Früher oder später gehen John die Sprüche aus, und wie Aschenputtel nach dem Ball merkt Jenna entsetzt, mit wem sie es zu tun hat.

Aber John und Jenna haben beide an sich gearbeitet, haben sich soziologisch breiter aufgestellt, habe ihre Lebensweise bereichert und mit ihren Lebenszielen in Einklang gebracht. Daher haben sie jetzt genügend Gemeinsamkeiten, um einander anziehend zu finden.

So wirksam ist Soziologie.

Übrigens hat die Anziehung wenig zu tun mit den beiden persönlich, sondern mehr mit dem Timing. Zwei Jahre zuvor waren sie nicht kompatibel. Zwei Jahre später sind sie es. Auch ein Fall von »richtiger Mensch zur falschen Zeit«.

Wenn sie gern Ski fährt und reitet, du aber Outdoor-Aktivitäten und Reisen hasst, dann gibt es Reibung – vielleicht nicht sofort, aber früher oder später.

Wenn sie Wert darauf legt, Gefühle offen auszudrücken und was ihre Freundinnen von ihr halten, du dagegen ernste Gespräche und geistige Herausforderungen schätzt und Geselligkeit ablehnst, wird es von Anfang an eine Menge Reibung geben.

Das ist unvermeidlich. Da helfen auch schlaue Sprüche nicht. Da hilft kein gutes Aussehen. Da hilft kein Reichtum. Wenn du hasst, was sie liebt, und sie hasst, was du liebst, dann wird nichts aus der Sache. Punkt.

Die Lösung besteht nicht darin, dass du deine Persönlichkeit und deine Vorlieben änderst; die Lösung ist, dass du deine Persönlichkeit und deine Vorlieben erweiterst. Erweitere sie um interessante neue Aktivitäten, andere Ausdrucksweisen und ungewohnte Arten der Selbstdarstellung.

Es liegt an soziologischen Umständen, dass man manchmal Frauen trifft, bei denen es »klick« macht und dass dies meistens in Situationen geschieht, in denen man Spaß hat und das tut, was man am liebsten macht.

Lebensgewohnheiten

Soziologische Gegebenheiten lassen sich auch bewusst nutzen, indem man Zeit und Energie gezielt darauf verwendet, Frauen in einem Umfeld kennenzulernen, in dem sich ihre Werte, Interessen und Bedürfnisse wahrscheinlich mit den eigenen überlappen. In einem solchen Umfeld hat man nicht nur mehr Erfolg, sondern trifft auch eher Frauen, an denen man Freude hat.

Ich zum Beispiel reise gern. Also lerne ich gern Frauen kennen, die gern reisen. Reisen sind mein absolutes Lieblingsthema, und es fällt mir sehr leicht, weitgereiste Frauen für mich zu gewinnen und mit ihnen zusammen zu sein.

In irgendeiner Bar in Texas treffe ich kaum auf Frauen mit Reiseerfahrung. Aber auf einer Weinprobe in New York tummeln sich fast *nur* Frauen, die gern reisen.

Noch leichter wird es, wenn ich mich tatsächlich aufmache und in einem fremden Land auf anderer Reisende treffe. Bei diesen Frauen habe ich eine extrem hohe Erfolgsquote.

Wenn du dich für Tanz und Musik begeisterst, triffst du wahrscheinlich bei Tanzveranstaltungen und Konzerten deutlich kompatiblere Frauen als irgendwo sonst, und bei ihnen wirst du viel mehr Erfolg haben.

Kneipen, Clubs und sonstige beliebte Treffpunkte gelten gemeinhin als gute Orte zum Kennenlernen. Aber überlege dir, in welche Gesellschaft und in was für ein Umfeld du in solchen »Anmachschuppen« gerätst. Dort herrscht eine energiegeladene, unspezifische Partystimmung, dort suchen Menschen Spaß und verbringen Zeit im Freundeskreis.

Solange du der Typ bist, der gern Party macht und sich mit neuen Bekanntschaften vergnügt, bist du dort richtig. Aber wenn du von Natur aus nicht so gesellig bist, wirst du mit den meisten Menschen dort kaum kompatibel sein.

Erst wenn du diesen Aspekt deiner Persönlichkeit und deines Lebensstils weiterentwickelst, triffst du dort Frauen, die sich dir gegenüber offen zeigen.

Ich würde jedem Mann, der Frauen kennenlernen möchte, raten, sich erst einmal in Ruhe hinzusetzen und sich folgende Fragen zu stellen:

- Was schätzt du an Frauen? Aufrichtigkeit? Schönheit? Wärme? Intelligenz? Neugierde? Ähnliche Interessen? Bildung? Natürlich »alles davon«, stimmt's? Also noch mal präziser: Was schätzt du *am meisten*? Was kommt für dich überhaupt nicht infrage? Setze Prioritäten. Dann kannst du besser entscheiden, wo du suchen musst.
- Wo halten sich Frauen mit den von dir geschätzten Eigenschaften häufig auf? Wo sind sie wahrscheinlich zu finden?
- Was machst du am liebsten? Liest oder schreibst du gern? Machst du Musik? Magst du Sport und sonstige Wettkämpfe? Gibt es Veranstaltungen oder Organisationen, bei denen du deinen Hobbys nachgehen kannst.
- Wenn du nicht weißt, wo deine Leidenschaften und Interessen liegen, dann schreib kurz ein paar Dinge auf, die du schon immer machen wolltest, zu denen du aber nie die Zeit oder den Mut aufgebracht hast. Nimm dir fest vor, mit diesen Dingen anzufangen.
- Naturgemäß wimmelt es nicht bei jedem Hobby von Frauen. Als ehrgeiziger Schachspieler triffst du auf Schachturnieren eher wenige Frauen. Aber die meisten Menschen haben mehr als ein Interesse. Gut möglich, dass du dich für ein paar Dinge begeistern kannst, die auch viele Frauen anziehen.
- Hier nur ein paar Beispiele für wunderbare Hobbys und Veranstaltungen, auf denen man Frauen trifft:
- Tanzkurse (Salsa, Swing, Standard usw.),
- Politische Organisationen und Veranstaltungen,
- Konzerte,
- Sportvereine (bei Tanz, Schwimmen und Mixed-Volleyball gibt es viele Frauen – und zwar fitte),
- Gemeinnützige Arbeit, Ehrenamt, Hilfsorganisationen (oft voller toller Frauen),
- Coaching-Kurse (Management, Rhetorik),
- Kochkurse,
- Yogakurse (eine Goldmine),
- Meditationsworkshops und Retreats,

- Selbsthilfe- und Weiterbildungsseminare,
- Gruppenreisen (und Couchsurfing),
- Kirchengemeinden bzw. andere religiöse Gruppen (bei entsprechender Neigung),
- Volkshochschulkurse (Sprachen, Buchhaltung usw.),
- Hundeparks,
- Wein- oder Bierproben,
- Vernissagen,
- Geschäftliche Networking-Events.

Auch im Internet (z. B. bei *meetup.com*) findet man sehr leicht Gleichgesinnte und tolle Veranstaltungen in der Nähe.

Ein Freund von mir ist ein hervorragender Tänzer und geht jede Woche mehrmals tanzen. Er ist erfolgreich, klug und seriös, kultiviert und reiseerfahren. Außerdem pflegt er ein Netzwerk europäischer Unternehmer, die in den USA leben und arbeiten. In diesen beiden Kreisen lernt er massenweise Leute und massenweise attraktive, intelligente Frauen kennen. Um Bekanntschaften anzuregen, lädt er oft Menschen aus beiden Kreisen zu sich nach Hause ein. Sein beständiger Erfolg bei Frauen rührt nicht allein daher, dass er charismatisch ist und sie »rumkriegen« kann, sondern auch daher, dass er die Zielgruppe von kompatiblen Frauen eingegrenzt hat und dies ausnutzt.

Ein deutlich einfacheres Beispiel wäre ein anderer Bekannter, der Profimusiker ist. Man mag vermuten, dass er deshalb ständig Frauen flachlegt, aber tatsächlich verbringt er die meiste Zeit im Proberaum und im Studio. Denn dort verdient er das meiste Geld.

Doch als er wieder Single wurde, nahm er auch weniger lukrative, unkomplizierte Gigs an und spielte auf Hochzeiten, in Tanzlokalen, bei Coverbands und Ähnlichem. Dabei lernte er schnell mehr Frauen kennen, als er ausführen konnte.

Ich selbst habe einen starken Hang zum Reisen und zu Kulturellem. Überall, wo ich bin, nehme ich bewusst an Veranstaltungen und Kursen teil, bei denen ich Gleichgesinnte finde, die auch reisen. In den USA bevorzuge ich wiederum Orte und Treffpunkte, an denen Ausländer zu finden sind.

Wenn ich in den USA beispielsweise eine Argentinierin kennenlerne und ihr sogleich – auf spanisch – von meinen drei Monaten in Buenos Aires erzähle, kann ich sie leicht zu einem Date überreden, wie man sich vorstellen kann.

Bei dir wird es völlig anders sein. Du musst experimentieren. Ich gebe dir nur Beispiele, wie es gelingen kann.

Jede Interaktion mit Frauen ist soziologisch beeinflusst. Besteht eine soziologische Schieflage, dann gibt es unheimlich starke Reibung, und du kannst noch so attraktiv sein, es wird einfach kein Funke überspringen.

Dies mag auch einen guten Teil deines bisherigen Misserfolgs erklären.

Erweitere deinen Horizont und geh deinen Interessen nach.

Wenn du dich für Spiritualität und Meditation interessierst, dann geh dem nach. Wenn du politisch und gesellschaftlich engagiert bist, dann geh dem nach. Wenn du Freude an internationaler Küche hast, dann geh dem nach. Geh zu Kochkursen, Weinproben, Restauranteröffnungen und so weiter.

Frauenbild als Filter

Dass unsere Lebensgewohnheiten bestimmen, welche Zielgruppen von Frauen wir kennenlernen, ist offensichtlich. Wer Yoga mag und Yoga macht, trifft Frauen, die gern Yoga machen. Klar, dass man sich gegenseitig attraktiv findet.

Weniger offensichtlich aber mindestens ebenso entscheidend ist, dass auch unser Frauenbild unwillkürlich filtert, wen wir kennenlernen. Unser Frauenbild umfasst Vorstellungen über den Charakter und die Sexualität von Frauen und über unsere Beziehungen zu ihnen.

Unser Frauenbild prägt nämlich unser Verhalten, und unser Verhalten bestimmt darüber, welchen (und wie vielen) Frauen wir näherkommen.

Hält man beispielsweise alle Frauen für hinterhältige Schlampen, dann sind die einzigen Frauen, die dieses Vorurteil nicht abschreckt, promiske Frauen, denen nicht zu trauen ist. Dieser in der Sozialpsychologie sogenannte Assortment-Effekt ist durch viele Studien belegt.

Ein anderes Beispiel wäre die Frage, ob Frauen Sex genau so sehr wollen und genießen wie Männer. Für mich war das ein Knackpunkt. Wie viele Männer glaubte ich nämlich nicht, dass Frauen Sex genießen und davon träumen.

Wie wirkt sich wohl dieser Aspekt des Frauenbilds auf das Verhalten und die Partnerwahl aus?

Wenn du glaubst, dass Frauen keine Freude am Sex haben oder haben sollten, dann können die Frauen, die Freude daran haben, ihre Sexualität in deiner Gegenwart wahrscheinlich nicht ungehemmt ausleben. Und diejenigen, die tatsächlich keine Freude daran haben, fühlen sich von dir verstanden.

Und so landest du bei lauter Frauen, die mit ihrer Sexualität nicht in Kontakt sind, und die sich beim Sex nicht wohlfühlen.

Aber wenn du glaubst, dass Frauen gern Sex haben, dann werden sich die Frauen, denen Sex Spaß macht, mit ihrer Sexualität bei dir wohlfühlen, die Freudlosen hingegen nicht. Ja, das bringt dir auch Zurückweisungen ein, aber da Zurückweisungen, wie du weißt, ein sinnvoller soziologischer Filter sein können, ist es in diesem Fall nur zu deinem Vorteil.

Du landest nämlich bei lauter sinnlichen, sexuell aufgeschlossenen Frauen, die sich bei dir wohlfühlen. Nicht schlecht!

Der Assortment-Effekt des eigenen Frauenbilds ist erstaunlich wirksam. Ich glaube, dass viele »Probleme«, die Männer mit Tricks und Techniken zu beheben suchen, ganz leicht dadurch zu lösen wären, dass sie ihr Frauenbild infrage stellen.

Ich sage Männern gern: »Das Einzige, was alle deine Partnerinnen gemeinsam haben, bist du.« Was ich damit meine: Wenn alle deine Partnerinnen verlogen und manipulativ bzw. egoistisch und herablassend sind bzw. fade und charakterschwach sind, dann hast du diese Art von Frauen wahrscheinlich durch dein Frauenbild und dein Verhalten herausgefiltert.

Härter ausgedrückt: Ob du es merkst oder nicht – was für Frauen du abbekommst, liegt ganz und gar an dir.

Leider ist es deutlich leichter und bequemer, sich ein paar Anmachsprüche anzutrainieren, als das eigene Frauenbild und Beziehungsmodell infrage zu stellen und zu verändern. Deshalb drücken sich viele Männer davor. Und deshalb haben sie langfristig keinen Erfolg.

Die Auseinandersetzung mit dem eigenen Frauenbild und die Einsicht, dass es auch nur ein Bild ist, gehört zu dem, was wir im 3. Kapitel besprochen haben: dass man sich selbst und die eigenen Wünsche offen und ehrlich betrachtet. Um ein nicht-bedürftiger Mann zu werden, muss man vor allem sich selbst gegenüber ganz und gar ehrlich sein. Dazu gehört auch, dass man das eigene Frauenbild überprüft. Wenn man sein ganzes Leben lang geglaubt hat, dass Frauen nicht zu trauen ist, oder dass Frauen, die ihre Sexualität ausdrücken, unanständig sind, sollte man sich überlegen, welche Frauen man mit einem solchen Frauenbild in sein Leben einlädt. Und wenn man solche Frauen eigentlich nicht möchte, sollte man vielleicht mit einem anderen Frauenbild experimentieren.

Jetzt heißt es wahrscheinlich: »Mit einem anderen Frauenbild experimentieren? Wie soll das gehen?«

Dein Frauenbild und andere festgefahrene Vorstellungen änderst du, indem du dir eingestehst, dass du möglicherweise falsch liegst, und dich dann neuen Erkenntnissen öffnest. Wenn du alle Frauen für böse und manipulativ hältst, musst du dir zunächst bewusst machen, dass du möglicherweise komplett falsch liegst. Anschließend nimmst du eine neue Hypothese und prüfst sie im wirklichen Leben. Geh auf eine Veranstaltung und tu so, als wären alle Frauen dort liebevoll, fürsorgend und aufrichtig. Chatte im Internet und tu so, als interessiere sich jede Chatpartnerin ohne Hintergedanken für dich als Mensch. Schau, was dann passiert. Anfangs wird es dir unheimlich vorkommen, aber du wirst bald merken, dass du für eine andere Sorte von Frauen attraktiv wirst, und deine Beziehungen werden sich verbessern.

Denn das Erstaunliche an Menschen – Männern wie Frauen – ist: Sie erfüllen tendenziell das, was von ihnen erwartet wird.

Stell dir mal vor, du kriegst einen neuen Job, und der Chef hält dich von Anfang an für ein Arschloch. Er spricht von oben herab mit dir, rollt mit den Augen und tut, als wäre deine schiere Anwesenheit eine Zumutung.

Wie würdest du dich ihm gegenüber verhalten? Richtig, wie ein Arschloch. Er behandelt dich mies, weil er erwartet, dass du ein Arschloch bist. Und du verhältst dich wie ein Arschloch, weil er dich mies behandelt.

Bei Frauen ist es genauso. Wenn du allen Frauen, die du kennenlernst, üble Absichten unterstellst, ermunterst du sie nur zu üblem Verhalten. Wenn du deiner Freundin nicht traust und ständig eifersüchtig bist, ermunterst du sie nur dazu, alles Mögliche hinter deinem Rücken zu tun. Denn da du sie ja ohnehin beschimpfst, ist für sie nur vernünftig, dir Dinge zu verheimlichen.

Wenn du eine Frau von oben herab behandelst und mit ihr wie mit einem Kind redest, das keine eigenen Entscheidungen treffen kann, benimmt sie sich eben wie ein verwöhntes Kind und trifft keine eigenen Entscheidungen.

In der Psychotherapie wird dieses Phänomen als *Enabling* – »Ermöglichung« – bezeichnet: Unser beschissenes Verhalten ermöglicht das beschissene Verhalten der Menschen um uns herum.

Indem wir soziologisch gezielt vorgehen und – wichtiger noch – unser Frauenbild überprüfen, bevor wir überhaupt eine Frau finden, beugen wir diesem Ungeschick vor, ehe es überhaupt eintritt, und gehen Beziehungskatastrophen von vornherein aus dem Weg.

Denn letzten Endes ziehen wir die Sorte Mensch an, die uns selbst am ähnlichsten ist. Und wenn wir selbst fiese, nachtragende, eifersüchtige oder misstrauische Menschen sind – rate mal, wen wir dann abkriegen?

Alter, Geld, Aussehen

Die heikelsten Aspekte der soziologischen Herangehensweise – womöglich die heikelsten Aspekte jedes Beziehungsratgebers – sind Alter, Geld und Aussehen.

Lass es mich vorweg hundertprozentig klarstellen: Alter, Geld und Aussehen fallen ins Gewicht – manchmal mehr, manchmal weniger, aber sie fallen ins Gewicht. Und wer dir was anderes vormacht, der lügt.

Allerdings zählen Alter, Geld und Aussehen weit weniger als die meisten Männer glauben. Und wer sich soziologische Effekte bewusst macht, kann eventuelle Nachteile ausgleichen oder sogar in Vorteile umkehren.

Was das Alter betrifft, haben Studien ergeben, dass Männer den Gipfel ihrer körperlichen Attraktivität durchschnittlich im Alter von 31 erreichen (sehr tröstlich, wenn man bedenkt, dass Frauen mit 21 so weit sind), und die Attraktivität bei uns viel langsamer abnimmt als bei Frauen. Studien zufolge wird ein durchschnittlicher 45-Jähriger als ebenso attraktiv wahrgenommen wie ein durchschnittlicher 18-Jähriger.

Den Grund dafür haben Forscher darin ausgemacht, dass Frauen den Status eines Mannes weit weniger an seiner Körperform festmachen, sondern viel mehr an seinem Stil, seiner Gepflegtheit und seiner Selbstdarstellung. Für uns Männer ist das ein Riesenglück. Tauscht ein Mann sein schlabbriges T-Shirt und seine schlecht sitzende Jeans gegen einen guten Anzug und einen ordentlichen Haarschnitt, legt er in puncto Aussehen von jetzt auf gleich um 50 Prozent zu. Frauen haben dagegen einen ständigen und nie endenden Kampf um ihr Erscheinungsbild zu kämpfen.

Darauf, wie man so gut aussieht, wie man kann, gehe ich im nächsten Kapitel ein. Hier sei nur gesagt, dass es Grund zur Hoffnung für dich gibt, egal wie hässlich du bist (wahrscheinlich bist es gar nicht). Und dass wir uns noch darum kümmern werden.

Geld ist insofern gut, dass es Erfolg signalisiert und auf weitere gute Eigenschaften schließen lässt. Aber auch seine Bedeutung wird sehr übertrieben. Auch was Geld angeht, hat die Wissenschaft interessante Erkenntnisse zu bieten.

Eine davon wäre, dass die Bedeutung von Geld und Erfolg mit dem Alter zunimmt. Von einem attraktiven Mann wird umso mehr Wohlstand und Erfolg erwartet, je älter er ist. Ebenfalls interessant: Je weniger Geld *sie* hat, desto wichtiger ist ihr *seines*.

Aus diesem Grund ist die stereotypische Goldgräberin eine sehr schöne junge Frau aus armen Verhältnissen. Frauen, die im Wohlstand großgeworden sind oder selber Geld haben, legen meistens nicht so viel Wert darauf.

Aber es bleibt dabei, dass für Frauen ein reicher Mann das Gleiche bedeutet wie für Männer eine schöne Frau: Status. Das, was Frauen unter Status verstehen, und welche Rolle Geld dabei spielt, unterscheidet sich nicht sehr von Frau zu Frau.

Damit kommen wir zu dem, was ich eigentlich über Alter, Geld und Aussehen sagen will: Auf das Soziologische kommt es an.

Vor Kurzem habe ich einen schlauen Satz gelesen: »Nur faule Frauen interessieren sich für reiche Männer, denn sie haben selber nicht viel zu bieten.«

Die Frage ist: Für welche Zielgruppe von Frauen sind Geld und Aussehen besonders wichtig? Frauen, die *nur* auf das Aussehen schauen, haben selber oft *nur* gutes Aussehen zu bieten und wenig mehr. Frauen, denen es sehr ums Geld geht, fehlt es oft an anderen Interessen und Chancen in ihrem Leben.

Was ich damit sagen will: Die Frauen, die nur aufs Aussehen und den Kontostand schauen, gehören nicht zu denen, an denen du interessiert bist und die dich glücklich machen können. Also verpasst du nichts.

Andererseits wertschätzen wir alle in gewissem Maße gutes Aussehen und Erfolg. Wir können das also nicht komplett vernachlässigen. Du *solltest* so gut aussehen, wie du eben kannst. Und du *solltest* finanziell so erfolgreich sein, wie du eben kannst. Selbst die kultivierteste und vorurteilsloseste und psychologisch gesündeste Frau bevorzugt gutaussehende und erfolgreiche Männer. Im Zweifel hast du mit Geld und gutem Aussehen die besseren Chancen.

Dabei gilt der Vorbehalt, dass du im Rahmen *deiner* Möglichkeiten möglichst gut aussehen und im Rahmen *deiner* Möglichkeiten finanziell möglichst erfolgreich sein solltest. Beides sind Felder, auf denen du dich für dich selbst einsetzen musst.

Ja, Aussehen und Geld fallen ins Gewicht. Die Frage ist nur: welchen Einfluss haben sie auf deinen Erfolg bei der Mehrheit der Frauen.

> *Je mehr du mit Geld/Aussehen/Erfolg punktest, desto weniger attraktiv muss dein Verhalten sein. Je weniger du mit Geld/Aussehen/Erfolg punktest, desto attraktiver musst du dich verhalten.*

Man kann es sich auch so vorstellen, dass Alter, Geld und Aussehen universelle soziologische Kategorien sind und Inkompatibilität hier eine zusätzliche Reibung erzeugt.

Aber dass Reibung besteht oder die Menge bereiter Frauen etwas geringer wird, ist noch lange keine Entschuldigung dafür, langfristig erfolglos zu bleiben.

Männer, die sich Sorgen um ihr Aussehen und ihren finanziellen Wert machen, nutzen dies oft nur als Ausrede. Und als Ausrede taugt das nicht. Auch gutaussehende oder reiche Männer müssen baggern, nur eben nicht so sehr wie Otto Normalverbraucher.

Glaub mir, ich habe Hunderte Männer gecoacht, die beruflich weitaus erfolgreicher waren und viel besser aussahen als ich – trotzdem ging ich mit mehr und mit schöneren Frauen aus als sie. Schön und reich zu sein ist gar nichts wert, wenn man nichts damit anfängt. Man kann der reichste Pinkel der Welt sein, aber solange man sich wie ein schüchterner, negativer, schwächlicher Trottel benimmt, laufen die Frauen trotzdem weg.

Und wie ich im nächsten Kapitel zeigen werde, kann jeder mit ausreichend Mühe stattlich und gediegen wirken. Ausreden gelten also nicht.

Und Status hängt letztlich vom soziologischen Rahmen ab. Auf einer WG-Party hat ein stämmiger 20-Jähriger, der Bierdosen auf dem Kopf zerdrücken kann, bei den anwesenden Mädchen ganz schön viel Status. Bei einer Vernissage hat er kaum welchen. Ein dürrer, Bass spielender Hipster hat auf einem Indie-Konzert jede Menge Status, aber nicht bei einem Wirtschaftskongress. Und ein erfolgreicher Aktienbroker mit Armani-Anzug mag bei der Weihnachtsfeier seiner Firma Status haben, aber nicht auf einem Musikfestival.

Auf den Zusammenhang kommt es an. Wichtig ist: 1) die eigenen Interessen und Stärken zu erkennen, und 2) diese individuellen Interessen und Stärken so zu nutzen, dass man die Frauen der bevorzugten Zielgruppe anzieht.

Soziale Bestätigung

Der Begriff »soziale Bestätigung« *(social proof)* stammt aus der Marketing-Psychologie und lässt sich auf Felder wie Verkauf, Werbung und Politik, aber auch auf Partnerwahl und Paarbeziehung anwenden.

Die Idee dahinter: Wenn ein Mensch merkt, dass viele andere eine Sache wertschätzen, wertet er diese Sache unbewusst auf. Reden beispielsweise alle über einen neuen Film, bekommen auch wir Lust, ihn zu sehen, weil wir unbewusst annehmen, dass es ein guter oder relevanter Film ist.

Was mit Filmen funktioniert, funktioniert auch mit Personen. Wenn bei einer Party jemand hereinkommt, und alle drehen sich um und begrüßen ihn, denkst du bestimmt: »Wow, wer ist das denn?« Und bestimmt möchtest du ihn auch kennenlernen.

Dies lässt sich nutzen, um für Frauen attraktiv zu werden. Wenn *du* der Mann bist, nach dem sich alle umdrehen, sobald du den Raum betrittst, dann schreiben dir die anwesenden Frauen eher einen hohen Status zu und finden dich attraktiv. Oder wenn du ein Mann bist, mit dem bereits mehrere Frauen flirten, dann bringt das *noch mehr* Frauen dazu, dich zu umgarnen.

Aus diesem Grund sind Männer in Machtpositionen – Prominente, Sportler usw. – so begehrt. Männer sollten daher das Ziel haben *in ihrer Zielgruppe* möglichst viel soziale Bestätigung zu gewinnen.

Wenn du beispielsweise in deiner Firma zur Führungsebene gehörst, hast du im Beruf einen hohen Status und viel soziale Bestätigung. Wahrscheinlich finden dich Kolleginnen einigermaßen attraktiv. Aber wenn du am Wochenende in einer Bar bist, wo du niemanden kennst, sinkt dein Status auf null. Hier bist du nur einer unter vielen.

Soziale Bestätigung funktioniert nur innerhalb einer sozialen Gruppe. Sobald du deine Zielgruppe gefunden hast, solltest du dort Beziehungen pflegen und eine möglichst große Führungsrolle einnehmen. Es reicht nicht, dem Frisbee-Team beizutreten, du musst es organisieren. Es reicht nicht, für einen wohltätigen Zweck Spenden zu sammeln, du musst Sponsoren gewinnen. Es reicht nicht, Konzerte zu besuchen, du musst sie veranstalten.

Wahrhaftiges Leben bedeutet, dass du deine Leidenschaften maximal auslebst. Wenn du leidenschaftlich gern in Kunstaustellungen gehst, solltest du dies nicht nur so oft wie möglich tun, sondern eine aktive Rolle dabei übernehmen, dich mit anderen Kunstkennern und -kennerinnen zusammenschließen oder ein Diskussionsforum gründen. Gehe nicht einfach deinen Interessen nach, sondern gehe voran. Such dir nicht einfach eine soziale Gruppe aus, sondern dominiere sie.

Inzwischen hast du dir hoffentlich eine klarere Vorstellung davon gemacht, für welche Gruppe von Frauen du derzeit attraktiv bist und für welche du gern attraktiv sein würdest. Im nächsten Kapitel gehe ich konkreter darauf ein, wie du die richtige Zielgruppe erreichst und darin möglichst attraktiv wirst.

Jemand sein, nicht etwas sagen

Wenn es eines gibt, das du aus diesem Kapitel mitnehmen solltest, dann dies: Es macht viel mehr Eindruck, jemand Attraktives zu *sein*, als etwas Attraktives zu *sagen*. Du kannst die attraktivsten Sätze der Welt sagen, aber solange dahinter nicht Jemand steht, der attraktiv ist, bleibt es bedeutungslos. Bist du dagegen Jemand, der bewundernswert ist, dann wirkt alles, was du sagst, attraktiv, weil es aus dem Mund eines attraktiven Mannes kommt.

Frauen werden von deiner Persönlichkeit angezogen. Worte haben keine Bedeutung. Was du sagst, ist lediglich ein Mittel zum Zweck, um diese Persönlichkeit zu zeigen. Und ich sage bewusst, dass du sie ihr »zeigen« sollst, anstatt lediglich etwas vorzuspielen«.

Stell dir vor, du triffst zwei verschiedene Männer. Einer von ihnen ist ungepflegt, hässlich und von zwielichtigem Charakter. Er hält keinen Blickkontakt. Er riecht komisch. Er murmelt vor sich hin und kratzt sich an unpassenden Stellen. Mitten im Gespräch sagt er: »Du, ich hab ein gutes Gefühl bei dir, du bist ein interessanter Mensch.«

Wie würde sich das anfühlen?

Wahrscheinlich wäre es dir unheimlich, und du würdest dich schnellstmöglich entfernen.

Stell dir nun vor, du sprichst mit einem stattlichen, erfolgreichen Mann mit Charme und Charisma. Alles, was er sagt ist faszinierend und interessant. Dann schaut er dir in die Augen und sagt: »Du, ich hab ein gutes Gefühl bei dir, du bist ein interessanter Mensch.«

Wie würde sich das anfühlen.

Du wärst hocherfreut. Wieso? Weil der zweite Mann jemand *ist*. Er sagt nicht nur interessante und charmante Sachen, sondern *ist* auch interessant und charmant. Auf einmal haben seine Worte eine ganz andere Bedeutung, ein ganz anderes Gewicht.

Viele Männer interpretieren auch dies als Ermunterung, eine Performance aufzuführen. Gestern Abend war ich mit meiner Freundin in einem hübschen, teuren Restaurant. Am Tisch neben uns ließ sich ein Paar nieder, offensichtlich war es ein Date. Der Mann war etwas älter, die Frau war jung und schön. Der

Mann klappte sofort die Karte zu und sagte: »Nichts bestellen. Ich weiß, dass die hier eine Spezialität haben, die nicht auf der Karte steht – die isst du.« Die Frau sagte nur kleinlaut: »Okay.« Dann diskutierte der Mann mit dem Kellner über irgendein besonderes Gericht, das er zubereitet haben wollte. Das Hin und Her zwischen ihm und dem Kellner dauerte an, und alle Umsitzenden merkten, wie peinlich und unnötig das Ganze war. Die Frau war erst gelangweilt, dann genervt und schon bald in ihr Smartphone vertieft. Mit Facebook, Instagram, Twitter und Konsorten lenkte sie sich von dem Dödel ab, der ihr gegenübersaß.

Der Dödel sah sich in dem Augenblick wahrscheinlich als erfolgreicher Machtmensch. Was ich sah, war ein armseliges Schauspiel, Überkompensation, krasser Narzissmus. Ein erfolgreicher Mann muss seine Größe nicht dadurch beweisen, dass er eine Extrawurst bestellt. Ein erfolgreicher Mann muss seiner Begleitung nicht verordnen, was sie zu essen hat.

Der Versuch, Frauen mit einem Trugbild von dem zu beeindrucken, was man für attraktiv *hält*, geht immer nach hinten los. Männer können sich vorführen, wie sie wollen, wochenlang, monatelang, jahrelang – solange sie sich nicht richtig zeigen, bringt ihnen das nicht viel. Sie haben dann keine klare, erfolgreiche Persönlichkeit. Sie stehen nicht mit sich und ihrem Leben in Kontakt.

Wenn du ein solcher Mann bist, der sich vorführt, anstatt sich zu zeigen, dann stehst du nicht im Kontakt mit deinem Wesen, mit dem, was du bist und was du willst. Und wenn du nicht im Kontakt mit dir selber bist, verirrst du dich schnell in unbestimmten und unergiebigen Zielgruppen. Dann klammerst du dich ziellos an jede greifbare Frau. Du wirst staunen, wie wenig du auf diese Art und Weise polarisieren kannst.

Nur wenn du deine innere Wahrheit und deine eigene Identität findest, kannst du Zielgruppen definieren: welche Frauen du begehrst, und welche dich begehren. Und wie wir noch sehen werden, ist die Arbeit mit Zielgruppen die Grundlage der gesamten Partnerfindung.

Ich hoffe, dass dich dieses Kapitel dazu gebracht hat, darüber nachzudenken, was du mit deinem Leben machst, wer du eigentlich bist, was du dir von Beziehungen erwartest und welche Art von Frauen du erreichen möchtest.

Im nächsten Kapitel geht es darum, wie man sich, ausgehend von der gewünschten Identität und der erwählten Zielgruppe, ein attraktives Leben erschafft.

KAPITEL 8

Lebensweise und Selbstdarstellung

Als Männer glauben wir gern, dass Frauen Anziehung genau so erleben wie wir. Die Psychologie zeigt, dass das nicht so ist.

Männer beurteilen die Schönheit einer Frau vor allem anhand von körperlichen Merkmalen und erst danach anhand von Persönlichkeit und Selbstdarstellung: hohe Wangenknochen, symmetrisches Gesicht, Taille-Hüfte-Verhältnis, Brustumfang usw. Daher geben wir uns gern dem Irrtum hin, dass Frauen unsere Attraktivität ähnlich beurteilen. Das führt zu zwanghaftem Bankdrücken, zu Sorgen um Körpergröße und Penislänge.

Natürlich spielen die Körpermaße eine gewisse Rolle darin, wie ein Mann auf andere wirkt, aber der Forschung zufolge sind andere Dinge wichtiger.

Deshalb unterscheide ich bewusst zwischen gutaussehend und attraktiv. Nicht jeder ist von Geburt an gutaussehend. Aber jeder kann mit etwas Zeit und Aufwand attraktiv werden. Und letzten Endes will jede Frau einen attraktiven Mann.

Aus irgendeinem Grund glauben viele Männer, ihr Erscheinungsbild sei in Stein gemeißelt. Die wenigsten haben Lust, etwas daran zu ändern, schon gar nicht etwas Grundlegendes. Was sie nicht verstehen ist, dass ein Mann sich auf unterschiedliche Arten präsentieren kann, und dass manche Arten attraktiver sind als andere.

Es folgen ein paar betrübliche Tatsachen. Nummer eins: Das Erscheinungsbild ist extrem wichtig. Ob man als stilvoll oder stillos wahrgenommen wird, ist ein Unterschied wie Tag und Nacht. Ja, man kann wie ein Penner daherkommen und trotzdem Mädels abräumen, aber der Unterschied im Verhältnis zwischen Aufwand und Ergebnis ist gewaltig. Ein Wechsel der Garderobe und ein Friseurtermin können das Kennenlernen von Frauen dreimal leichter machen – buchstäblich von heute auf morgen. Dazu kommen noch die psychologischen Nebeneffekte: Man fühlt sich sogleich selbstsicherer, interessanter, aufregender usw.

Vergiss nicht, dass dein Erscheinungsbild dein (mangelndes) Selbst-Engagement widerspiegelt. Und Selbst-Engagement macht dich weniger bedürftig und dein Verhalten attraktiver. Wenn du zu wenig Zeit und Aufwand in dein Aussehen und deine Selbstdarstellung steckst, taxieren dich Frauen und ziehen daraus unbewusst Schlüsse über deinen Status als Mann.

Der erste Schritt besteht selbstverständlich in Körperpflege und allgemeiner Gesundheitsvorsorge. Das bedeutet, dass man sich regelmäßig duscht, rasiert und die Haare schneiden lässt, Deo aufträgt, sich die Zähne putzt und Zahnseide verwendet, die Fingernägel stutzt und saubere Kleidung trägt.

Das alles muss ich dir eigentlich nicht sagen, aber für alle Fälle tue ich es trotzdem – bitte sehr, da steht es. Der obige Absatz ist nicht verhandelbar und gilt ab heute.

Jetzt können wir uns den beiden wichtigsten Faktoren deines Erscheinungsbilds zuwenden: Mode und Fitness.

Wenn du auf Mode und Fitness keinen Bock hast und denkst »Ach, das lass ich aus und blättere einfach zu den Anmachsprüchen«, dann muss ich dir leider mitteilen, dass du es dir nicht einfacher machst. Es wird viel darum gemunkelt, welches »Zaubermittel« wohl attraktiv macht. Wenn es irgendwelche Zaubermittel gibt, dann sind es Mode und Fitness. Auf kurze Sicht gibt es nichts, was dich für Frauen attraktiver macht. Wer einigermaßen in Form ist und sich gut kleidet, hat es in jeder Phase des Prozesses leichter, beim Kennenlernen, beim Annähern, beim Verführen und beim Aufrechterhalten einer Beziehung. Und beides hat keinerlei Nachteile.

Also pass auf und zeige Engagement für dich selbst, denn wenn du keines zeigst, zeigt auch niemand sonst welches.

Mode

Viele heterosexuelle Männer scheuen sich davor, an ihrem Kleidungsstil zu arbeiten, weil ihnen das »schwul« oder wenig maskulin vorkommt. Den meisten Männern ist das unangenehm. Viele sind auf bestimmte Vorlieben festgelegt und haben keine Lust, nach vielen Jahren auf einmal andere Hemden zu tragen oder den gewohnten Haarschnitt zu ändern. Zudem haben sie Schiss davor, aufzufallen oder anders auszusehen als der Bekanntenkreis.

Wenn du dich in dieser Beschreibung wiedererkennst, dann hast du eine mentale Hürde zu überwinden. Falls du dich nicht schon seit Langem mit Mode und Style beschäftigst, so ist das, von dem du glaubst, dass es gut aussieht, wahrscheinlich eher inakkurat. Du denkst vielleicht, du seist gut angezogen (oh Mann, das denkt jeder, der es noch nicht besser weiß), aber vermutlich bist du es nicht.

Als Erstes musst du also das einsehen, was du nicht weißt.

Es gibt ein paar einfache Regeln:

1. Kleidungsstücke müssen sitzen.
2. Kleidungsstücke müssen zueinander passen.
3. Kleidungsstücke müssen zur Persönlichkeit passen.

Diese drei Regeln gehen wir jetzt nacheinander durch.

Kleidungsstücke müssen sitzen: Vorneweg sei gesagt, dass die allermeisten Männer Kleidung tragen, die nicht richtig sitzt. Weil Männern Bequemlichkeit und Funktion wichtiger sind als Ästhetik, tragen sie meistens zu große Sachen. Gut möglich, dass die meisten deiner Kleidungsstücke zu groß sind. Viele Männer schämen sich auch für ihre Körperform und kaufen zu große Kleidung, um sie zu verbergen.

Doch bei Kleidung kommt es auf den Sitz an. Du kannst die schönsten, teuersten Klamotten der Welt tragen, aber wenn sie nicht richtig sitzen, siehst du aus wie ein Clown. Auf der anderen Seite kannst du in anständigen oder sogar mittelprächtigen Sachen ziemlich gut aussehen, solange sie sitzen (und du einigermaßen in Form bist).

Der richtige Sitz macht den Unterschied, und der Unterschied fällt ins Auge:

Der erste Schritt beim Umkrempeln deiner Garderobe besteht also darin, alles, wirklich alles aus dem Kleiderschrank zu holen, was nicht richtig sitzt.

Du solltest immer deine Maße kennen. Im Zweifelsfall musst du sie ausmessen lassen. In den meisten Kaufhäusern gibt es eine Schneiderei, die das übernimmt.

Bei Hemden sollte die Schulternaht bis zum Ende der Schulter reichen, nicht weiter. Wenn die Schulternaht jenseits der Schulter liegt, ist das Hemd zu groß.

Bei Anzughemden sollte die Manschette nur bis zum Handknöchel reichen.

Der Hosensaum sollte leicht auf dem Schuhrücken aufliegen (außer bei bestimmten Jeans-Schnitten oder Hosen im Hip-Hop-Stil). Dabei sollte nicht mehr als eine Falte entstehen.

Wenn du mit dem Schuhabsatz hinten auf den Hosensaum trittst, ist die Hose zu lang. Wenn das Hosenbein beim Gehen hochrutscht und die Socken freigibt, ist die Hose zu kurz.

Die Hose darf nie von der Hüfte rutschen, auch nicht beim Bücken. Ein Bauarbeiter-Dekolleté ist immer unattraktiv.

Jeans sollten auch ohne Gürtel nicht von der Hüfte rutschen. Die meisten Männer tragen zu weite Jeans und fühlen sich unwohl, wenn sie zum ersten Mal eine passende tragen. Anfangs kommt sie einem eng und unbequem vor. Man gewöhnt sich daran.

Hier ein Beispiel für schlechtsitzende Jeans:

Und so sitzen Jeans und T-Shirt richtig:

Hier ein zu großes Sakko, bei dem die Schultern seitlich hängen:

Und noch ein Outfit, das richtig gut sitzt:

Kleidungsstücke müssen zueinander passen: Männer haben einen untrüglich schlechten Sinn für unmögliche Farbkombinationen.

Dabei ist es gar nicht so schwer, passende Farben zu finden, wenn man weiß, worauf man achten muss:

- Der Gürtel sollte zu den Schuhen und/oder dem Schmuck passen.
- Bei Stoffhosen sollten die Socken zur Hose passen.
- Bei Jeans sollten die Socken zu den Schuhen passen.
- Schmuck sollte entweder nur golden oder nur silbern sein.

So bekommst du eine einfache Grundausstattung: Du brauchst eine »schwarze Kombi« und eine »braune Kombi«. Kauf dir ein Paar schöne schwarze Schuhe, einen schönen schwarzen Gürtel und eine schwarze Jacke. Kauf dir dazu ein Paar gute braune Schuhe, einen schönen braunen Gürtel und eine braune Jacke.

Dann kauf dir ein paar schöne Designer-Jeans mit hellerer und dunklerer Waschung und rund ein Dutzend Hemden.

Jetzt musst du nur noch kombinieren.

Such dir eine Jeans und ein schönes Hemd aus und zieh darüber die schwarze oder die braune Kombi an – welche am besten zu Hemd und Jeans passt. Ich trage die braune Kombi gern zu helleren Hemden und Hosen und die schwarze Kombi zu dunkleren Teilen.

Selbstverständlich ist echter Stil noch deutlich komplexer, aber für den Anfang ist dies ein einfacher und idiotensicherer Weg.

Kleidungsstücke müssen zur Persönlichkeit passen: Viele Männer informieren sich über Mode und kaufen dann alberne Klamotten, die gar nicht zu ihrem Lebensstil passen: 40-jährige Manager tragen Baggy Pants und Hoodie; 20-jährige Studenten tragen teure Anzüge und Strickjacken. Manche entdecken Ausgefalleneres: LED-Gürtel, goldene Uhren an dicken Halsketten, Zylinder usw. Erstaunlich, was manche Menschen für schick halten, obwohl es nur schräg ist.

Wenn die Kleidung nicht zur Persönlichkeit passt, ist es stillos.

Es gibt einige Modestile, die Frauen attraktiv finden, und nach denen du deinen eigenen Stil gestalten kannst: der Skater/Surfer-Look, der Business-Look, der Rockstar-Look, der Sportler-Look usw.

Wenn beispielsweise der Rockstar-Look zu deiner Persönlichkeit passt, dann mach ihn dir zu eigen. Als Führungskraft in der Finanzbuchhaltung solltest du dagegen im gediegenen Business-Look auftreten. Wenn du Hip-Hop und elektronische Musik magst, kannst du dich auch dementsprechend kleiden.

Schau dir Modezeitschriften an und guck dich im Internet um. Such dir Promis oder andere Vorbilder und lass dich von deren Erscheinungsbild anregen.

Falls du immer noch nicht weißt, wie du anfangen sollst, kannst du auch eine modebewusste Freundin zum Einkaufen mitnehmen.

Gute Freundinnen sind Gold wert, wenn du beim Shoppen keinen Plan hast, welche Größe die richtige ist und welcher Look zu dir passt. Von ihnen kannst du etwas lernen und eine unbefangene weibliche Meinung darüber erhalten, worin du gut aussiehst und worin nicht.

Aber sei gewarnt, nur weil sie eine Vagina haben, sind sie nicht notwendigerweise Expertinnen. Viele Frauen sind modisch weniger bewandert, als es den Anschein hat. Außerdem versuchen sie womöglich, dich so zu kleiden, wie sie sich selbst einen scharfen Typen vorstellen, und das muss nicht unbedingt das sein, was auch zu dir passt.

Fitness

Ich werde mich in diesem Buch nicht lange mit Fitness aufhalten, weil es dazu anderswo reichlich Informationen gibt. Ich beschränke mich auf ein paar grundlegende Tipps.

1. Treibe Sport, egal welcher Art. Das ist nicht verhandelbar. Nicht nur siehst du dadurch nackt besser aus, du hast auch mehr Energie, mehr Testosteron, weniger Depression und Angstzustände und ein besseres allgemeines Wohlbefinden.

Welchen Sport du treibst, ist weniger wichtig als die Tatsache, dass du irgendetwas trainierst. Wenn du gern Fußball spielst, dann such dir einen Verein. Wenn du Gymnastik und Yoga magst, dann mach das. Wenn du Eisen stemmen willst, um Muckis zu kriegen, dann nur zu.

2. Ernähre dich ordentlich. Um mit 20 Prozent des Aufwands 80 Prozent der Wirkung zu erzielen, kannst du dich an folgende Faustregel halten: Finger weg von gezuckerten Getränken, Fast Food, Dessert und Süßigkeiten. Verzichte auf diese Dinge, und du bist einen Riesenschritt weiter. Es gibt Low-carb, High-carb, High-Protein, Low-fat und alle möglichen anderen Theorien. Das Thema Ernährung ist ein Meer aus Informationen, in dem man leicht ersaufen kann.
   Aber wenn du dich an die simpelsten Grundsätze hältst und die oben genannten Dinge meidest (und regelmäßig Sport treibst), wäre es schon verwunderlich, wenn du nach ein paar Monaten nicht deutlich besser aussähst.
   Und für gute Ernährung gilt das Gleiche wie für Fitness: Dass du sexy aussiehst, ist nicht der einzige Vorteil. Du fühlst dich auch besser, hast mehr Energie, geileren Sex und bessere Laune und sparst womöglich noch Geld.

Körpersprache

Auch die Körpersprache lässt sich in relativ kurzer Zeit verbessern. Dadurch wirkt man sofort attraktiver.

Manche Studien behaupten, dass Körpersprache bis zu 60 Prozent der gesamten zwischenmenschlichen Kommunikation ausmacht. Also eine ganze Menge.

Wenn du an das zurückdenkst, was ich am Anfang des Buches über Bedürftigkeit, Absichten und unterschwellige Botschaften geschrieben habe, dürfte dich die große Bedeutung der Körpersprache nicht überraschen.

Die üblichen Probleme mit Körpersprache lassen sich durch Üben und bewusste Korrekturen beheben. Aber deine Körpersprache wird sich auch dadurch verbessern, dass du weniger bedürftig wirst und Sport treibst.

Für die folgenden Haltungskorrekturen brauchst du einen Spiegel (möglichst in Ganzkörpergröße).

1. Stell dich frontal vor den Spiegel und drehe dich um 90 Grad nach rechts oder links, sodass du dich in Seitenansicht betrachten kannst. Achte nun auf die Linie zwischen Hals und Schulter. Wenn du ein Hemd oder T-Shirt anhast, dann schau auf die Naht zwischen Halsausschnitt und Ärmelansatz. Bei fast allen zeigt diese Linie oder Naht nach vorne. Ziehe nun die Schultern zurück, bis die Linie gerade ist – vom Hals zur Schulter. Das ist die optimale Position für die Schultern. Merk dir diese Position und denk daran, deine Schulter so oft wie möglich so zu halten.
2. Dann drehe dich wieder frontal zum Spiegel, lass die Schultern hinten und hebe das Kinn, bis es im rechten Winkel zum Hals steht. Die Augen müssten jetzt gerade nach vorn gerichtet sein und sich selbst oder einen gedachten Horizont fixieren. Bringe nun den Hals so gut es geht in eine Linie mit der Wirbelsäule. Wenn du die Schultern hinten lässt und den Kopf so nach oben ziehst, kannst du spüren, wie der Bauch ganz von allein eingezogen wird und der Rücken sich streckt. Genau das wollen wir!
3. Nun schau dir deine Füße an. Sie sollten schulterbreit auseinanderstehen. Achte darauf, wohin sie zeigen. Am besten richtest du sie geradeaus oder höchstens ein bisschen auswärts. Wenn sie einwärts oder stark auswärts gedreht sind, entstehen Haltungsprobleme oder merkwürdige Gangarten. Also dreh sie geradeaus oder leicht nach außen und lass sie so. Wenn sie sich immer wieder einwärts oder auswärts drehen (besonders im Sitzen), deutet das auf verspannte Waden hin. Dann musst du die Wadenmuskeln dehnen oder mit der Massagerolle bearbeiten.
4. Auch wichtig: Gehen. Bleib in deiner Haltung – Schultern nach hinten, Kopf hoch, Rücken gerade, Füße nach vorne – und mache ein paar langsame Schritte vorwärts. Beim Gehen sollten die Schultern locker schwingen. Nicht zu sehr, denn das würde albern wirken, aber ein bisschen im Gangrhythmus. So wirkt es cool und entspannt. Womöglich

fühlt es sich merkwürdig an, mit erhobenem Blick zu gehen, aber so muss es sein. Du solltest allen, denen du begegnest, in die Augen schauen können.
5. Nun musst du nur noch die Arme pendeln lassen. Wenn sie nicht pendeln, siehst du aus wie ein Roboter. Hände in den Taschen erwecken den Eindruck, dass du frierst oder dass du verklemmt bist. Wenn die Arme zu sehr baumeln, wird's albern. Lass sie nur leicht pendeln … aus den Schultern heraus … Cool.
6. Übe das Ganze ein paarmal, und achte darauf, wie es sich anfühlt. Merk dir das Gefühl und kehre immer wieder, so oft wie möglich, in diese Haltung zurück.

Übe Schritt für Schritt, wenn es sein muss. Denke beim Gehen immer wieder: Schultern zurück, Kinn hoch, Augen gerade, Füße nach vorne, Schultern locker, Arme pendeln. Immer geradeaus schauen. Nie auf den Boden gucken, es sei denn, du vermutest dort ein Hindernis. Blick den Entgegenkommenden in die Augen – besonders wenn es attraktive Frauen sind. Du wirst merken, dass manche deinen Blick erwidern. Dann wirst du den Drang verspüren, wegzuschauen. Tu's nicht. Lass die anderen den Blickkontakt mit dir abbrechen, bevor du wegschaust.

Übe das alles so lange, bis es zur Gewohnheit wird.

Nimm dir vor, eine ganze Woche lang täglich aus dem Haus zu gehen und an deiner Haltung zu arbeiten, solange du dich in der Öffentlichkeit bewegst. Achte darauf, was sich dabei in dir verändert. Achte darauf, wie sich die Reaktionen der Menschen verändern. Achte darauf, wie sich dein Selbstbewusstsein verändert.

Stimme

Der Klang der Stimme ist definitiv etwas, was Männer gern vernachlässigen. Wichtig ist, dass die Stimme nicht nur sexy klingt, sondern auch ausdrucksvoll und *laut*.

Eigentlich haben wir zwei Stimmen: *Kopfstimme* und *Bruststimme*. Beim Singen übernimmt die Kopfstimme generell die hohen Töne, und die Bruststimme die tiefen. Bei der Kopfstimme geht der Atem größtenteils durch die Nase, bei der Bruststimme eher durch den Mund. Die Kopfstimme kommt aus der Kehle, die Bruststimme vom Zwerchfell her.

Probiere mal folgende Übung. Summ einen Ton und lass ihn höher und tiefer werden. Das sollte wie eine Sirene klingen, hoch, tief, hoch, tief. Achte beim Summen darauf, wo im Körper der Luftdruck zu spüren ist. Beim Übergang von hohen zu tiefen Tönen wandert er nämlich vom Kopf in die Brust und dann wieder hoch.

Wie du dir vorstellen kannst, geht es uns hier um den Ausbau der Bruststimme. Auch dies ist nur durch bewusstes Üben möglich – indem du dich immer wieder daran erinnerst, mit der Bruststimme zu sprechen. So lange, bis es zur Gewohnheit wird.

Noch eine prima Übung für dich. Lies den folgenden Satz laut vor:

»Hast du Lust, Donnerstagabend etwas trinken zu gehen?«

Halte dir als Nächstes die Nase zu und lies den Satz noch mal. Wie verändert sich der Stimmklang? Wenn es nicht sehr anders klingt, dann sprichst du bereits weitgehend mit Bruststimme und hast wahrscheinlich einen guten Stimmklang. Klingt deine Stimme dagegen auf einmal sehr nasal, dann solltest du daran arbeiten, mit tieferer Stimme zu sprechen.

Mach diese Übung, bis sich die Stimme nicht mehr allzu sehr verändert, sobald du den Satz mit zugehaltener Nase sprichst.

Zu schnelles Sprechen ist ein weiterer Fehler, den viele Männer begehen. Dahinter steckt die unbewusste Annahme, dass die Leute sich das, was wir zu sagen haben, nicht komplett anhören werden, wenn wir es nicht möglichst rasch aussprechen. Das ist bedürftiges Verhalten.

Für das Sprechtempo gibt es keinen festgelegten Idealwert. Achte jedoch darauf, ob es öfter vorkommt, dass Menschen dich nicht verstehen. Experimentiere mit einem langsameren Sprechtempo und achte darauf, wie sich das anfühlt und wie andere darauf reagieren. Wenn du oft gebeten wirst, Gesagtes zu wiederholen, obwohl die Umgebung nicht laut ist, dann sprichst du womöglich zu schnell.

Es mag auch sein, dass du nicht laut sprichst. Eigentlich spricht fast jeder nicht laut genug. Sprich ruhig lauter. Jetzt, hier und überall. Du musst nicht schreien. Aber laut sprechen, vom Zwerchfell her, mit Bruststimme. Forschungen zufolge verschafft man sich dadurch mehr Respekt und Aufmerksamkeit.

Es ist wie mit der Körpersprache: Änderungen brauchen Einiges an Zeit und Übung.

Bessere Körpersprache und besserer Stimmeinsatz wirken nicht nur anziehend auf andere Menschen, sondern wirken sich auch nachweislich positiv auf die Stimmung aus. Wer bewusst eine Selbstsicherheit ausstrahlende Haltung einnimmt, fühlt sich gleich selbstsicherer – und umgekehrt. Das funktioniert sogar, wenn man weiß, dass es nur ein Trick ist. Also achte von nun an auf deinen Körper, auf deine Selbstdarstellung, auf deine Haltung beim Sitzen und Stehen und auf reichlich Augenkontakt. Es macht einen Unterschied. Und es wirkt.

Charakter entwickeln

Was viele Männer immer wieder ausbremst, ist, dass sie als x-beliebiger Allerweltstyp rüberkommen. Alles andere als auffällig. Klar, wir stehen im Leben unter ständigem Anpassungsdruck. Wir richten uns danach, was unsere Freunde gut finden und übernehmen gern die Meinungen unseres Umfelds.

Doch wie ich bereits ausgeführt habe, ist ein solches Verhalten unattraktiv, weil es von mangelndem Engagement für die eigenen Interessen, Leidenschaften und Wünsche zeugt. Attraktive Männer sind polarisierend und ungehemmt. Attraktive Männer tun ihre Meinung kund. Sie haben einzigartige Erfahrungen und Ideen zu bieten. Sie haben Dinge versucht, die viele nicht versucht haben, Dinge getan, die viele nicht getan haben, und sie teilen ihre Ideen offen und unverblümt mit.

Anders gesagt ist ein attraktiver Mann mit Tiefe und Charakter jemand, der eigene Meinungen hat und sie auch offen vertritt.

Wenn es darum geht, was man mag und was nicht, haben die meisten Männer ziemlich halbherzige Neigungen, egal in welche Richtung.

»Boah, geiler Film« oder »Cool, das gefällt mir« oder »Nee, die Serie mag ich nicht«. Mehr kommt selten. Kaum einer erzählt, *warum* er die eine Musikrichtung der anderen vorzieht, warum ihm ein Film oder ein Autor besser gefällt als der andere – von den mit der Vorliebe verbundenen *Gefühlen* ganz zu schweigen.

Ein Allerweltstyp sagt vielleicht: »Terminator mochte ich echt. Der war richtig cool.«

Ein interessanterer Mann sagt womöglich: »Terminator war schon toll. Aber das eigentlich Besondere daran ist, dass der Film für mich der Erste war, bei dem man am Ende mit dem Schurken mitfiebert.«

Es spricht nichts dagegen, ein verträglicher Mensch zu sein und ähnliche Sachen zu mögen wie der Freundeskreis. Aber wenn du – gerade Frauen gegenüber – positiv auffallen möchtest, gibt es einen todsicheren Weg: Du musst nicht nur deinen Horizont erweitern, sondern auch eigene Entscheidungen treffen bezüglich deines Geschmacks, deiner Erfahrungen und deiner Meinung über verschiedene Themen.

Seien wir ehrlich, von zehn Männern, die eine durchschnittliche Single-Frau kennenlernt, stehen neun auf Sport, Klamaukfilme, Rockmusik oder Hip-Hop und sonstigen Normalo-Kram. Wie gesagt, dagegen ist nichts einzuwenden, aber wie will einer da herausstechen?

Wir wollen dich in einen Mann mit Geschmack verwandeln, in einen Mann mit Meinungen, in einen Mann, der genau weiß, warum er Dinge mag oder nicht, seien es Motown-Platten oder französische Filme oder Romane aus dem 19. Jahrhundert oder impressionistische Kunst. Versteh mich nicht falsch, du musst dazu nicht gleich Kunst studieren. Du musst kein hoch intellektueller Snob werden. Es geht nur darum, eigene Meinungen auszubilden und dein Leben zu bereichern.

Zu viele Männer lassen sich ihre Meinungen von der Popkultur und von ihrem Freundeskreis »vorschreiben«.

»Ey Mann, Will Ferrell ist sooo lustig.«

»Der neue Batman-Film ist übrigens echt geil.«

Wenige Männer machen sich Gedanken darüber, *warum* sie bestimmte Dinge überhaupt mögen, *warum* bestimmte Formen der Popkultur populär sind und andere nicht. Wenige sind neugierig genug, um in andere Kunstformen oder Hobbys reinzuschnuppern und herauszufinden, was sie davon halten.

Hier einige Anregungen, die dir neue Erfahrungen mit Kunst und Medien verschaffen können.

1. Geh davon aus, dass alles einen Wert hat; du musst ihn nur erkennen. Nichts ist dümmer, als eine Musikrichtung oder ein Filmgenre abzulehnen, nur weil man ein Vorurteil dagegen hegt.
   Lass die Vorurteile weg und mach dir von nun an diese Einstellung zu eigen: »*Irgendwas* muss an dieser Kunstform dran sein, sonst hätte sie keine Fans. Ich sollte herausfinden, was dieses Etwas ist.« Erst wenn du es herausgefunden hast, kannst du entscheiden, ob du es magst oder nicht. Und auch wenn dir etwas nicht gefällt, solltest du es wertschätzen können.
2. Um deinen Horizont zu erweitern, solltest du mit den Werken beginnen, die allgemein als die besten gelten.
   Zu manchen Kunstformen hast du wahrscheinlich von Natur aus Zugang. Ich brauche beispielsweise keine zwei Sekunden, um zu erkennen, ob Rockmusik transzendental gut oder peinlich schlecht ist. Schließlich höre ich schon mein Leben lang Rockmusik. Country? Klassik? Bluegrass? Da muss ich schon genauer hinhören.
   Auch an Filme solltest du so herangehen. Schau dir alle 20 Filme auf der ewigen Bestenliste der IMDB-Datenbank an. Such dir im Internet die Bestenlisten namhafter Filmkritiker heraus und schau dir die Filme an. Schau dir alles an, was je einen Oscar für den besten Film gewonnen hat. Das ist eine gute Grundlage.

Jetzt denkst du vielleicht: »Schön und gut, aber mit Meinungen über Hemingway oder Rilke oder Bach krieg ich doch keine Mädels ins Bett.«

Ein guter Punkt. Ich habe allerdings Einwände:

1. Als einigermaßen gebildeter Mensch hast du Zugang zu deutlich mehr Zielgruppen. Du hast also insofern recht, dass du nichts davon brauchst,

wenn du hinter Frauen her bist, die selber keine interessanten Ansichten haben. Aber wenn du intelligente, lebenslustige Frauen mit Kunstsinn, Leidenschaft und Klasse kennenlernen willst, kommst du nicht drumherum, deinen Horizont zu erweitern.

2. Das zweite Argument übernehme ich von der Literaturlehrerin meiner Highschool: »Man liest Bücher, weil man nie genug Menschen kennenlernen kann.« Das bedeutet für mich: Ja, mit Hemingways Kurzgeschichten und Milton Friedmans Volkswirtschaftslehre kriegt man zwar direkt keine Mädels ins Bett, aber sie öffnen den Blick für Neues und für die Erfahrungen und Ideen anderer, sie vermitteln ein breites Wissen, dass für den Umgang mit Menschen nützlich ist.

Ob du's glaubst oder nicht, Hayeks libertäre Wirtschaftstheorie hat die Art, wie ich über Partnerwahl und Beziehungen denke, entscheidend beeinflusst. Klingt vielleicht komisch, ist aber so.

Jeder, der viel liest, wird bestätigen, dass die besten Ideen, die man aus einem Buch zieht, oft gar nichts mit dem Buch zu tun haben.

Viele Männer sind in einem Alltagstrott gefangen, der sie aufreibt. Sie verbringen ihr Leben mit Sachen, die ihnen eigentlich keine Freude machen und in denen sie ihre Persönlichkeit nicht richtig entfalten können.

- Sie gehen zur Arbeit (oft gut bezahlt).
- Sie kommen nach Hause und entspannen sich.
- Sie gucken die üblichen Sportsendungen/Sitcoms/Actionfilme.
- Freitags und samstags gehen sie mit den immer gleichen drei bis vier Kumpels aus.

Viele Männer, die ich treffe, haben sogar noch weniger Ausgleich und Abwechslung. Sie schieben 60- oder 80-Stunden-Wochen, haben womöglich zwei Jobs und keinerlei Hobbys, außer Geld zu scheffeln.

Gegen die obige Zeiteinteilung ist natürlich nichts einzuwenden. Sie gibt die Lebensweise von 90 Prozent aller Männer zwischen 20 und 40 in der westlichen Welt wieder.

Aber genau das ist der Punkt: Willst du dich nicht von 90 Prozent der Männer abheben?

Stell dir vor, du stehst mit zehn anderen beliebigen Männern aus deiner Stadt in einer Reihe – was würde dich herausstechen lassen? Stell dir vor, eine Frau sieht euch elf Männer in Reihe stehen. Hast du etwas an dir, was sie innehalten und zu sich sagen ließe: »Wow, der Mann ist einzigartig«? Was hast du zu bieten, was die anderen nicht haben?

Schreibst du in deiner Freizeit insgeheim Gedichte und versteckst sie im Schrank? Bist du schon mehrfach Fallschirm gesprungen? Hast du schon mal einen Gletscher bestiegen? Schon mal Schlangen, Würmer oder Spinnen gegessen? Hast du irgendetwas Cooles oder Interessantes gemacht. Etwas, das dich als Mensch geprägt hat?

Welches sind deine persönlichen Ecken und Kanten, die kein anderer hat? Was lässt dich aus der Reihe der elf Männer hervorstechen?

Fassen wir zusammen

Die Entwicklung einer attraktiven Lebensweise ist ein langfristiger Prozess. Sie erfordert, dass du deinen Alltag, deine Gewohnheiten und die Art, wie du deine Zeit verbringst, immer wieder schonungslos unter die Lupe nimmst.

Arbeit, Hobbys, Freunde, Interessen – entsprechen sie hauptsächlich dem, was man von dir erwartet oder wozu man dich gedrängt hat? Oder hast du sie nach reiflicher Überlegung ausgewählt, weil sie dich bereichern und lebendig machen?

Das sind wichtige Fragen. Dein Leben kannst nur du selbst richtig leben. Und solange du durchs Leben schlafwandelst, ohne jemals deine Lebensweise zu hinterfragen, wirst du in den immergleichen Verhaltensmustern gefangen bleiben.

Männer wollen mir oft nicht glauben, dass schlechte Lebensgewohnheiten sämtliche Interaktion und Kommunikation mit Frauen beeinträchtigen. Schlechte Lebensgewohnheiten zeugen von mangelndem Engagement für sich selbst, und das schmälert das Selbstbewusstsein anderen gegenüber.

Zum ersten Mal wurde mir das bewusst, als ich mit Männern arbeitete, die noch zu Hause lebten. Das waren teilweise richtig tolle Typen. Sie waren klug, witzig, einfühlsam, hatten interessante Hobbys. Manche hatten sogar gute Jobs, wohnten aber aus anderen (z. B. gesundheitlichen) Gründen weiterhin bei ihren Eltern.

Dennoch hatten sie null Erfolg. Frauen reagierten immer kühl auf sie, und sie wirkten nie so richtig motiviert und selbstsicher.

Um voranzukommen, ist ein Mindestmaß an Unabhängigkeit und Selbständigkeit in der Lebensweise notwendig. Wenn du beruflich ständig unter Druck stehst, dich über deine Freunde nur ärgerst und ungesund lebst, kannst du noch so viel Ängste überwinden und Kommunikation verfeinern – es hilft nichts. Dein Potential für Selbstentwicklung und Erfolg bei Frauen ist dann praktisch gedeckelt. Die kommenden Teile dieses Buches werden dir nicht viel nützen. Du kannst es versuchen, aber ich kann dir jetzt schon sagen, dass es an deinem Erfolg nicht viel ändern wird.

Bekomme dein Leben in den Griff. Werde gesund. Such dir einen glücklichen Freundeskreis und ein Hobby, das du liebst. Bilde dir Meinungen. Gehe bewusst mit deiner Zeit um. Dadurch zeigst du mehr Engagement für dich selbst und weniger Bedürftigkeit. Und so gewinnst du auch den Mut, den du für die richtigen Worte und Taten brauchst. Das ist wahrhaftiges Leben.

Und wenn du dann ein Leben lebst, das deinen Werten und Idealen entspricht, ist es Zeit zu handeln.

Teil IV

WAHR-HAFTIGES HANDELN

KAPITEL 9

Deine Geschichten

Ich parke vor dem Fitnessstudio und stecke mir erst mal die Kopfhörer in die Ohren. Dann steige ich aus, gehe über den Parkplatz und sehe aus den Augenwinkeln eine schlanke Gestalt aus einer anderen Richtung auf die Tür zukommen. Ich drehe den Kopf. Sie sieht scharf aus.

Unsere Blicke treffen sich und halten den Kontakt. Sie schaut weg, aber erst nachdem sie den Blick eine halbe Sekunde länger gehalten hat, als es üblich wäre. Zwischen uns blitzt sexuelle Spannung auf.

Sie betritt ungefähr zehn Schritte vor mir das Studio. Ich schaue ihr auf den Hintern. Da steht »PINK«. Sie hat so einen plüschigen, engen Trainingsanzug an, wie ihn manche Mädchen tragen. Mein Kopf bewertet das sofort. Aus irgendeinem Grund halte ich sie für billig. Ich unterbreche den Gedanken. Was weiß ich denn schon? Nichts.

Ganz kurz stehen wir am Empfangstresen nebeneinander. Ich gehe im Kopf Dinge durch, die ich zu ihr sagen könnte. Aber bevor ich mich entscheiden kann, klingelt ihr Handy, und sie geht dran. *Oh je, eine von der Sorte*, denke ich instinktiv. Wieder muss ich mich unterbrechen. Ich kenne sie gar nicht. Aber wenn ich schon so viel mentale Energie in sie investiere, sollte ich sie vielleicht mal kennenlernen.

Ein paar Sekunden lang gehe ich im Kopf einige Planspiele durch, die mir später ein Gespräch mit ihr ermöglichen würden. Aufs Klo gehen, wiederkommen und sie hoffentlich nach dem beendeten Telefonat erwischen? Nein, zu gekünstelt. Einfach beim Trainieren ansprechen? Ehrlich gesagt habe ich damit bisher schlechte Erfahrungen gemacht, und ich bin zum Trainieren hier, nicht zum Quatschen. Vielleicht trainiere ich exakt so lange, dass ich zusammen mit ihr das Studio verlasse? Doch dann käme ich mir vor wie ein Stalker. Theoretisch könnten alle diese Pläne funktionieren, aber ich verliere bereits die Lust. Meine Kopfhörer wummern, und in Gedanken bin ich schon bei den Kniebeugen.

Ich werde jetzt nicht flunkern und behaupten, dass ich trotz Grübelei und Zerstreutheit wie durch Magie auf einen genialen Anmachspruch gekommen bin und den Tag gerettet habe. Ich habe sie nämlich nicht angesprochen. Ich habe sie noch nicht mal wiedergesehen und erst beim Schreiben dieser Zeilen wieder an sie gedacht. Der Tag war also nicht gerettet. Andererseits war ich mit dem Tag ganz zufrieden und bin es immer noch.

Ich werde jetzt nicht hingehen und mich, wie es in solchen Büchern üblich ist, selbst kasteien, weil ich den Schwanz eingezogen habe, weil ich nicht meinen Mann gestanden habe. *So* schlimm ist es doch nicht. Und ich werde dir, geneigtem Leser, auch keine der üblichen Predigten darüber halten, dass du nie den Schwanz einziehen darfst, dass du sie immer, immer, immer ansprechen must, unter allen Umständen, du Schlappschwanz – auch wenn sie gerade trainiert oder telefoniert oder mit Messern jongliert oder Handstand macht oder einen Reifen wechselt oder jemanden wiederbelebt. Nein, bei mir gibt es keine »Du quatscht sie immer an, Idiot«-Lektionen. Seien wir ehrlich, uns allen gehen jede Woche Dutzende Gelegenheiten wie diese durch die Lappen, egal wie erfahren oder unerfahren wir sind. Wir alle lassen Hunderte, wenn nicht Tausende von Chancen flöten, meistens ohne es zu merken oder groß darüber nachzudenken. Das passiert uns allen. Und es wird auch so bleiben.

Ich werde dir hier also nicht einbläuen, dass du nie wieder eine Chance verpassen darfst. Du weißt ohnehin genau, was du alles verpasst. Und du kannst inzwischen sicherlich auf reichlich »Was wäre gewesen, wenn …«-Momente zurückblicken.

Was mich viel mehr interessiert, sind die Geschichten, die du dir selbst erzählst. Die Geschichten, die wir alle uns selbst erzählen.

Als ich vor Jahren anfing, mich mit all dem zu beschäftigen, hatte ich in Gegenwart von Frauen mit ebenso viel Angst zu kämpfen wie jeder andere. Seitdem habe ich Hunderte von Männern gecoacht und nur drei bis fünf kennengelernt, die beim Ansprechen einer fremden Frau mehr Schiss hatten als ich.

Sprung in die Gegenwart. Heute empfinde ich nur noch selten bewusst Nervosität beim Erstkontakt. Was nicht bedeutet, dass ich irgendein toller

Hecht bin. Ich habe lange dafür gebraucht und hart an mir gearbeitet. Vieles davon hat Spaß gemacht, vieles davon war auch beschissen und demütigend. Aber ich habe es getan. Ich bin daran gewachsen und ein besserer Mensch geworden. Nach jahrelangem hartnäckigem, stupidem Üben – Tausende von Begegnungen mit Frauen unter teils banalen, teils absolut lächerlichen Umständen – sind die schweißigen Hände, die Schnappatmung, der geistige Blackout größtenteils verschwunden.

Was nicht verschwunden ist, und was vermutlich auch nicht verschwinden wird, ist ein bleibender innerer Widerstand gegen alles Neue, der sich nicht nur in offener Angst, sondern auch in unscheinbaren, sabotierenden Gedanken ausdrückt. Das hört nie auf. Ich bin nicht mehr nervös, aber ich spüre oft eine entsetzliche Abfälligkeit und Blasiertheit. Etwa: »Nur Tussen ziehen so was an.« Oder: »Oh Gott, die ist eine von denen, die ständig telefoniert. Für so was habe ich keine Geduld.« Manchmal kommt mir das vor dem Kennenlernen dazwischen. Manchmal nach einer halben Stunde. Manchmal beim zweiten Date. Und immer sind es Vorurteile, keine treffenden Beobachtungen. Ich *kenne* die Frau doch gar nicht. Trotzdem werte ich sie ab. Es ist ein Abwehrmechanismus. Meine bewusste Angst ist gewichen, aber der unbewusste Widerstand ist noch voll da.

Und nach allem, was ich mitbekomme, ist der unbewusste Widerstand bei *allen* noch voll da. Der Widerstand geht nicht weg. Er ändert nur seine Form. Mit den Jahren verwandelt sich die Nervosität in Apathie, und die wiederum verwandelt sich in Arroganz. Der Widerstand mag vor dem Kennenlernen einsetzen oder vor dem ersten Kuss oder vor dem Sex oder vor der festen Beziehung. Wir alle haben unsere Schwachstellen, und jede Schwäche wehrt sich auf ihre Weise gegen die Veränderung, die wir anstreben. Die eine Hürde verschiebt sich, wird zur nächsten und zur übernächsten.

Wenn du bei jeder Annäherung unheimlich nervös wirst, wenn du es ewig vor dir herschiebst, eine Frau nach dem ersten Kennenlernen anzurufen, wenn du auf wundersame Weise plötzlich »gar keine Lust« auf Sex hast, obwohl das Mädchen, mit dem du gerade ausgehst, offensichtlich auf dich steht und zu dir will, dann scheut sich dein Unterbewusstsein vor Veränderung. Und dein Bewusstsein denkt sich Geschichten aus, um diese Scheu zu erklären. Diese Geschichten sind mit Gefühlen wie Furcht, Langeweile, Wut oder Scham verbunden, die dich an dem Punkt festhalten, an dem du bist. Es ist deine emotionale Trägheit. Es ist der Status quo. Es sind Verhaltensmuster, die dich von Gefahr abhalten sollen. Solche Muster haben wir alle.

Noch etwas, das ich mir gern selbst erzähle: dass ich zu gut für sie bin – die Lieblingsgeschichte meines Unterbewusstseins in letzter Zeit. Ich sage mir: »Ich habe schon Dutzende von Frauen gehabt, die schärfer/klüger/cooler waren als die hier, wozu also das Ganze?« Natürlich weiß ich, dass dieser Gedanke von vorn bis hinten falsch ist. Natürlich merke ich, wie furchtbar eingebildet und hirnverbrannt das ist. Aber das ist der Punkt. Wir sind alle hirnverbrannt. Alle unsere Geschichten sind hirnverbrannt. Und trotzdem hören wir meistens auf sie. Wir glauben sie. Ich weiß, wie dämlich meine ist – wahrscheinlich genau so dämlich wie deine. Aber das ist eben das, was mir durch den Kopf geht. Das ist die Ausrede, die mir heute im Weg steht. Und ich habe ständig damit zu kämpfen.

Was neuerdings auch oft hochkommt, ist, dass ich mich nach dem Kennenlernen nicht genug zurückmelde. In meiner Einbildung habe ich mir aus irgendeinem Grund das Recht verdient, weniger Mühe in meine Interaktionen mit Frauen zu stecken (Falls du dich fragst, ob die Arbeit als Flirtcoach irgendwelche Berufskrankheiten mit sich bringt – jetzt weißt du's).

Ich rufe nicht so oft an, wie ich sollte. Aus irgendeinem Grund halte ich das für mein Privileg. Als müssten Frauen dankbar sein und auf meinen bloßen Wunsch hin vor meiner Haustür erscheinen. Gewiss gibt es manchmal Frauen, auf die ich eigentlich nicht besonders stehe, und die ich nicht unbedingt wiedersehen will. Es gibt aber auch Fälle, bei denen ich sie eben doch gern wiedergesehen hätte und meine Nachlässigkeit Wochen später bereue.

Das sind meine Geschichten. Es sind vollkommen andere Geschichten als vor drei Jahren, Und vor drei Jahren waren es ganz andere als vor sechs Jahren. Immer jedoch hatten sie nur einen Zweck: den Status quo erhalten. Meine emotionale Trägheit.

Welche Geschichten erzählst du dir? Solange du dir deine Geschichten nicht bewusst machst, kannst du dein Verhalten nicht ändern. Womöglich wirst du in Bars und Clubs sehr nervös und fantasierst über deine Unzulänglichkeit: »Mädchen wie das da stehen nur auf große, muskulöse Typen.« Oder du sagst dir: »Noch ein paar Drinks, dann spreche ich sie an.« Oder du redest dir ein, dass du nie Zeit hast und zu beschäftigt bist, um der Frau im Café hallo zu sagen.

Vielleicht machst du dir vor, dass du ihr irgendetwas ganz Tolles sagen musst, damit sie dich mag. Also kommst du ins Stammeln und Stottern, sobald du mit ihr sprichst, legst dich zu sehr ins Zeug und wirkst befremdlich. Hier kommt eine Story, die du mal ausprobieren solltest: Vielleicht bist du ja schon längst ein toller Typ.

Noch ein anderer Dreh: Vielleicht sagst du dir, dass du noch gar nicht bereit dazu bist, Frauen kennenzulernen. Du sitzt zu Hause und liest lauter Bücher wie dieses und denkst: »Ich warte noch ein bisschen.« Oder: »Ich lege los, wenn ich eine Gehaltserhöhung bekommen und mir einen neuen Haarschnitt zugelegt habe.« Vielleicht auch: »Ich muss erst mal genügend Geld für neue Klamotten sparen.« Und sobald du die Gehaltserhöhung, die neue Frisur und die neuen Klamotten hast, taucht eine neue Geschichte auf, die die alte ersetzt: Du musst noch mehr lernen. Oder erst einmal abnehmen. Dann bist du ganz bestimmt bereit. Und schon ist ein halbes Jahr rum – und nichts ist passiert.

Irgendwie gibt es immer einen Haken, stimmt's? Immer gibt es irgendetwas, das dir gerade fehlt, aber wenn du es hättest, könntest du endlich so loslegen, wie du willst. Stimmt's?

Was sind also deine Geschichten? Womit rechtfertigst du deinen inneren Widerstand? Und welche Geschichten könntest du dir stattdessen erzählen, um dir möglichst viel von dem Widerstand zu nehmen?

Beim Thema Dating ist immer viel von »Können« die Rede. »Flirten ist Handwerk. Man muss es üben« und so weiter. Bla bla bla. Meines Erachtens ist im Laufe der Jahre immer wieder klar geworden, dass es nicht so wichtig ist, was man sagt und wie man sich annähert. Wichtig ist, dass man die Sache ohne Zögern vorantreibt, ohne dem Widerstand zu gehorchen, der nur Nichtstun zulässt und den Status quo erhalten will – eben dem Widerstand, auf den ich im Fitnessstudio hörte. Jenes Mädchen hätte die Liebe meines Lebens werden können, die perfekte Frau für mich. Wer weiß das schon. Ich werde es nie herausfinden.

Tatsächlich ist das Einzige, was man beim Dating »können« muss: nicht mehr auf die eigene Scheiße zu hören und nicht mehr den eigenen Geschichten zu glauben. Dieser innere Widerstand wird immer bleiben. Daher muss man gegen ihn ankämpfen, die Geschichten, die man unterbewusst kreiert, zur Kenntnis nehmen, sie ernst anblicken und ihnen sagen: »Hör mal, mir ist total egal, dass sie telefoniert und auf ihrem Arsch ›PINK‹ geschrieben steht, ich will sie kennenlernen.« Und sie dann ansprechen. Ohne Zögern. Ohne Angst. Und ohne Ausreden.

Dazu muss man natürlich die mentalen und emotionalen Muskeln anspannen und sich ein breitschultriges Selbstbewusstsein zulegen. Aber auf diese Art von Muskeln stehen Frauen tatsächlich.

Leider fallen wir alle auf unseren eigenen Bullshit herein. Wir alle schenken hin und wieder unseren Geschichten Glauben. Und je mehr Angst und Nervosität du im Beisein von Frauen verspürst, desto eher fällst du auf deine Lügengeschichten herein.

Abwehrmechanismen

Bei den meisten von uns ist die Sexualität mit jeder Menge Angst und Scham vermischt. Diese Ängste kommen üblicherweise in ganz bestimmten Formen zum Vorschein:

- Angst davor, sich attraktiven Frauen anzunähern und mit ihnen zu sprechen.
- Angst davor, sexuelles Interesse direkt oder indirekt auszudrücken (indem man z. B. nach der Nummer fragt, anruft, sich verabredet).
- Angst davor, sexuellen Kontakt herzustellen (erster Kuss).
- Angst vor dem Geschlechtsverkehr an sich.

Den meisten Männern kommt beim Umgang mit Frauen mindestens eine der genannten Ängste in gewissem Grad in die Quere. Einige wenige kennen eine oder mehrere dieser Ängste gar nicht, und nur eine winzige Minderheit ist frei von allen Ängsten.

In diesen Ängsten drückt sich Bedürftigkeit und fehlende Bereitschaft zur Verletzbarkeit aus. Je bedürftiger man auf einem Gebiet ist, desto mehr Angst hat man dabei üblicherweise.

Ich bin kein Psychologe, aber in meiner langjährigen Arbeit als Coach habe ich immer wieder eine Korrelation zwischen hochgradiger Ängstlichkeit und bestimmten Kindheits- und Jugenderfahrungen festgestellt: fehlende Vaterfigur, emotionaler Missbrauch oder sonstige Traumata, strenge religiöse oder kulturelle Erziehung, soziale Ausgrenzung oder Mobbing.

Das Traurige an Ängstlichkeit ist, dass sie nicht weggeht, wenn man sie einmal hat, und dass es kaum etwas nützt, wenn man den Grund dafür weiß. Entweder man verdrängt sie – oder man tut etwas dagegen.

Wir wollen etwas dagegen tun. Dieser Teil des Buches heißt nicht umsonst »Wahrhaftiges Handeln«.

Ich persönlich halte Ängstlichkeit für das größte Hindernis, das Männer davon abhält, Frauen näherzukommen. Sobald die Ängstlichkeit weg ist, kommt alles andere durch Ausprobieren zustande.

Ängstlichkeit repräsentiert schon von seiner Definition her ein hohes Maß an Bedürftigkeit. Nehmen wir an, eine schöne Frau setzt sich neben dich, und du möchtest sie ansprechen – hast aber eine Heidenangst. Deine Heidenangst zeugt davon, dass du sehr großen Wert auf ihre Meinung legst und daher sehr bedürftig bist. Diese Bedürftigkeit sorgt für eine Kampf-oder-Flucht-Reaktion: Adrenalin wird ausgeschüttet, du beginnst zu schwitzen, die Gedanken rasen. Und falls du doch ein Wort hervorbringen solltest, gerätst du ins Stottern, wirst rot und blamierst dich.

Diese Erfahrung verstärkt wiederum bei der nächsten Gelegenheit die Ängstlichkeit.

Es ist ein Teufelskreis, an dem wir alle in der einen oder anderen Form leiden. Ich hatte *entsetzlich* damit zu kämpfen und brauchte Jahre, um darüber hinwegzukommen. Ich hoffe, dass du aus meinen Erfahrungen lernst, und dass der Prozess für dich nicht annähernd so langwierig und schmerzhaft wird.

Um deine Ängste zu überwinden, musst du als Erstes herausfinden, was dein Muster ist.

Wenn wir mit unseren Ängsten konfrontiert werden, begegnen wir ihnen meist mit einer bestimmten Strategie, mit einem Verhaltensmuster. Mein typisches Muster ist beispielsweise Apathie. Wenn mir etwas begegnet, wovor ich Angst habe, tu ich so, als wäre es mir egal – nein Quatsch, ich *rede es mir ein.* Meiner Erfahrung nach sind die häufigsten Reaktionsmuster die Folgenden:

1. Anderen die Schuld geben: In einer Angstsituation schiebt ein Mann die Schuld an seiner Angst anderen Personen oder Dingen zu.
   Nehmen wir einmal an, du hast Angst davor, bei der Arbeit eine Präsentation durchzuführen. Gibst du anderen gern die Schuld, dann redest du dir nun ein, dass der Chef doof ist und die Präsentation unter deinem Niveau und dass du nichts dafür kannst, wenn sie schiefgeht, weil du doch krank warst und keine Zeit für Recherche hattest. Im Umgang mit Frauen führt diese Abwehrstrategie oft zu Gedanken wie: »Ach, die ist verklemmt.« Oder: »Die steht eh nur auf Schönlinge.« Oder: »Die Musik hier ist zu laut, um Leute anzusprechen.« Bis hin zu: »Die Frauen in Miami sind mir zu zickig, ich muss eine andere Stadt finden.«
   Die Ausreden und Rechtfertigungen mögen kleinlich und albern klingen, aber ihre Wirkung ist tief. Das Schlimme an diesem Muster ist, dass es Wut und Frust mit sich bringt. Und die Wut häuft sich mit der Zeit an und gerinnt zu einem ziemlich bitteren, irrationalen Frauenbild. Männer, die ihr Leben lang die Schuld von sich gewiesen haben, entwickeln kranke Vorstellungen wie: »Frauen gucken nur darauf, wie viel Geld ein Mann hat.« Oder: »Alle Mädchen in Bars sind dumm und oberflächlich.« Das kann ziemlich bösartig werden.
2. Apathie und Vermeidung: Dies ist schon immer meine Achillesferse gewesen, aber das Muster ist nicht ungewöhnlich. Apathie und Vermeidung liegen dann vor, wenn sich ein Mann einredet, etwas sei ihm egal oder nicht wichtig. Ich habe das *jahrelang* so betrieben. Ich redete mir ein, dass ich gar nicht unbedingt Frauen kennenlernen mochte und es mir nichts ausmachte, wenn mich Mädchen, die ich mochte, nicht

attraktiv fanden. Nun, nachdem ich monatelang zu Hause gehockt und Pornos geguckt hatte, während meine Freunde ein Mädchen nach dem anderen abschleppten, wurde mir schmerzhaft bewusst: Es machte mir eben doch etwas aus. Apathie und Vermeidung sind nicht die schlechteste Art, mit der Angst vor Frauen umzugehen, denn sie können in der Regel nicht ewig dauern. Da wir biologisch dazu programmiert sind, Frauen zu umwerben, setzt sich irgendwann der Instinkt durch. Gefährlich wird dieses Muster dagegen in anderen Lebensbereichen – beispielsweise, wenn es um Familie, Beruf und Hobbys geht. Die Vermeidungsstrategie ist der Grund, warum es auf der Welt so viele Stubenhocker und unzufriedene Angestellte gibt.

3. Rationalisierung: Ich wette, dass dies ein Grund ist, warum du dieses Buch liest. Dich plagt irgendeine Angst in Bezug auf Frauen, aber anstatt etwas dagegen zu *tun*, hast du dir erst mal ein Buch gekauft, um dich in das Problem zu vertiefen.
   Rationalisierung kann nützlich sein, weil man dadurch jede Menge über alles Mögliche lernt. Manchmal kommt man durch Rationalisierung auch zu mehr Selbsterkenntnis und findet heraus, was man tun muss. Aber für viele Männer ist Rationalisierung nur eine Vermeidungsstrategie. Davon sind besonders kluge Männer betroffen, was das Problem noch verschärft, denn je klüger man ist, desto besser kann man Dinge rationalisieren und sich einreden, dass man noch mehr über sie wissen muss.
   Aber wenn es um Frauen geht, kommt man so nicht weiter (sagt ausgerechnet der, der ein dickes Buch darüber geschrieben hat). Jeder Mann, der sich dazu aufrafft, ein Jahr lang regelmäßig Frauen anzusprechen, ohne jemals eine einzige Zeile Pickup-Wissen gelesen zu haben, wird vermutlich gut zurechtkommen, solange er ehrlich zu sich selbst ist und aus Fehlern lernt. Ratgeberwissen hilft natürlich, aber am Ende lernt man am besten durch Erfahrung. Ab einem bestimmten Punkt hat Wissensanhäufung keinen Nutzen mehr, sondern sorgt im Gegenteil nur für Verwirrung, weil man das Wissen mit keinerlei Erfahrung abgleichen kann.

Außerdem kann Rationalisierung nach hinten losgehen. Beschäftigt man sich zu sehr mit einem Thema, kann die Angst davor sogar wachsen. Denn das ganze Fachwissen erhöht auch den Erfolgsdruck und die Ansprüche, die man an sich selbst stellt.

Es gibt noch weitere Muster, aber die drei genannten sind die häufigsten, die mir bei angstgeplagten Männern aufgefallen sind.

Alle drei Reaktionen haben zudem ein übergreifendes Muster gemeinsam: Sie zielen darauf, Ängste zu *meiden,* indem sie nicht unbedingt wahre *Behauptungen* aufstellen.

Der Beschuldigungs-Typ redet sich ein, es sei die Schuld der Frauen. Der Apathie-Typ redet sich ein, es sei ihm egal. Der Rationalisierungs-Typ redet sich ein, dass er noch mehr lernen und verstehen müsse. Letzten Endes gehen sie alle ihrer Angst aus dem Weg.

Zu beachten ist weiterhin, dass kaum jemand nur einen einzigen Abwehrmechanismus verwendet. Wir alle setzen je nach Situation mal den einen, mal den anderen ein. Manchmal sogar zwei Ausreden gleichzeitig. So haben wir es zum Beispiel bei »Mir doch egal, was die Mädels hier von mir halten, es sind eh alles verklemmte Zicken, ich geh nach Hause« mit einer schönen Doppelportion Beschuldigung plus Apathie zu tun.

Allerdings hat offenbar jeder von uns ein Lieblingsmuster, auf das er am häufigsten zurückgreift.

Der erste Schritt zur Überwindung von Ängsten ist, die Reaktionsmuster zu erkennen. Dazu ist ein gewisses Maß an Selbstbeobachtung und Disziplin nötig.

Als ich lernte, Frauen anzusprechen, hatte ich mit viel Angst und Nervosität zu kämpfen. Und mein dazugehöriges Reaktionsmuster war Apathie. Sobald ich also in einer Bar ein hübsches Mädchen sah, dachte ich sofort: »Ach nee, mir ist nicht nach quatschen.« Oder: »Hab gerade keine Lust, Mädchen kennenzulernen.« Das war natürlich kompletter Blödsinn. Ich war mit der klaren Absicht ausgegangen, Mädchen kennenzulernen – aus keinem anderen Grund. Ich hatte die ganze Woche lang Bücher und Websites darüber gelesen, wie man Kontakt aufnimmt. Ich wollte unbedingt jemanden kennenlernen.

Erst als ich mir dieses Muster bewusst machte, konnte ich es brechen und mich dazu zwingen, mit den Mädchen zu sprechen, mit denen ich gern sprechen wollte, auch wenn mein Hirn behauptete, ich wolle es gar nicht.

Hier also ein paar Tipps zum Aufbrechen solcher Muster:

1. Überlege dir, wovor du am meisten Angst hast. Ist es das Annähern? Ist es die Interessensbekundung? Ist es das Verabreden? Ist es der erste Kuss?
2. Schreibe dir auf, welches dein Muster ist. Schreibe zum Beispiel: »Frau anrufen, Muster: Apathie« oder »Frau ansprechen, Muster: Beschuldigung.«
3. Nun setz dir Ziele und schreibe sie auf, zum Beispiel: »Jede erhaltene Telefonnummer anrufen, egal wie egal es mir ist.«
4. Teile einem Freund oder Kumpel mit, was du dir vorgenommen hast und bitte ihn, dich an deinen Vorsatz zu erinnern.
5. Der letzte Punkt ist entscheidend. Einem Freund gegenüber Ängste zu offenbaren und Rechenschaft abzulegen, macht die ganze Sache zehnmal leichter. Allein indem du jemandem, der dich versteht, von deinen Ängsten erzählst, wirst du einen guten Teil des Drucks los.

Du bist kein Opfer

Eine Grundregel, nach der ich nun schon lange Zeit lebe, lautet: Wenn ein Problem entweder daran liegt, dass ich verkorkst bin oder alle anderen in der gleichen Hinsicht verkorkst sind, dann kann ich davon ausgehen, dass nur ich derjenige bin, der verkorkst ist.

Ich demonstriere das mal an einem häufigen Beispiel. Oft kommen Männer zu mir und sagen Sachen wie: »Ich will ja Frauen kennenlernen, aber das Problem ist, dass die Frauen in meiner Stadt allesamt zickig und kindisch sind. Ich muss wohl oder übel umziehen.«

Echt? Es liegt also nicht daran, dass du verkorkst bist, sondern daran, dass *alle* 150 000 Single-Frauen deiner Stadt in der gleichen Hinsicht verkorkst sind? Klingt unwahrscheinlich.

Andere Männer behaupten, dass alle – nicht manche, sondern *alle* – amerikanischen Frauen launenhaft und zu individualistisch sind. Oder dass *alle* provokant gekleideten Frauen sittenlose Flittchen sind, die man lieber nicht als Freundin haben will.

Männer hegen nur deshalb negative Vorurteile und Klischees über Millionen von Frauen, weil sie die Verantwortung für ihre eigenen Defizite scheuen. Darin sehe ich nichts als eine Opfermentalität, die das Denken vieler Männer mehr oder weniger spürbar durchsetzt.

Das bedeutet nicht unbedingt, dass die zugrunde liegenden Beobachtungen ganz falsch sind. Problematisch ist vor allem die Interpretation, die den Mann zum Opfer macht. Kann sein, dass Amerikanerinnen launischer und prätentiöser sind als ihre europäischen Geschlechtsgenossinnen (kann aber auch nicht sein). Vielleicht stimmt es ja, dass die Frauen in deiner Kleinstadt nicht so offen sind wie Großstadtbewohnerinnen (aber vielleicht stimmt es auch nicht). Der Fehler ist, solche Beobachtungen für das eigene Handeln verantwortlich zu machen. Diagnose: Über-Engagement für andere und Bedürftigkeit, wie sie im Buche stehen.

Menschen denken aus gutem Grund in Klischees. Nur so kommen wir mit großen Informationsmengen zurecht und finden Orientierung. Klischees sind oft nützlich, meistens aber nicht. Oft nutzen wir sie nur als Ausrede, als Ausweg, um der Verantwortung für die Ergebnisse unseres Handelns zu entgehen. Aber solche Ausreden schaden uns und verbauen uns Chancen. Wer anderen die Schuld gibt, lernt nichts dazu. Und wer nichts dazulernt, wird nicht besser.

Kommen wir auf das Beispiel mit der »Stadt der kühlen Frauen« zurück. Kann ja sein, dass sie sich im Durchschnitt kühler geben als die Frauen in, sagen wir mal, Las Vegas. Aber *alle* von ihnen? Nein. Sagen wir 40 Prozent, 50 Prozent? Wenn du *alle* von ihnen als »kühl« abtust und das als Ausrede nutzt, um dich vor deiner Verantwortung zu drücken, verschließt du dich vor der Hälfte der Frauen in deiner Stadt. Praktisch lässt du damit Hunderte von Chancen sausen.

Gleiches gilt für die Beschwerden über deutsche Frauen. In Deutschland leben um die 12 Millionen Single-Frauen. Glaubst du wirklich, du findest darunter keine gute? An wem liegt das wohl? An dir. An deiner Faulheit. Aus reiner Faulheit verurteilst du Millionen von Frauen, nur weil du für dein Versagen keine Verantwortung übernehmen möchtest.

Ich bin fest davon überzeugt, dass man für alles, was einem im Leben zustößt, die Verantwortung übernehmen sollte. Unser Kopf sucht immer nach Wegen, um Schmerz, Versagen und Zurückweisung zu vermeiden, und produziert deshalb am laufenden Band Rationalisierungen, die uns makellos dastehen lassen sollen: Die anderen sind verkorkst, nicht wir. Wir sind gut. Wir haben alles richtig gemacht. Dass wir unglücklich sind, liegt nur an der verkorksten Welt.

Beschuldigung ist nur eine weitere Form der Bedürftigkeit. Sie stellt andere über einen selbst. Solange es deren Schuld ist, muss man sich selbst nicht verletzbar machen.

Wer jedoch danach strebt, für alles im Leben die Verantwortung zu übernehmen, hört damit auf, anderen Dinge in die Schuhe zu schieben. Es geht dann nicht mehr um Schuld, sondern um Einsatz. An deinem Singledasein sind nicht mehr die Frauen schuld, die allesamt frigide Zicken sind, die Schuld liegt bei dir und deinem mangelnden Einsatz dafür, die Frau zu finden, die keine frigide Zicke ist. Indem du Verantwortung annimmst und Schuldzuweisung in Einsatzbereitschaft verwandelst, gewinnst du an Tatkraft. Der Ball ist wieder auf deinem Feld, und du bist wieder auf dem Boden der Tatsache, dass außer dir niemand auf dieser Welt über deinen Erfolg oder Misserfolg entscheidet.

Auch in einer Beziehung spielt die Frage nach Schuldzuweisung, Verantwortung und Einsatz eine große Rolle. Dysfunktionale Beziehungen scheitern oft daran, dass eine Seite der anderen die Schuld für die eigenen Fehler oder Übergriffe in die Schuhe schiebt. Forschungen haben eine direkte Korrelation zwischen dem Ausmaß an Schuldzuweisungen innerhalb einer Partnerschaft und der Wahrscheinlichkeit ihres Scheiterns ausgemacht. Das Rezept für eine gesunde und glückliche Partnerschaft ist, dass beide Partner die Verantwortung für ihre eigenen Gefühle und für ihre Bindungswilligkeit tragen.

Ich habe bereits erwähnt, dass ich in meiner Highschool- und Collegezeit, bevor ich zum Dating-Experten wurde, eine Freundin hatte. Ich war sehr verliebt in sie, aber dann betrog sie mich und verließ mich wegen eines anderen. Lange Zeit gab ich ihr die Schuld und nahm ihr das übel.

Zu Recht.

Aber mit der Zeit wurden mir ein paar Dinge klar: 1) Ich war nicht gerade der allergroßartigste Freund, und in vielerlei Hinsicht kamen Fremdgehen und Trennung nicht überraschend; 2) es gab reichlich Warnsignale, die ich entweder ignorierte oder gar nicht erst wahrnahm; und 3) unabhängig von ihrem Verhalten entschied ich mich jeden Tag bewusst für meine Bindung zu ihr, und mit dieser Entscheidung nahm ich das Risiko, betrogen zu werden, in Kauf. Das schlimme Ende dieser Beziehung war ein Risiko, das ich vom ersten Tag an eingegangen war. Ja, ihr Verhalten war beschissen, aber es war meine Entscheidung, ihr zu vertrauen.

Ich hatte die Möglichkeit, verletzt zu werden, bewusst akzeptiert, um in den Genuss unserer Bindung zu kommen. Und diese Entscheidung habe ich nie rückgängig gemacht. Es war meine Verantwortung.

Als ich jünger war, hegte ich eine Hassliebe für oberflächliche Partygirls. Ich war jung und wusste aus Filmen, dass man als Mann ein Partyhengst sein muss, also versuchte ich lange Zeit, besoffene Partygirls zu beeindrucken und ins Bett zu kriegen. Das brachte mir viel Frust ein, und der Hass-Teil der Hassliebe bestand daraus, dass ich die Mädchen für launisch, dumm und oberflächlich hielt.

An diesem Urteil mag zwar etwas Wahres dran sein, doch ich gab *ihnen* die Schuld dafür, dass ich bei ihnen nicht landete. Nach dem Motto: Wie zum Teufel kamen sie dazu, mich nicht attraktiv zu finden? Wenn es in der Welt richtig zuginge und sie nicht so dumm wären, würden sie Schlange stehen, um mit mir zu schlafen, oder etwa nicht?

Nein, würden sie nicht. Es war unreif und eingebildet von mir, so zu denken. Ich gab den Mädchen die Schuld an etwas, für das ich selbst verantwortlich war. Und anstatt sie als Menschen zu respektieren, betrachtete ich sie lieber als sexuelle Objekte, die es abzuschießen galt wie in einem Computerspiel.

In Wahrheit stand ich vor einer Entscheidung: War ich dazu bereit, meine Kommunikation zu ändern und mit diesen Mädchen wirklich in Kontakt zu treten? Das ist immer die eigentliche Frage. Man trifft die Frauen, die man trifft, aber die Frage ist: Ist man bereit, etwas daraus zu machen? Als ich etwas daraus machte, merkte ich: Viele von diesen Mädchen waren gar nicht so dumm und oberflächlich. Tatsächlich sind viele von ihnen klug, interessant und lustig – und schön! Aber solange ich ihre Qualitäten nicht sehen und nicht kennenlernen wollte, waren sie mir entgangen.

Nimm dir fest vor, in allen Menschen das Gute und Schöne zu finden. Es ist da. Und es liegt an dir, es zu entdecken. Es liegt nicht an ihnen, es dir zu zeigen.

Sexuelle Motivation

Neben Angst und Nervosität haben viele Männer noch ein weiteres Problem: einen scheinbaren Mangel an sexueller Motivation, der sie davon abhält, Frauen aktiv kennenzulernen. Es ist eine Sache, zu Hause zu sitzen und Bücher wie dieses zu lesen, aber es ist etwas ganz anderes, am Samstagabend den Arsch hochzukriegen und sich zum Anquatschen zu zwingen. Das kostet anfangs viel Überwindung, und viele Männer reden sich schnell ein, dass es die Mühe nicht wert ist.

Seit dem Aufkommen der Internet-Pornografie ist die Triebbefriedigung für Männer leichter den je geworden. Eine ganze Generation ist mit jederzeit verfügbarer Pornografie in beliebigen Mengen aufgewachsen.

Dagegen formiert sich allerorten Widerstand, und es ist schon von »Pornosucht« die Rede. Für eine regelrechte Abhängigkeit von Pornografie gibt es zwar (noch) keinen wissenschaftlichen Beleg, aber ich kann dir versichern: Pornos senken die Motivation, im echten Leben Frauen zu umwerben.

Auf der ganzen Welt scheint eine Epidemie von sexueller Unlust zu grassieren. Verheiratete, liierte und sogar alleinstehende Männer ziehen pornografische Bilder den echten Frauen vor, die sie in ihrem Alltag sehen. Der Grund ist leicht verständlich: Es ist einfacher, die Frauen sind scharf, der Sex ist aufregender, Pornos sind jederzeit per Mausklick verfügbar, sie kosten (meistens) nichts, die Mädchen sagen nie nein, Gefühle spielen keine Rolle, und keinerlei Bindung oder Verpflichtung ist nötig.

Das Problem sind die Nebenwirkungen. Vor allem schaffen Pornos sehr, *sehr* unrealistische Erwartungen, was Frauen und Sex angeht. Pornos sind dann lukrativ, wenn sie sexuelle Ideale betonen und übertreiben. Echter Sex mit echten Frauen umfasst oft auch peinliche Momente, in denen man herausfindet, was sie mag, was er mag, und wie wer was mag. Echter Sex umfasst auch ekstatische Momente gefühlvoller Intimität – etwas, das kein Porno jemals bietet.

Außerdem haben echte Frauen, egal wie scharf sie sind, auch körperliche Mängel – Mängel, die im Porno durch Make-up und plastische Chirurgie verdeckt werden. Wenn man sich an den Perfektionismus von Pornos gewöhnt, ist man deutlich weniger empfänglich für die Reize der wirklich vorhandenen Frauen.

Ein weiteres Problem ist, dass leicht verfügbare Pornografie Männer dazu verführt, *viel* zu masturbieren. Und wie wir alle wissen, macht uns häufiges Masturbieren vor allem Lust auf Essen und Fernsehen und nimmt uns die Lust, Frauen kennenzulernen und etwas zu schaffen.

Napoleon Hill schrieb in seinem Selbsthilfe-Klassiker *Denke nach und werde reich* unter anderem von der *Umwandlung der Sexualkraft*. Hill leitete seine Theorie aus der Beobachtung ab, dass extrem erfolgreiche Männer auch einen außergewöhnlich starken Sexualtrieb hatten und dass sie ihre sexuelle Energie auf ihre Arbeit und ihre Lebensziele richteten. Oft enthielten sie sich lange Zeit dem Sex und der Selbstbefriedigung, um dadurch mehr Energie zu haben.

Inzwischen gibt es erste wissenschaftliche Beleg dafür. Durch den Orgasmus – genauer gesagt durch die Ejakulation – wird beim Mann tatsächlich der Spiegel einiger Hormone und Endorphine abgesenkt, die teilweise zu nützlichem Verhalten anregen und motivierend wirken.

Männer, die seit ihrer Jugend ständig masturbieren, tun dies oft so heftig, dass sie ihren Penis desensibilisieren und dem Geschlechtsverkehr gegenüber abstumpfen. Wer jahrelang dreimal am Tag wichst, muss irgendwann feste zupacken und wild rubbeln, um sich zu erleichtern. Dies kann im Bett sexuelle Probleme bis hin zur Impotenz hervorrufen. Denn die Vagina ist weich und nass, ihre Berührung ist zart. Wer mit eisernem Griff masturbiert hat, ist schlecht vorbereitet auf weiblich warmes Liebesspiel.

Es folgen also meine Empfehlungen für alle Männer, die sich motivieren und verbessern wollen: meine patentierte Porno-und-Wichs-Diät für Männer. Ich selbst mache diese Diät immer noch gelegentlich, wenn ich mehr Motivation brauche. Sie wirkt Wunder, und viele Männer haben damit erstaunliche Ergebnisse erzielt. Ich kenne Männer, die wirklich jahrelang rumgesessen und Flirtratgeber gelesen haben. Nach zwei Wochen meiner Porno-und-Wichs-Diät lernten sie Frauen kennen und gingen mit ihnen aus.

Also Vorhang auf:

- Finger weg von jeglicher Pornografie. Ab sofort. Lösch alles von deinem Computer. Wirf deine DVDs weg. Falls du dein Verlangen nicht in den Griff kriegst, solltest du dir irgendeine kostenlose Software zum Blockieren von Internetadressen anschaffen und alle Pornoseiten, die du kennst, blockieren. Das klingt vielleicht extrem, aber glaub mir: In einem Monat wirst du mir danken.
- Begrenze das Masturbieren auf einmal pro Woche. Trage es in deinen Kalender ein. Such dir einen Tag aus. Ich nehme meistens den Montag. Weiche nicht von deinem Wichsplan ab! Wenn du noch mehr Motivation brauchst (und notgeil sein willst wie ein 14-jähriger), dann masturbiere nur alle zwei Wochen. Auch dann suchst du dir einen Tag aus und hältst dich dran.
- Beim Masturbieren darfst du nur an dir bekannte Frauen denken, mit denen du noch keinen Sex hattest. Es darf eine Kollegin sein. Oder das Mädchen von letztem Samstagabend. Oder die, mit der du verabredet bist. Egal. Es muss eine echte Frau sein, mit der du noch nicht geschlafen hast (aber natürlich gern schlafen würdest).
- Benutze beim Masturbieren Körperlotion oder Gleitmittel. Geh langsamer ran als sonst. Zieh es möglichst in die Länge – gern zehn Minuten oder mehr. Nimm dir Zeit dafür und genieße es. Schließlich kommst du nicht alle Tage dazu.

Wenn du dich ein paar Wochen daran hältst, müsste deine Motivation steigen. Wenn du schwach wirst, fängst du einfach von vorn an. Mach dich deswegen nicht fertig. Schon nach wenigen Wochen sollte dir die Vorstellung, auszugehen und mit Frauen zu flirten, nicht mehr wie eine Pflicht vorkommen, sondern wie ein Vergnügen. So ist es recht. Ran an die Buletten!

KAPITEL 10

Ängste überwinden

Wann wollte sich das letzte Mal jemand, den du ungern sehen wolltest, gern mit dir treffen? War es der nervtötende Kollege? War es dein Schwager, das schwarze Schaf? War es das Blind-Date, das deine Mutter für dich mit der Tochter ihrer Freundin arrangiert hat? Erinnere dich an den peinlichen Moment, in dem du jemandem abgesagt hast. Erinnere dich an die Ausreden, die du dir höflicherweise ausgedacht hast, um deine Zeit nicht mit bestimmten Menschen zu verbringen. Wie hat sich das angefühlt?

Nicht gut.

Ob man jemanden brüsk (»Hau ab und lass mich in Frieden«) oder durch die Blume (»Nee, dieses Wochenende hab ich so viel zu tun, vielleicht ein andermal«) zurückweist, immer ist es eine peinliche und unangenehme Situation, die niemandem leichtfällt. Extrem wenige Menschen auf dieser Welt haben Freude daran, ein Arschloch zu sein und anderen wehzutun.

Nun stell dir vor, du musst das fast jede Woche tun. Nichts daran verschafft Genugtuung, es ist eher frustrierend und mühsam. Das erklärt auch, warum Frauen sich oft über hartnäckige Annäherungsversuche von Männern beschweren – sie müssen sie abweisen, und jemanden abzuweisen ist eine unangenehme Sache.

Manche halten Frauen für egozentrische Kreaturen, die vom Sockel ihrer sexuellen Macht auf uns alle herablachen. Dem einen gewähren sie gnädig Zugang zur göttlichen Pussy (oder nur die Chance darauf), den anderen verdammen sie zu ewiger Einsamkeit – aber so ist es nicht.

Überleg mal. Warum geben sich Frauen so viel Mühe mit ihrem Erscheinungsbild? Warum besuchen sie Anmachschuppen und Singlebörsen und wagen Blind-Dates? Sie machen das nicht, um Scharen von Männern abzuweisen. Sie sind ebenso einsam und frustriert wie wir. Sie wollen einen Mann kennenlernen. Aber nicht irgendeinen, sondern einen großartigen – einen selbstsicheren, charmanten, lustigen und interessanten Mann. Einen, der nicht-bedürftig und verletzbar ist und ihnen gegenüber sein wahres Wesen ausdrückt.

Sie wollen, dass du dieser Mann bist. Sie drücken dir insgeheim die Daumen. Sie wollen dich nicht zurückweisen. Jedes Mal, wenn ein neuer Mann das Lokal betritt, sagen sie sich: »Bitte, bitte, bitte sei der Mann. Sei der attraktive Mann, zu dem ich nicht nein sagen kann.« Dann stottert er nervös, als er ihr einen Drink bestellt, macht peinliche Witze über das Wetter – und schon ist sie wieder in der furchtbar unangenehmen Lage, dass sie ihn zurückweisen muss.

Manchmal kommt es gar nicht so weit. Manchmal weiß sie schon bevor er den Mund aufmacht, dass das Spiel aus ist. Er ist unmöglich angezogen oder hat sich seit Monaten nicht gekämmt oder ist zu besoffen, um ihr in die Augen zu schauen.

Aus diesem Grund sehen uns Frauen auch viele Fehltritte und Fettnäpfchen nach, wenn sie uns mögen. Unglaublich, wie viele zweite und dritte Chancen dir eine Frau gibt, wenn sie dich mag. Sie hält zu dir. Sie ist dein größter Fan. Sie sagt sich: »Mist, er hat sich wieder nicht getraut, sich mit mir zu verabreden. Ich ruf ihn noch mal unter irgendeinem Vorwand an, vielleicht traut er sich dann.« Sie sehnt deinen Erfolg herbei, genau so heftig wie du selbst. Die Frauen auf der Party, im Café, im Dating-Portal, sie alle möchten in dir den unglaublich attraktiven Mann sehen, der die Zeit für sie anhält und Gefühle in ihnen hervorruft, wie sie sie noch nie verspürt haben. Der Mann sollst du sein. Und wenn sie dich zurückweisen, tun sie das nicht aus Vergnügen oder aus Arroganz oder wegen deiner Körpergröße oder wegen fehlender Muskeln …

Sie tun es, weil du ihnen nicht jenes Gefühl gegeben hast. Weil du sie nicht zum Sich-Fallen-Lassen und Lachen und Sich-selbst-Vergessen gebracht hast. Denn danach hat sie gesucht: nach einem, bei dem sie sich lebendiger fühlt.

Wenn du das nächste Mal auf eine Frau zugehst, und sie ahnt deine Annäherung – und glaub mir, meistens ahnt sie sie –, dann denk daran, dass sie bereits auf deiner Seite ist. Insgeheim wünscht sie genau wie du, dass du bei ihr landen kannst. Und in dem Moment ist sie dein größter Fan.

Deine Rolle als Mann besteht darin, zu handeln. Es liegt an dir. Es liegt immer an dir. Du treibst die Sache voran.

Und an diesem Punkt knicken die allermeisten Männer ein. Es geht um nichts weiter, als den Mund aufzumachen, die Schritte in die richtige Richtung zu lenken oder zum Telefon zu greifen – sie tun es einfach nicht. Zu groß sind die im vorigen Kapitel beschriebenen Ängste und Rationalisierungen. Es ist ihnen zu viel. Und nichts geschieht.

Egal wie viel du dir übers Flirten und über Partnerschaft anliest und beibringst und anschaust – solange du nicht handelst, kommst du nicht weiter.

Gut möglich, dass dies nicht das erste Buch zum Thema ist, das du liest. Manche Männer werden süchtig nach Selbsthilfebüchern und Flirtratgebern, sie lesen und lesen und lesen und handeln nie.

Tatsächlich horten manche Männer Informationen und Tipps, um dem Handeln aus dem Weg zu gehen. Sie meinen, mit dem Durchackern eines 150-seitigen Buches über Anziehungskraft etwas *geschafft* zu haben. Und solange sie etwas schaffen, müssen sie sich ihren Ängsten nicht stellen, müssen nicht hingehen und einer Frau gegenüberstehen, müssen ihr wahres Wesen nicht zeigen, nicht verletzbar sein, keine Zurückweisung in Kauf nehmen.

Das ist kein neues Problem. Die Selbsthilfe- und Ratgeberbranche kennt sich seit Jahrzehnten damit aus. Und auch die Flirtratgeberbranche kennt sich damit aus. Aber bisher hat sie auf die Frage, wie Männer motiviert und zum Handeln gebracht werden können, nur Scheißantworten parat.

Die klassische Lösung dieses Problems besteht mehr oder weniger aus einem Sprung ins kalte Wasser.

Die Idee ist, dass sich Männer mit lähmender Angst vor Kontaktaufnahme zu einem »Bootcamp« melden, einem Seminar, bei dem ein Pickup-Coach mit ihnen ausgeht und sie so sehr anfeuert oder beschimpft, dass sie an einem Abend 25 Frauen ansprechen. Was sie dabei sagen und was dabei herauskommt, ist völlig egal – Hauptsache, sie kriegen den Arsch hoch und tun was.

Das Problem bei der Überforderungsmethode ist, dass sie kurzfristig wirkt und keine dauerhafte Gewohnheit herbeiführt. Es gibt eine einfachere und weniger stressige Methode, um Ängste dauerhaft zu überwinden.

Wie man Ängste überwindet

Angst ist ganz normal. Jeder verspürt sie in irgendeiner Form, und daran wird sich so schnell nichts ändern. Der Trick besteht nicht darin, sie auszumerzen, sondern darin, trotz der Angst zu handeln.

Sämtliche Angst loswerden zu wollen, ist so, als wolle man jegliche Wut oder jegliche Trauer loswerden. Das klingt nach einem hehren Ziel, aber Forschungen zeigen, dass wir unsere Gefühle nur unterdrücken können, und wenn sie dann doch auftauchen, können wir umso schlechter damit umgehen. Stattdessen rate ich dazu, negative Gefühle in positives Handeln umzusetzen.

So empfiehlt man Menschen, denen ihre Wut Probleme bereitet, die Wut in produktive Zwecke zu kanalisieren, indem sie trainieren, hart arbeiten oder ihr Gefühl in Briefen ausdrücken usw. Wird die Wut gemieden oder ignoriert, kommt sie beim nächsten Mal umso schlimmer wieder.

Als meine erste Freundin mit mir Schluss machte, fällte ich eine bewusste Entscheidung. Nachdem ich eine Woche lang deprimiert im Bett gelegen hatte, merkte ich, wie sinnlos und lächerlich das war. Ich war verletzt und wütend, aber es quälte mich, im Bett zu liegen und sie vergessen zu wollen. Wenn ich mich schon quälte, dann sollte es wenigstens produktiv sein.

Also beschloss ich eine neue Strategie. Ich beschloss, an mir selbst zu arbeiten. Ich tat das, damit es ihr leidtun würde, je mit mir Schluss gemacht zu haben. Ich tat es, um sie zu ärgern. Meine ganze Selbsthilfe-Karriere begann ursprünglich aus Rache.

Zum ersten Mal in meinem Leben ging ich ins Fitnessstudio. Ich lernte fleißiger. Ich ging mit einer Freundin shoppen und kleidete mich neu ein. Ich ging mit neuen Bekanntschaften auf Partys. Die ganze Zeit trieb mich die Verletztheit und die Wut auf meine Ex-Freundin an. Ich wollte ein so toller Mensch werden, dass sie die Trennung bitter bereuen würde.

Diesen Ansatz kannst auch du verfolgen, um deine Angst und Nervosität bei Kontakt mit Frauen zu überwinden.

Der Wunsch, die Kennenlern-Angst loszuwerden, ist auch deshalb problematisch, weil die Angst dadurch nur noch größer wird. Neurobiologische Erkenntnisse legen nahe, dass der Versuch, etwas Furchteinflößendes zu meiden oder abzublocken, die Furcht nur noch verstärkt.

Vielleicht bist du beim Sport schon mal in eine Spielsituation gekommen, in der dein nächster Schuss oder Wurf das ganze Spiel entscheidet. Dann weißt du, dass du umso nervöser und verängstigter wirst, je mehr du über die Drucksituation nachdenkst und dich gleichzeitig zu entspannen *versuchst.* Die bessere Wahl in einer solchen Lage wäre, die Angst vollkommen zu akzeptieren und so auszunutzen, dass sie die Leistung steigert.

Mit Ängsten und Nervosität wirst du am besten fertig, indem du sie akzeptierst, als normal und als Teil deiner selbst anerkennst und noch nicht einmal versuchst, sie vor deiner neuen Bekanntschaft zu verbergen.

Denk an ein Gebiet, auf dem du sehr, sehr gut bist. Vielleicht beherrschst du einen bestimmten Aspekt deines Berufes besonders gut. Vielleicht warst du in der Schulzeit gut in Tennis oder Schach. Vielleicht kannst du tolle Vorträge halten.

Bei allen diesen Aktivitäten gab es sicherlich Momente (Tennis-Match, wichtige Präsentation, entscheidendes Meeting), vor denen du Bammel hattest. Aber hat dich diese Nervosität aus der Bahn geworfen oder hat sie dich beflügelt?

In der Schulzeit liebte ich es, Referate zu halten. Ich war richtig gut darin. Vor jedem einzelnen war ich nervös. In den letzten fünf Jahren habe ich bestimmt 75 Seminare und Vorträge abgehalten. Auch vor jedem dieser Termine war ich nervös.

Aber die Nervosität fühlte sich fast schon gut an. Ich hatte keinen Zweifel an meiner Kompetenz. Es grenzte an Vorfreude. Ich wusste, dass ich Leute beeindrucken würde. Ich wusste, sie würden mich mögen. Also konnte ich meinen Auftritt kaum erwarten, obwohl ich nervös war.

Ähnlich geht es Profisportlern, die in der Nacht vor dem Spiel nicht schlafen können. Sie sind nervös, aber sie können es kaum erwarten. Sie wissen um ihre Kompetenz und lassen sich vom Druck und von der Nervosität beflügeln.

Psychologische Untersuchungen haben ergeben, dass Menschen mit einem gewissen Grad an Nervosität bessere Leistungen erbringen. Entscheidend ist nicht die Angst an sich, sondern das Vertrauen darauf, dass man die angstbesetzte Tätigkeit schafft.

Es geht also nicht so sehr um Ängste und Nervosität, sondern mehr darum, wie kompetent man sich fühlt. Je inkompetenter man sich fühlt, desto mehr wird man durch Nervosität gehemmt. Je kompetenter man sich vorkommt, desto eher beflügelt einen das Nervenflattern.

In diesem Punkt schaden viele Flirtratgeber und Pickup-Theorien mehr, als sie nützen. Sie bläuen dir komplizierte Theorien ein, lassen dich seitenlange Skripte üben und auswendig lernen und stellen das Kennenlernen von Frauen als eine Art Raketenwissenschaft dar, die man erst beim tausendsten Versuch hinkriegt. Für jemanden mit wenig oder gar keiner Erfahrung ist das verdammt einschüchternd.

In Wahrheit ist es genau umgekehrt. Frauen kennenzulernen ist nicht schwer. Wer in der Lage ist, sich mit Freunden oder Familienmitgliedern zu unterhalten, beherrscht bereits den einzigen *skill*, den man zum Kennenlernen braucht. Es gibt nichts zu lernen, nur etwas zu tun. Die Angst geht nicht weg, aber du kannst sie nutzen lernen.

Ich werde immer noch nervös, wenn ich mich einer unbekannten Schönen nähere. Dabei habe ich das inzwischen wohl schon 2000-mal geschafft. Ich werde immer noch nervös, bevor ich eine Frau küsse. Dabei habe ich inzwischen an die 300 geküsst. Ich werde immer noch nervös, wenn ich jemanden mit nach Hause bringe. Dabei habe ich mit über 100 Frauen geschlafen.

Die Angst geht nie weg. Was sich geändert hat, ist meine Bedürftigkeit und Verletzbarkeit. Der Unterschied zwischen 2005 und heute ist, dass ich damals unheimlich bedürftig war und mich sehr darum sorgte, wie Frauen mich wahrnehmen. Beides verstärkte meine Angst auf ein unerträgliches Level.

Viele glauben, Nicht-Bedürftigkeit bedeute, dass man furchtlos sei. Aber Nicht-Bedürftigkeit bedeutet einfach, die Furcht zu spüren, ohne sich ihr zu unterwerfen. Nicht-Bedürftigkeit bedeutet, die Furcht zu spüren und zu entscheiden, dass etwas anderes gerade wichtiger ist.

Wenn ich etwas sage oder tue, was die ganze Sache versaut (und das passiert mir immer noch ständig), ist mir das ziemlich egal. Es ändert nichts an meinem Selbstwertgefühl, und es mindert nicht mein Vertrauen darauf, dass ich in Zukunft gut mit Frauen klarkomme.

Wichtig ist nicht, wie viel Angst und Nervosität man hat, sondern wie kompetent man in der Sache ist, vor der man sich fürchtet.

Jetzt sagst du wahrscheinlich: »Schön und gut, du hast dieses Selbstvertrauen, weil du schon so viele Frauen gehabt hast, aber was macht denn einer, der noch wenig oder gar keine Erfahrung hat?«

Gut, dass du fragst.

Wie ich schon sagte, verfolgen die meisten Flirtratgeber beim Thema Angst und Zurückweisung den Ansatz, dass man am besten durch den Sprung ins kalte Wasser schwimmen lernt.

Männern, die sich davor scheuen, fremde Frauen anzulabern, geben solche Coaches besonders dreiste Aufreißsprüche mit, um sie in beängstigende und knifflige Situationen zu bringen – in der Hoffnung, diesen Männern »die Angst auszutreiben«.

Dahinter steckt die Idee, dass man die schlimmstmöglichen Situationen durchmachen muss, damit der normale Umgang einen nicht mehr schrecken kann.

Doch das ist so, also würde man jemanden, der fit werden möchte, gleich einen Marathon laufen lassen. Das hilft womöglich, aber es wird ganz bestimmt unschön und unangenehm. Und so quälend und elend und schwierig so ein Marathon auch ist, er ist nur eine einzige Trainingseinheit, aus der noch lange keine Gewohnheit wird.

Wenn es dabei bleibt und kein weiteres Training folgt, dann verpufft der Effekt, und man bleibt so unsportlich wie zuvor.

Mit unseren Ängsten verhält es sich genauso.

Ängste bekommt man durch dauerhafte, schrittweise Gewöhnung in den Griff. Nicht durch eine einzige, extreme Konfrontation.

Sinnvoller ist es, konsequent jeden Nachmittag oder auch nur jede Mittagspause dafür zu verwenden, ein paar Frauen anzusprechen und sie nach der Uhrzeit zu fragen.

Mehr nicht. Nur nach der Uhrzeit fragen.

Fang mit etwas Einfachem an, aber wiederhole es eine Zeit lang regelmäßig, bis es dir nicht mehr schwerfällt.

In der nächsten Woche fragst du wieder regelmäßig Frauen nach der Uhrzeit und fügst die Frage »Alles gut bei dir?« hinzu.

Von Tag zu Tag kannst du deine Interaktionen schwieriger und intensiver machen.

So steigerst du dich Schritt für Schritt, bis du in der Lage bist, fremden Frauen mitzuteilen, dass du sie attraktiv findest und dich gern mit ihnen verabreden möchtest. Du wirst überrascht sein, wie schnell dir das nichts mehr ausmacht.

Wenn du dranbleibst, wird es dir wahrscheinlich wie den meisten Männern gehen: Du wirst süchtig nach dem Adrenalinstoß und genießt das Schmetterlingsflattern, das bei der Annäherung im Bauch entsteht.

Früher oder später kannst du jede beliebige Frau in jeder beliebigen Situation ansprechen und ihr angstfrei dein Interesse zeigen, ohne dich um ihre Reaktion zu sorgen oder über deine Worte nachzudenken.

Und das hilft dir in allen möglichen Lagen: beim Übergang zum Körperkontakt, beim Schreiben von Mails, beim Anrufen, beim Einsatz von sexuellem Humor, bei Gesprächen mit Frauen usw.

Es kommt nur darauf an, die Gewöhnungsphase richtig zu strukturieren.

Angst vor dem ersten Kuss? Nimm dir erst einmal vor, ihre Hand zu halten. Wenn du das ein paarmal geschafft hast, dann nimm dir vor, den Arm um sie zu legen – und belasse es dabei. Hat das ein paarmal geklappt, dann nimm dir vor, sie auf die Wange zu küssen. Den Zungenkuss nimmst du dir erst als Letztes vor.

All diese Zwischenschritte kannst du mit ein und derselben Frau unternehmen, ja sogar an einem einzigen Abend. Wichtig ist nur, dass du schrittweise vorgehst, anstatt zu erwarten, dass du schon nach einer Woche die Mädels im Dutzend vögelst.

Werde kreativ. Die Schritt-für-Schritt-Methode lässt sich auch auf andere Bereiche anwenden:

- offen und fließend von sich selbst erzählen.
- anrufen und verabreden.
- Frauen, mit denen man ausgeht, ins Bett kriegen.
- flirten und necken.
- Interesse bekunden und aufrichtige Komplimente machen.

Das einzig Erforderliche ist ein gezieltes und entschlossenes Vorgehen ohne die Erwartung, in einer Nacht von null auf hundert zu kommen. Statt schnellem Erfolg sammelt man langsam, aber stetig kleine Siege, die nicht nur Kompetenz und Selbstvertrauen einbringen, sondern den ganzen Prozess auch erfreulicher machen und zur Überwindung von Ängsten beitragen.

Das Schöne an dieser Methode ist, dass man sich an die Nervosität gewöhnt und mehr Selbstvertrauen gewinnt, was zum häufigeren Ausgehen und Verabreden motiviert, was wiederum Selbstvertrauen und die Kompetenz steigert und Nervosität lindert.

So entsteht ein gewisser Schwung, und das ist unerlässlich für die Entstehung eines gesunden und erfolgreichen Liebeslebens.

Bevor ich fortfahre, möchte ich noch eine Sache zu dieser Methode anmerken: Du solltest dich dabei auf eine Sache konzentrieren. Damit meine ich, dass du wirklich nur einen Aspekt deiner Interaktionen quantifizierst und nicht mehrere gleichzeitig.

Wenn du also bei der Annäherung weniger nervös sein willst, dann kümmerst du dich erst einmal nicht darum, wie du an Telefonnummern kommst, oder wann du den Kuss einleitest, oder was für Nachrichten du schreibst. Kümmere dich nur ums allererste Ansprechen.

Umgekehrt solltest du dir keine Gedanken über die Kennenlernphase machen, wenn es dir um den Übergang zu physischem Kontakt und Sex geht. Eine häufige Vermeidungsstrategie bei Männern, die vor der »Spätphase« der Verführung – verabreden, eskalieren, Sex haben usw. – zurückscheuen, besteht darin, einfach immer mehr Frauen kennenzulernen. Eine schöne Frau himmelt sie an, und statt die Sache möglichst weit zu treiben, lassen sie sich ihre Nummer geben und sprechen die nächste Frau an, weil sie meinen, sie müssten noch an ihren Kennenlern-Skills arbeiten. Dabei ist nicht die soziale Annäherung ihr Problem, sondern die sexuelle!

Auch hier kommt es auf einigermaßen gute Selbstwahrnehmung an. Nimm dir für jeden Schritt so lange Zeit, bis er dir nicht nur nichts ausmacht, sondern auch Spaß macht, und gehe erst dann zum nächsten Schritt über. Lass deine Aufregung und deinen Enthusiasmus in die Angst vor der nächsten Stufe einfließen, dann wächst deine Motivation.

Das mag nach harter Arbeit klingen, ist es aber nicht. Es ist viel weniger Arbeit, als du denkst. Wenn du Angst vor dem Kennenlernen hast, musst du nur den allerersten Schritt tun: nach der Uhrzeit fragen, dich bei einer Online-Partnerbörse anmelden, einen Freund darum bitten, dass er dich vorstellt. Und von da aus gehst du Schritt für Schritt weiter und forderst dich von Schritt zu Schritt ein bisschen mehr. Es ist wirklich ganz einfach, und wenn du dranbleibst und dich nicht von irgendwelchen banalen und irrelevanten Theorien ablenken lässt, kommst du problemlos und schnell zum Ziel.

Mut und Kühnheit

Mut entsteht, wenn man Angst verspürt und trotzdem handelt. Immer wenn du vor etwas zurückscheust, als hielte dich eine unsichtbare Macht davon ab, und du es dann trotzdem tust, wächst Mut in deinem Inneren.

Mut ist eine Angewohnheit. Mut ist eine Art von Disziplin, denn dazu gehört, dass man etwas tut, obwohl man lieber etwas anderes tun würde. Der Unterschied ist, dass man sich beim Mut gegen die Furcht durchsetzt, während man bei der Disziplin trotz Faulheit oder Erschöpfung handelt.

Mut ist antrainiert wie ein Muskel. Die im vorigen Abschnitt beschriebene Schritt-für-Schritt-Methode ist dazu da, nach und nach Mut aufzubauen. Je mehr Mut man aufbaut, desto kühnere Taten kann man vollbringen. Kühnes Handeln erfordert viel Verletzbarkeit und Nicht-Bedürftigkeit.

Eine vorbeikommende Frau anzuhalten und nach der Uhrzeit zu fragen erfordert kaum Mut und ist keineswegs kühn. Es verstößt gegen keinerlei soziale Normen.

An einen Sechsertisch zu treten und darum zu bitten, kurz mit der Schönsten in der Runde sprechen zu dürfen, und ihr dann zu sagen, dass man sie attraktiv findet und mit ihr gern mal ausgehen würde – das ist schon ziemlich kühn. Es ist kühn, denn um soziale Normen zu brechen, muss man mutig sein und sich verletzbar machen.

Einen Vorbehalt gibt es dabei. Man muss *wissen*, dass man soziale Normen verletzt. Man muss sich bewusst sein, dass man etwas Ungewöhnliches tut. Wer das ignoriert, wirkt wie jemand, der kein Feingefühl hat und keine Rücksicht nehmen kann, und das ist nicht attraktiv.

Diesen Fehler begehen viele Männer des sozial gestörten Typs. Da ihnen das Gespür für soziale Normen fehlt, fällt es ihnen oft leicht, sich kühn zu verhalten. Das Problem dabei ist, dass sie gar nichts davon merken.

Ich habe beispielsweise mal mit einem Mann gearbeitet, der sozial sehr gestört war. Wir gingen zusammen durch ein Einkaufszentrum, um Frauen anzusprechen.

Als wir auf der Rolltreppe abwärts waren, sahen wir uns gegenüber ein sehr attraktives Mädchen emporfahren. Beim Vorbeifahren sagte ich meinem Gefährten, er solle sie ansprechen.

Sofort rannte er die hinunterrollende Treppe hinauf und versuchte, sich ihr durch Zuruf vorzustellen.

Offensichtlich war dies eine peinliche und befremdliche Aktion. Wäre ihm bewusst gewesen, wie peinlich und befremdlich er sich benahm, dann wäre er kühn gewesen. Aber er war einfach nur schmerzfrei, und das schreckte das Mädchen sofort ab.

Wenn du also irgendetwas Ungewöhnliches vorhast – Annäherung oder erster Kuss an einem merkwürdigen Ort, Date unmittelbar nach der Kontaktaufnahme usw. –, solltest du ihr unbedingt mitteilen, dass dir die Normabweichung durchaus bewusst ist.

»Ich habe so was noch nie gemacht, und ich weiß, dass wir uns erst seit ein paar Minuten kennen, aber hast du nicht Lust, mit mir essen zu gehen?«

»'tschuldigung, das kommt jetzt vielleicht überraschend, aber ich finde dich süß und würde mich gern mit dir treffen.«

Je kühner dein Auftritt, desto attraktiver deine Wirkung. Denn mit einem kühnen Auftritt zeigst du Verletzbarkeit und rufst eine polarisierte Reaktion hervor.

Wenn du fremde Frauen nur nach der Uhrzeit fragst, polarisierst du sie so gut wie gar nicht. Die meisten werden dir die Uhrzeit sagen. Die schlimmstmögliche Zurückweisung wäre: »Sorry, hab keine Uhr.«

Aber wenn du fremde Frauen nach einem Date fragst, erhältst du polarisierte Reaktionen: nervöse, erfreute Jas und verkniffene, reservierte Neins. Vielleicht auch ein paar zornige Neins. Wenn du noch kühner bist und eine Frau unerwartet küsst, erhältst du entweder ein enthusiastisches Ja oder ein enthusiastisches Nein.

Der Punkt ist: je kühner, desto polarisierender.

Dies ist ein weiteres Argument für entschlossenes Auftreten. Eines der Mantren, die ich Männern gern beibringe, lautet: »Im Zweifel lieber ein wenig zu forsch sein.«

Wenn du dir also nicht sicher bist, dann sei lieber zu forsch. Entscheide dich für die kühnere Aktion. Denn wenn du abwartest, bis sich eine weniger riskante Gelegenheit zur Annäherung bietet, dann kann es sein, dass die Anziehung bis dahin nachlässt oder sogar ganz schwindet.

Aber kühnes Verhalten allein bringt nicht viel. Kühnheit muss durch charismatische und effiziente Kommunikation abgefangen werden. Durch draufgängerisches Benehmen kannst du manche Frauen für dich gewinnen und dir auch sexuelle Chancen eröffnen (besonders bei Partystimmung), aber wenn du nicht charmant und interessant kommunizierst und keine Rücksicht auf soziale Normen nimmst, wirst du kaum dauerhafte und erfreuliche Beziehungen finden.

Dein Leben kann noch so großartig und deine Persönlichkeit noch so attraktiv sein, du kannst die richtige Zielgruppe ansprechen, Kühnheit zeigen und Frauen ohne Scham umwerben – solange du ihnen deine Absichten und Eigenschaften nicht gut mitteilen kannst, wird es dir schwerfallen, ihr Interesse an dir lange aufrechtzuerhalten.

Der 5. Teil des Buches dreht sich darum, wie du deinen Kommunikationsstil aufmotzt, damit du überall und jederzeit einen guten Eindruck machst.

Teil V

WAHR-HAFTIGES KOMMUNI-ZIEREN

KAPITEL 11

Deine Absichten

Im 3. Kapitel haben wir darüber gesprochen, dass Verletzbarkeit nur dann Gewicht hat, wenn sie bedingungslos kommuniziert wird. Das ist nur dann der Fall, wenn du einer Frau Komplimente ohne Hintergedanken machst – es geht hier also schlicht und einfach darum, sich selbst auszudrücken.

In diesem Kapitel möchte ich diese Idee weiter vertiefen.

Männer kommunizieren hauptsächlich über Fakten, Geschichten und Daten. Wir reden über Sportergebnisse, über die gelungene Autoreparatur und unsere Reisepläne. Wenn ein Mann sagt »Wir sehen uns um 6 Uhr«, dann meint er das üblicherweise wörtlich. Wenn ein Mann erzählt, dass er im College der beste Basketballspieler war, meint er das auch so, selbst wenn er ein wenig übertreibt. Wenn ein Mann dir sagt, dass er dich nicht mag, dann kannst du eure Freundschaft getrost vergessen.

Frauen kommunizieren mehr über Gefühle, genauer gesagt, über Absichten. Natürlich nehmen sie auch die oberflächlichen Fakten und Begebenheiten zur Kenntnis, aber was vor allem bei ihnen ankommt, sind die darunterliegenden Gefühle und Absichten.

Das ist unterschwellige Kommunikation.

Deshalb regt sich deine Freundin eines Abends möglicherweise darüber auf, dass du mit deinen Kumpels ausgehst, und besteht am nächsten Abend darauf, dass du doch bitte am wöchentlichen Bowling-Training teilnimmst. Für sie besteht zwischen den beiden Aussagen kein Widerspruch. Am ersten Abend hatte sie das Gefühl, nicht genug Aufmerksamkeit zu bekommen. Am zweiten Abend fühlte sie sich bei dir gut aufgehoben und wollte, dass du glücklich bist. Es ging ihr gar nicht um deine Freunde, sondern um deine Wertschätzung.

Kein Wunder, dass Männern so etwas oft entsetzlich verwirrend vorkommt. Manche werden ihr Leben lang nicht schlau daraus.

Aus diesem Grund bezeichnen Männer Frauen oft als »verrückt«, »irrational« oder »instabil«.

Der Umstand, dass Männer keine Antenne haben für die Gefühle und Absichten, die unter allem liegen, was Frauen sagen, vermittelt Frauen oft den Eindruck, Männer seien »herzlos«, »kalt«, »Arschlöcher«, »egoistische Penner«, die »nie zuhören«.

Doch, wir hören sehr wohl zu. Nur bleiben wir dabei meistens im Nichtschwimmerbereich.

Im 3. Kapitel habe ich bereits die Geschichte meines Bekannten erzählt, der wahllos Frauen fragte, ob er ihnen in den Hintern pissen dürfe. Seine Worte waren als absoluter Schwachsinn erkennbar, und alle Frauen, an die er sie richtete – sowohl die vielen, die ihn abwiesen, als auch die eine, die er abschleppte –, maßen seinem Spruch nicht viel Bedeutung bei.

Aber seine Absicht war eindeutig: *Mir egal, was du denkst, ich will heute Spaß haben, und meine Vorstellung von Spaß ist ein bisschen extrem, weil ich ein bisschen extrem bin.* Klar, dass das einige Frauen abschreckte. Aber als er endlich eine fand, der seine Absicht gefiel, ging diese Frau schnell und rückhaltlos auf ihn ein.

Das ist ein extremes Fallbeispiel, hier wäre ein viel gewöhnlicheres:

Manche Flirtratgeber empfehlen, einer Frau nicht zu früh oder zu oft Komplimente zu machen. Das liegt daran, dass die meisten, die solche Ratgeber lesen, schlechte Absichten haben: Sie sind bedürftig und suchen Bestätigung durch Sex oder weibliche Aufmerksamkeit. Wenn solche Männer aus Bedürftigkeit heraus Komplimente machen, spüren Frauen, dass sie zum Objekt gemacht werden.

Macht ein Mann einer Frau jedoch aus ehrlicher Wertschätzung heraus ein Kompliment, dann spürt sie seine Absicht und weiß dies ebenfalls zu schätzen.

Das Necken beim Flirt ist auch ein sehr gutes Beispiel. Viele Flirtanfänger verhalten sich so. Die Frage ist nur: Was ist der Unterschied zwischen necken und beleidigen? Bei beidem macht man abfällige Bemerkungen. Bei beidem ist meist Humor im Spiel. Was ist also der Unterschied?

Die Absicht. Necken geschieht mit freundlicher Absicht. Beleidigend wird es, sobald die Absicht negativ ist.

Oder: Was ist der Unterschied zwischen Mitteilsamkeit und Angeberei? Nehmen wir an, du bist mit einem Promi befreundet. Attraktiv ist, wenn du einer Frau von deinem Bekannten erzählst, unattraktiv ist, wenn du damit prahlst – aber wo liegt der Unterschied?

Hoffentlich weißt du inzwischen die Antwort: Die Absicht macht's. Was ist deine Absicht? Willst du sie beeindrucken (bedürftig)? Dann ist es Prahlerei. Oder teilst du ihr etwas von dir mit (verletzbar)? Dann wirkst du polarisierend.

Damit kommen wir wieder direkt auf das zurück, was wir im 1. Kapitel in Bezug auf Übereifer, Bedürftigkeit und Bestätigung besprochen haben. Die Absichten eines extrem bedürftigen Mannes sind vom Wunsch nach Bestätigung und Anerkennung bestimmt. Das wirkt unattraktiv, egal was er sagt. Die Absichten eines nicht-bedürftigen Mannes sind von Verletzbarkeit geprägt. Das wirkt attraktiv, egal was er sagt.

Natürlich gibt es bei der zwischenmenschlichen Kommunikation auch technische Fragen, denen wir in diesem und im nächsten Kapitel noch nachgehen werden. Doch dem Grundprinzip zufolge hat das, worüber man tatsächlich redet, weit weniger Einfluss auf den Erfolg als die Absicht dahinter.

Alles, was ich in diesem und im nächsten Kapitel sage, geht davon aus, dass du die richtigen Absichten hast. Vergiss nicht, dass Frauen deine Eigenschaften nicht sehen können, sie sehen nur, wie du dich nach außen hin darstellst. Sie hören nicht auf deine Worte, sondern auf deine Absichten. Wenn du unter chronischer Zurückweisung leidest, dann stellst du dich falsch dar und/oder hast die falschen Absichten. In beiden Fällen bist du bedürftig und wirst so lange als unattraktiv wahrgenommen, wie du dich nicht für dich selbst engagierst.

Creepiness

Was Männer am meisten davon abhält, ihr sexuelles Interesse Frauen gegenüber zu bekunden, ist die Angst, als *creepy* wahrgenommen zu werden.

Bevor wir näher darauf eingehen, was genau unter Creepiness zu verstehen ist und was Frauen damit meinen, wenn sie sich darüber beschweren, muss ich dir eine ähnliche Wahrheits-Impfung verpassen wie beim Thema Zurückweisung:

Es gibt keinen von Frauen angehimmelten Mann auf der Welt, der nicht gleichzeitig hin und wieder als creepy wahrgenommen wird.

Wenn ein Mann seine Sexualität offen ausdrückt (und das sollte man tun), kommt er damit bei manchen Frauen als creepy rüber. Das ist unvermeidlich. Egal wie cool, reich, gutaussehend und charmant man ist – irgendwann und irgendwo wird einen irgendeine Frau creepy finden. Damit muss man leben.

Also nimm dir den Rat eines weisen Freundes von mir zu Herzen: »Gestatte dir etwas Creepiness.« Sein nicht *absichtlich* creepy. Und versuch bloß nicht, Frauen einzuschüchtern. Finde dich nur damit ab, dass manchmal Missverständnisse auftreten, peinliche Situationen entstehen und Dinge verdreht werden. So ist es eben. So lange du dich respektvoll ausdrückst, dürftest du keine ernsten Schwierigkeiten bekommen.

Anders geht es nicht. Und es ist übrigens auch nicht das Ende der Welt. Es taucht keine Creepiness-Polizei auf, die dir Handschellen anlegt und dich in den Creep-Knast wirft, wo du bis zum Prozess ausharren musst, in dem du wegen Creepiness dritten Grades verurteilt wirst.

Creepiness ist einer dieser vagen Begriffe, die jeder kennt, aber keiner genau definieren (oder ins Deutsche übersetzen, A. d. Ü.) kann. Fragt man Frauen, was eigentlich creepy ist, fangen sie mit Umschreibungen an und enden mit Beispielen, ohne je eine richtige Definition zu liefern.

Die Beispiele sind natürlich äußerst vielfältig und lassen sich auf keinerlei gemeinsamen Nenner bringen.

(Tatsächlich habe ich einige Freundinnen danach gefragt, und die Fallbeispiele, die ich erhielt, reichten von »hatte so zierliche Hände« über »hat mich ohne Grund am Arm gepackt« und »schickte Nachrichten mit zu vielen Smileys« bis hin zu »guckte komisch, wenn er mit mir sprach«. Noch ein Beispiel dafür, dass Frauen furchtbar schlecht einschätzen können, *warum* sie etwas mögen oder nicht, aber genau wissen, dass sie es mögen oder nicht.)

Ich riskiere nun, selber wie ein Creep zu klingen, und erlaube mir, eine konkrete Definition dieses Phänomens ins Spiel zu bringen:

Creepiness ist ein Verhalten, das Frauen sexuell verunsichert.

Je mehr die Äußerungen und das Verhalten von den eigenen Absichten abweichen, desto weniger vertrauenerweckend wirken sie auf Frauen. Und je misstrauischer eine Frau ist, desto unsicherer fühlt sie sich und desto größer wird die Creepiness. Wer beispielsweise eine Frau anspricht und mit ihr übers Wetter plaudert, ihr dabei aber unablässig in den Ausschnitt starrt und sich die Lippen leckt, wirkt creepy. Äußerungen und Verhalten weichen stark von den eigentlichen Absichten ab, und das merkt sie.

Selbst mit der Aussage »Du hast tolle Brüste« kommt man creepy rüber. Nicht weil die Absicht nicht stimmt, sondern weil die Frau einen nicht kennt – und die meisten Frauen begegnen Unbekannten nicht gern auf der sexuellen Ebene. Vertrauen braucht Zeit. Sie muss merken, dass dein Handeln mit deinen Absichten übereinstimmt, erst dann kann sie sich dir gegenüber öffnen und verletzbar machen.

Frauen haben durch das Ausleben ihrer Sexualität deutlich mehr zu verlieren als Männer. Sie bekommen Kinder – wir nicht. Sie werden erschreckend häufig vergewaltigt oder sexuell belästigt – wir nicht. Sie haben 5000 Jahre Patriarchat im Nacken, das sie als »Flittchen« abstempelt – wir nicht.

In der Sekunde, in der man eine Frau sexuell verunsichert, wird man creepy. Und in der nächsten Sekunde hat sie schon eine Ausrede parat, um sich so schnell wie möglich von dir zu entfernen.

Deshalb ist Verletzbarkeit so eminent wichtig. Wenn man sich einer Unbekannten gegenüber verletzbar zeigt, weckt das Vertrauen und lädt sie dazu ein, sich ebenfalls verletzbar zu machen. Je mehr Verletzbarkeit eine Frau einem Mann gegenüber wagt, desto geringer wird die Wahrscheinlichkeit, dass er creepy auf sie wirkt.

(Vorbehalt: Verletzbarkeit muss immer auch mit den richtigen Absichten einhergehen. Wenn man einer Frau etwas von sich erzählt, um Mitleid zu erregen und sie darüber ins Bett zu kriegen, dann – rate mal – ist das immer noch creepy!)

Sex kann man als letzte Steigerung der Verletzbarkeit einer Frau ansehen. Je verletzbarer man sich ihr gegenüber gibt – durch Einnehmen der Führungsrolle, durch klare Absichten, durch Aufrichtigkeit –, desto mehr Vertrauen schöpft sie, und desto verletzbarer kann sie sich machen. Sex ist ein Nebeneffekt der beidseitigen Verletzbarkeit.

Paradoxerweise muss man, um sich im Umgang mit Frauen verletzbar zu machen und Creepiness zu vermeiden, akzeptieren, dass manche Frauen einen manchmal creepy finden. Es ist wie mit Zurückweisung: Je mehr man es riskiert, desto weniger geschieht es.

Je besser du es hinnimmst, wenn dich Frauen creepy finden, und je ungehemmter und verletzbarer du dich in ihrer Gegenwart äußerst und verhältst und je mehr du ihre Interessen und Wünsche wahrnimmst und achtest, desto unwahrscheinlicher ist es, dass sie dich creepy finden. Je reservierter und verschlossener du mit deinen Absichten umgehst, je mehr du zu manipulieren und über deine Absichten und dein wahres Wesen hinwegzutäuschen versuchst und je mehr du ihre Gefühle und Handlungen dir gegenüber missachtest, desto eher wirst du als creepy wahrgenommen.

Natürlich spielen auch technische Aspekte der Kommunikation eine Rolle. Ungeschickte Körpersprache, seltsame Gesprächsthemen, schlecht justierter Humor, unangemessene Berührungen – all das kann auch bei den besten Absichten creepy wirken. Deshalb vertrete ich den Standpunkt, dass man in Kauf nehmen muss, auf bestimmte Frauen unter Umständen creepy zu wirken. Das ist okay. Denn die Alternative wäre, die eigene Sexualität zu verbergen und zu hoffen, dass eine Frau sie finden wird – und wie gut das funktioniert, wissen wir alle.

Sexuelle Spannung

Flirten ist das Gegenteil von Creepiness. Flirten bedeutet, dass man Sexualität so ausdrückt, dass Frauen sich dabei sexuell sicher fühlen.

Dabei stellt man die Sexualität im Verhalten manchmal offen zur Schau, manchmal subtil, manchmal nur implizit. Korrekt ist es dann, wenn Frauen es akzeptieren und richtig einschätzen können.

In der Dating- und Pickup-Literatur findet man Dutzende von Flirt-Taktiken. Einige wenige davon sind *teasing* (necken), *negging* (abwerten), *cocky/funny* (großspurig auftreten), *leading and pacing* (führen und folgen) und *cold-reading* (mehr dazu später).

Vermutlich hast du von einigen dieser Tricks bereits gehört oder gelesen. Wenn sie dir gar nichts sagen, dann mach dir keinen Kopf, das ist gut so. Es tut wirklich nichts zur Sache, denn sie folgen alle dem gleichen Muster:

Flirten bedeutet, sich einer Frau gegenüber sexuell so auszudrücken, dass sie sich sicher fühlt und sich ihrerseits sexuell ausdrücken kann.

Die eingesetzten Taktiken und Tricks funktionieren unterschiedlich, befolgen aber allesamt das gleiche Muster. Um Zeit und Papier zu sparen (und Langeweile zu verhindern), teile ich alle Flirt-Techniken in zwei Gruppen ein: neckende und kühne. Sowohl neckende als auch kühne Formen des Flirts halten sich an dieselbe Grundformel: Man stört die Harmonie, um sexuelle Spannung zu erzeugen.

Forschungen haben ergeben, dass sexuelle Spannung dann entsteht, wenn in einer Interaktion potentielle erotische Eventualitäten offenbart werden.

Mache ich beispielsweise eine sexuelle Anspielung, dann entsteht sexuelle Spannung, weil die Möglichkeit einer zukünftigen sexuellen Handlung in der Luft liegt – vorausgesetzt, ich bin nicht zu weit gegangen und kassiere eine Ohrfeige.

Neckendes Verhalten erzeugt sexuelle Spannung, indem es Unklarheit darüber entstehen lässt, ob man von der Frau etwas will oder nicht. Meine erwähnte Anspielung könnte unter gewissen Umständen und in einem bestimmten Kontext durchaus nur ein grober Scherz sein. Ich könnte es aber auch ernst meinen und mein Begehren in einen durchschaubaren Witz kleiden. Sie weiß es nicht. Und das macht die Sache so gut. Die Ungewissheit erzeugt Spannung.

Wenn du eine Frau wegen ihrer Frisur neckst, indem du ihr sagst, sie sähe aus wie ET mit Dauerwelle, oder deine Oma hätte auch mal so eine Perücke gehabt, dann erzeugst du sexuelle Spannung, weil du widersprüchliche Signale aussendest. Deine Absicht sendet: »Ja, ich mag dich«, aber deine Worte senden: »Nein, ich mag dich nicht«. Das ergibt Ungewissheit und erzeugt sexuelle Spannung.

Aus diesem Grund empfehlen die meisten westlichen Flirtratgeber Männern *wie* Frauen, gemischte Signale auszusenden, so zu tun, als sei man »schwer zu haben«, und Spielchen zu spielen. Das verwischt zwar die Absichten, aber es erzeugt Ungewissheit und daher sexuelle Spannung.

Aber man kann auch mit klaren Absichten flirten. Man kann sexuelles Begehren offen ausdrücken oder sogar in konkretes Handeln umsetzen. Das geht gegen den Instinkt, kann aber ebenfalls viel Ungewissheit und sexuelle Spannung erzeugen.

Nehmen wir an, du triffst eine Frau und sagst geradeheraus: »Ich finde dich sehr schön und möchte gern mit dir ausgehen.«

Die meisten Männer winden sich schon bei dem Gedanken daran. Bedürftige Männer hassen diese Offenheit, weil sie fürchten, dadurch creepy zu wirken. Narzissten hassen sie, weil sie fürchten, dadurch ihre Macht abzugeben.

Aber in Wirklichkeit ist diese Offenheit äußerst wirksam und praktikabel. Man macht sich damit nicht nur verletzbar, wie wir schon erörtert haben, sondern baut auch deutlich mehr sexuelle Spannung auf.

Aber wie? Wenn sie schon weiß, dass du sie magst, wo bleibt dann die Spannung? Es gibt ja keine Ungewissheit.

Oh doch. Sie ist nur nicht so offensichtlich. Überleg mal:

1. Eine derart direkte Aussage wirkt zunächst einmal polarisierend. Falls die Frau also kein Interesse hat, wird sie es dich auf der Stelle wissen lassen. Falls sie Interesse hat, wird die kühne Aussage sie so erregen, dass du es ebenfalls auf der Stelle merken wirst. Beides nützt dir nur.
2. Vergiss nicht, dass es Frauen erregt, wenn sie begehrt werden. Wenn Männer sich ihnen gegenüber kühn verhalten, weckt das ihre Lust. Also törnst du sie an.
3. Außerdem beweist du ihr, dass du nicht bedürftig bist. Das macht dich attraktiv.

Nun haben wir eine erregte Frau, die Interesse hat, und einen attraktiven Mann, der sich kühn und verletzbar zeigt. Beide haben ihr sexuelles Interesse explizit oder implizit bekundet. Das wirft augenblicklich allerlei neue Fragen und Möglichkeiten auf: Was passiert jetzt? Er ist so kühn und direkt, was macht er wohl als Nächstes? Will er mich küssen? Will er mich ficken? Will ich ihn ficken? Ich will – und ich will nicht. Was soll ich tun? Wann wird er mich berühren? Wie wird sich das anfühlen? Wird es mir gefallen?

Noch mal von vorn: Wenn der Mann eine unverfängliche Plauderei mit jeder Menge Smalltalk führt, entsteht im Kopf der Frau keinerlei Ungewissheit darüber, woran sie mit ihm ist. Das Gespräch ist so flach und simpel, und es gibt keinen Zweifel darüber, warum und worüber sie miteinander reden.

Sobald der Mann auf neckende Art zu flirten beginnt, fügt er dem Gespräch eine neue Dimension der Ungewissheit hinzu: Mag er mich oder nicht? Wieso flirtet er mit mir?

Aber wenn der Mann den Weg der Kühnheit und Verletzbarkeit wählt und Zurückweisung riskiert, dann erntet er jede Menge sexuelle Spannung, denn mit einem Satz hat er den gesamten Kontext verändert: von »Worüber sollen wir reden?« zu »Was sagt oder tut er als Nächstes?«

Das ist extrem wirkungsvoll.

Natürlich ist das oft leichter gesagt als getan. Um auf diese Weise zu flirten, musst du Verletzbarkeit zeigen, Zurückweisung riskieren und es in Kauf nehmen, dass du möglicherweise creepy wirkst. Und bei deinen ersten Versuchen kann diese Art des Flirts durchaus bedürftig und bettelnd wirken und Frauen noch schneller abschrecken als deine vorherige langweilige Art. Aber indem du dich und dein Begehren bloßstellst, zwingst du dich dazu, weniger fremdbestimmt und dafür selbstsicherer, dominanter und attraktiver zu werden. Durch Necken schaffst du den Eindruck von Nicht-Bedürftigkeit, aber durch Kühnheit werden Frauen nach und nach empfänglicher für deine sexuellen Avancen.

Wer flirten und Sexualität ausdrücken will, muss effektiv kommunizieren können. Dazu gehört, dass man ein bestimmtes Sozialverhalten beherrscht. Und wie jedes Verhalten gewöhnt man sich Sozialverhalten nicht über Nacht an. Man muss es mühsam einüben.

Emotionale Nähe

Die Fähigkeit eines Mannes, mit Frauen emotionale Nähe herzustellen, verhält sich proportional zu seinem Bewusstsein für die eigenen emotionalen Prozesse und Motive.

Wie ich schon im 2. Kapitel beschrieben habe, führen Selbstwahrnehmung und Verletzbarkeit dazu, dass man sich weniger bedürftig verhält. Frauen bekommen dadurch die Chance, das »wahre Wesen« eines Mannes zu sehen, ihm zu trauen und sich ihm emotional zu öffnen.

Letzten Endes ist es das, was Frauen wollen. Schaut man sich Liebesromane an – quasi die Pornos der Gefühle –, dann findet man in allen das gleiche Muster vor: Der harte, raubeinige, unangepasste Heldentyp, stark aber unglücklich, öffnet sich nach und nach und zeigt der Heldin seine wahren Gefühle und Sehnsüchte; sie kann ihm helfen, ihn retten, und am Ende verliebt sie sich in ihn; natürlich leben sie glücklich bis an ihr Lebensende.

Das ist das Patentrezept der Verführung: Stärke, Status, attraktives Äußeres (Lebensstil und Aussehen), dazu Furchtlosigkeit und die Fähigkeit, sich der Frau gegenüber offen und verletzbar zu machen. Da kriegen Frauen weiche Knie. Und das Muster ist ihnen oft nicht mal bewusst.

Dazu braucht man nur ein gewisses Maß an emotionaler Selbstwahrnehmung und Verletzbarkeit im Umgang.

Eines kann ich sagen: Emotionale Nähe *wirkt.* Sie wirkt stärker als alle Taktiken und Tricks, die du vielleicht aus anderen Büchern kennst. Wenn du mit Frauen emotionalen Kontakt aufnimmst, öffnen sie sich dir gegenüber in einer Weise, die du nicht für möglich hältst, und deine Interaktionen und Beziehungen mit ihnen werden zu bereichernden, einzigartigen, unnachahmlichen Erfahrungen, und der Sex ist viel besser. Die Spielchen, Tricks und Zweideutigkeiten kannst du vergessen.

Ein Großteil des Pickup- und Dating-Wissens ist das, was ich »attraktivitätsversessen« nenne. Ohne Ende wird darauf herumgeritten, dass man das attraktivste Alpha-Männchen sein muss – und zwar durch Verwendung von allerlei Tricks, Spielchen, Taktiken, Techniken, Manipulationen und sonstigen Täuschungen. Attraktivitätsversessenheit entsteht aus Unsicherheit. Dabei geht es um Bestätigung. Es ist bedürftiges Verhalten, mit dem man sich langfristig selbst sabotiert.

Es geht nicht um Attraktivität. Frauen finden alle möglichen Männer attraktiv, aber deshalb gehen sie noch lange nicht mit ihnen aus oder schlafen mit ihnen. Mit den meisten Männern, zu denen sie sich hingezogen fühlen, schlafen Frauen nicht, weil sie sich sonst wie ein Flittchen vorkommen würden.

Das Flittchen-Gefühl bekommen Frauen nicht, weil sie beim ersten Date mit ihm ins Bett gehen. Es hat nichts mit der Anzahl der Verabredungen, der gemeinsam verbrachten Stunden oder der Höhe der Restaurantrechnung zu tun.

Wie ein Flittchen fühlt sich eine Frau, wenn sie mit einem Mann schläft, der sie nicht wertschätzt, oder der mit ihr nicht in Kontakt getreten ist. Wenn sie ihm nicht traut oder von seiner Zuneigung und Wertschätzung nicht hundertprozentig überzeugt ist, dann schläft sie lieber nicht mit ihm. Und wenn sie es doch tut, bereut sie es und fühlt sich mies.

Wie schaffst du also einen tiefen und dauerhaften emotionalen Kontakt, der dir und der Frau Kopf und Herz verdreht? Die Art von Kontakten, die die schönsten Abende und Nächte des Lebens möglich machen?

Gut, dass du fragst.

Hier ist das zugrunde liegende Muster, das dich teilweise stark ans 2. Kapitel erinnern müsste:

- Werde dir deiner eigenen Gefühle, deiner Motive und deiner Lebensgeschichte bewusst.
- Geh in die Führung, indem du als Erster deine Gefühle, Motive und Lebensgeschichte offenlegst.
- Dadurch schaffst du Vertrauen und ermutigst sie, sich zu öffnen und dir ihr Inneres zu zeigen.
- Im Idealfall werden die Geschichten nun immer persönlicher und intimer, und die verbindenden Gefühle werden immer tiefer.

Nimm als Beispiel ein Gespräch über eine Band, die euch beiden gefällt. Sie mag Empire of the Sun. Du magst Empire of the Sun. Statt zu sagen »Empire of the Sun mag ich sehr«, solltest du ausholen und erzählen, *warum* du das australische Pop-Duo magst:

»Ich liebe Empire of the Sun. Die erinnern mich immer an meinen Bruder. Mein Bruder hat mich jahrelang zur Schule gefahren und jeden Morgen Empire of the Sun bis zum Anschlag aufgedreht. Im Nachhinein bedeutet mir das sehr viel, dass mein Bruder sich um mich gekümmert hat. Mein Vater hatte nie Zeit. Und daran muss ich bei Empire of the Sun immer denken. Das sind so Augenblicke, die man erst nach Jahren zu schätzen weiß.«

Ganz schön heftig, was? Genau so soll es sein. Wenn dir beim Lesen dieses Absatzes und beim Gedanken daran, so etwas zu sagen, mulmig wird, ist das beabsichtigt. Das ist Verletzbarkeit. Und am Ende ist es das, was dich zu einem attraktiven Mann macht, der Frauen emotional nahekommen kann.

Es kann noch tiefschürfender werden. Beispielsweise beim Austausch über Berufliches. Vielleicht ist sie Anwältin und entstammt einer armen Einwandererfamilie. Offensichtlich hat sie hart gearbeitet und ist sehr ehrgeizig. Um Nähe herzustellen, könntest du erzählen, dass in deiner Jugend einige Freunde von dir bei einem Autounfall verletzt wurden und dich das so sehr aufgerüttelt hat, dass du den Wert deines Lebens erkanntest und seitdem deine Zeit und dein Talent und deine Kraft genutzt, um das zu werden, was du bist.

Was auch immer es ist, lass es ans Licht. Nimm dir vor, immer noch ein Stück tiefer zu bohren.

Die wichtigste Regel beim Herstellen von emotionaler Nähe ist, dass es um Gefühle geht, nicht um Fakten. Denn Verführung funktioniert über Gefühle, nicht über Fakten. So kann es vorkommen, dass man zu einer Frau, mit der man viel gemeinsam hat – Herkunft, Beruf, Interessen, Wohnort –, dennoch keinen Kontakt, keinen Draht bekommt. Dann trifft man eine Frau, die ein völlig anderes Leben gelebt hat, aber da man ihre emotionalen Schwierigkeiten und ihre emotionale Geschichte an sich heranlässt, entsteht sofort eine intensive Nähe.

Womöglich ist sie ein Kind aus reichem Hause, die nach dem frühen Tod ihres Vaters aufs Internat musste, während du dich in Indien aus der Armut herausgeschuftet hast, bevor du ausgewandert bist – aber emotional findet ihr einen Draht zueinander: der Verlust des Zuhauses, das Aufwachsen ohne Kontakt zur Familie, die Fixierung auf Erfolg, die Ausgrenzung wegen einer Begabung.

Allen Menschen auf der Welt ist eine Handvoll emotionaler Gegebenheiten gemeinsam: Ehrgeiz, Scham, Ausgrenzung, Einsamkeit, Erfolg, Reue, Mühsal, Freundschaft, Liebe, Liebeskummer. Die Fakten ändern sich, die Gefühle bleiben gleich. Egal wie oberflächlich und dumm oder komisch oder nervig eine Frau ist, irgendwo steckt es alles in ihr. Es liegt an dir, es auszugraben und an dich heranzulassen. So findest du das Gold. So findest du das Zauberwort. Nimm dir vor, es zu finden. Denn wenn du es findest, gibt es kein Zurück mehr.

Das größte Missverständnis, das sich um das Herstellen von emotionaler Nähe rankt, ist, dass man sich dadurch zu irgendeiner festen Bindung verpflichtet. Das ist nicht der Fall. Zwar macht die Nähe es wahrscheinlicher, dass beide Seiten eine Bindung miteinander eingehen möchten, aber eine feste Beziehung ist ein intellektuelles Konstrukt, während sich eine emotionale Verbindung organisch im Unterbewussten abspielt.

Dennoch ist Vorsicht geboten, denn manche Frauen fühlen sich betrogen, wenn man ihnen nahekommt und dann keine feste Bindung eingeht. Unsere Kultur hat Frauen die Vorstellung eingebläut, dass tiefe Gefühle mit fester Bindung bis zum Lebensende gleichzusetzen sind, dabei stimmt das nur selten. Wenn du daher auf tiefer Ebene eine Verbindung zu einer Frau herstellst, solltest du darauf achten, ob sie damit umgehen kann, ob sie deine Erwartungen richtig einschätzt. Nur weil ihr viel füreinander empfindet, seid ihr einander nicht unbedingt verpflichtet.

Angewöhnen und abgewöhnen

Kommunikationsfertigkeit ist eine Reihe von einander überschneidenden Gewohnheiten. Gewohnheit bestimmt, wann und wie man Blickkontakt aufnimmt, wie man spricht, wie man die Stimme einsetzt, was für Fragen man stellt, ob man im Gespräch führt oder folgt, ob man sich für andere oder nur für sich selbst interessiert, wie oft man lächelt, wegschaut oder lacht. Die Liste ließe sich fortsetzen.

Wenn es dir schwerfällt, mit Menschen, besonders mit Frauen, in Kontakt zu treten, dann hast du wahrscheinlich unattraktive Kommunikationsgewohnheiten, die eher hinderlich sind.

Manche dieser Gewohnheiten sind leicht festzustellen und zu beheben, beispielsweise indem man mehr Augenkontakt aufnimmt. Andere fallen nicht so leicht auf und sind schwerer zu korrigieren, beispielsweise die Neigung, sich nach der Meinung anderer zu richten.

Welche Gewohnheiten attraktiv, und welche unattraktiv sind, wird im nächsten Kapitel erörtert. In diesem Kapitel möchte ich nur noch darauf eingehen, wie man solche Angewohnheiten erwirbt, und wie man sie loswird.

Diesen Punkt verstehen viele Männer falsch. Sie lesen irgendwo den Rat: »Berühr sie am Arm, wenn du sie anlächelst.« Wenn sie dann hingehen und es tun, fühlt es sich komisch und hölzern an, und sie tun es nie wieder.

Es fühlt es sich aber nur deshalb komisch und hölzern an, weil sie es vorher noch nie gemacht haben. Es ist noch keine Gewohnheit. Sie sind es gewohnt, Frauen *nicht* zu berühren, wenn sie sie anlächeln, und diese Gewohnheit wollen sie loswerden. Aber das geht nicht so leicht. Es braucht Zeit und Wiederholung.

Der Trick besteht darin, dass man festlegt, welche guten oder schlechten Verhaltensweisen man sich an- oder abgewöhnen will, und dann so lange bewusst die Aufmerksamkeit auf sie richtet, bis sie in Fleisch und Blut übergegangen sind. Das dauert gar nicht so lange. Einfache Dinge wie Blickkontakt oder Körperhaltung lassen sich in wenigen Wochen beheben. Was beispielsweise den Einsatz von Berührungen oder von Aussage- statt Fragesätzen angeht, kann die Umgewöhnung sogar noch schneller gehen.

Wie dem auch sei, je mehr man gute Verhaltensweisen einübt, desto besser fallen die Reaktionen der Frauen aus – und das motiviert wiederum dazu, die guten Angewohnheiten zu pflegen.

Damit meine ich, dass alles, was im nächsten Kapitel beschrieben wird, keine Schnellreparatur ist. Du musst diese Verhaltensweisen immer wieder im Alltag anwenden.

Und genau wie beim Umgang mit Ängsten rate ich dir, ein Problem nach dem anderen anzugehen, höchstens aber zwei auf einmal.

Viele Männer geraten auch in Schwierigkeiten, weil sie gelesen haben, dass sie Blickkontakt mit der Frau halten, das Gewicht auf den hinteren Fuß verlagern, möglichst schnell Berührung herstellen, Bemerkungen über ihr Äußeres machen, ihr Lächeln erwidern und auf jedes Lachen mit Berührung reagieren müssen, und zwar *alles gleichzeitig*.

Also stürzen sie sich ins Nachtleben, verheddern sich heillos und wissen nicht mehr, worauf sie alles achten sollen.

Dadurch wird ihr Auftreten oft nicht besser, sondern schlechter.

Den Fehler machen wir nicht. Tatsächlich halte ich viele der erwähnten Verhaltensweisen für überbewertet. Ich werde vielmehr auf allgemeine Aspekte eines attraktiven Sozialverhaltens eingehen, damit du 1) den Kopf frei und 2) genug Spielraum für deine Persönlichkeit und deine Eigenheiten hast.

Dir wird nicht entgehen, dass viele der Angewohnheiten direkt mit der Überwindung von Ängsten zu tun haben, wie ich sie im 9. und 10. Kapitel beschreibe. Indem du dir beispielsweise angewöhnst, Frauen zu berühren, wenn du einen Witz machst, bewältigst du deine Scheu davor, sexuelles Interesse zu zeigen. Die Angewohnheit, sich mit einem Lächeln vorzustellen, rührt an die Angst vor dem Kennenlernen fremder Menschen.

Viele dieser Verhaltensweisen kommen deinen Ängsten in die Quere. Das Interessante ist, dass du von beiden Seiten her daran arbeiten kannst. Indem du dein äußeres Verhalten korrigierst, bekommst du innere Ängste in den Griff; wenn du innere Ängste in den Griff bekommst, kannst du dein Sozialverhalten eher verbessern.

Und auch für attraktives Sozialverhalten gilt, dass es letztendlich aus Verletzbarkeit, einem wahrhaftigen Ausdruck der eigenen Wünsche sowie aus Nicht-bedürftigkeit und Engagement für sich selbst erwächst.

KAPITEL 12

Besser flirten

Es kann vorkommen, dass die Absichten und die Ausdrucksweise stimmen, und dennoch wird man nicht unbedingt richtig verstanden. Kommunikation ist immer der Interpretation unterworfen; daher kann es jederzeit sein, dass man missverstanden oder falsch eingeschätzt wird. Möglich ist allerdings auch, dass man sich in solchen Fällen, nicht *klar* und *effektiv* ausgedrückt hat.

So ist ein Mädchen, das man auf einen Kaffee einlädt, möglicherweise unerfahren oder stammt aus konservativem Milieu. Dann interpretiert sie das, was du als deutliche Interessensbekundung gemeint hast, womöglich nur als freundschaftliche Geste.

Oder man macht einer Frau ein Kompliment wegen ihres Kleides, aber aus irgendeinem Grund sind Tonfall und Gesichtsausdruck nicht deutlich genug, und sie hält die Bemerkung für Sarkasmus. Vielleicht ist sie unsicher und kann nicht mit Komplimenten umgehen, also reagiert sie negativ.

Auf lange Sicht sind Missverständnisse und Kommunikationspannen unvermeidlich. Egal wie klar und charmant man sich ausdrückt, früher oder später interpretiert irgendeine Frau eine Äußerung und die Absicht dahinter falsch. Das ist einfach so, und man muss sich daran gewöhnen.

Aber man kann etwas dagegen tun, indem man klar und effektiv kommunizieren lernt. Je besser unsere Kommunikationsfertigkeiten, desto klarer können wir uns ausdrücken und unser sexuelles Interesse zeigen. Je klarer wir uns ausdrücken und unser sexuelles Interesse zeigen, desto eher finden wir eine sexuelle und emotionale Verbindung zu Frauen.

Es ist traurig aber wahr. Oft kommt es vor, dass eine Frau sexuelles Interesse an einem Mann hegt, aber eine beidseitige Unfähigkeit, Absichten klar zu kommunizieren, lässt die ganze Sache versanden. Eine solche Misere ist unverzeihlich.

Wie bei allen drei Fundamenten wirst du auch bei einem klaren Kommunikationsstil merken, dass er nicht nur dein Liebesleben und dein Flirtverhalten bereichert, sondern in allen Lebensbereichen förderlich wirkt, im Beruf, in der Familie, in Freundschaften, bei der Kontaktpflege.

Der erste Eindruck

Der erste Eindruck entscheidet. Studien zufolge wird das Bild, das wir uns von Menschen machen, zum größten Teil während der ersten Minuten unserer Bekanntschaft geschaffen. Der erste Eindruck dehnt sich prägend auf die nächsten Wochen oder sogar Monate der Beziehung aus.

Wenn ich auf die Frauen zurückblicke, mit denen ich ernsthafte Beziehungen hatte, hat es bei den meisten (bei schätzungsweise 90 Prozent) in den allerersten Minuten *klick* gemacht. Der Funke sprang über, und der erste Eindruck führte zu einer romantischen und sexuellen Beziehung.

Der größte Irrtum, wenn es um den ersten Eindruck geht, ist, dass es darauf ankommt, was man einer Frau beim ersten Treffen sagt. Was man zu ihr sagt, wenn man sie gerade kennenlernt, ist in Wirklichkeit unwichtig, und ich hoffe, dass ich an diesem Punkt im Buch nicht mehr erklären muss, warum.

Die Wortwahl ist weit weniger wichtig als die Absicht und der Nervositätsgrad.

Wenn ich eine Frau zum ersten Mal anspreche, sage ich in 90 Prozent der Fälle nur: »Hi, ich bin Mark.« Dann füge ich hinzu: »Ich wollte dich kennenlernen.« Und wenn ich mich besonders kühn fühle, sage ich: »Ich fand dich süß und wollte dich kennenlernen.«

Mehr nicht.

Ob du sie einfach fragst, wie es ihr geht, oder gleich in der ersten Minute eine kluge und aufmerksame Bemerkung landest, ihren ersten Eindruck bestimmt hauptsächlich deine Selbstdarstellung (Aussehen/Lebensweise, 7. und 8. Kapitel), dein Nervositätsgrad (9. und 10. Kapitel) und deine Fähigkeit, klar zu kommunizieren. Welche Worte du wählst, wird schon Sekunden später vergessen oder irrelevant sein.

Dessen ungeachtet gibt es ein paar Dinge, die für einen guten ersten Eindruck hilfreich sind:

- Nähere dich so an, dass du sie *nicht* erschreckst. Das ist wahrscheinlich der einzige unverzeihliche Fehler bei der Annäherung. Erschreckst du sie schon vor dem Kennenlernen, gibt es meiner Erfahrung nach nichts, womit du die Situation retten kannst. Du bist sofort als »creepy« abgestempelt, und sie wird alles tun, um sich von dir fernzuhalten. Selbst wenn sie aus Höflichkeit kurz mit dir redet, wird sie dir kaum je trauen können und dir gegenüber immer verschlossen bleiben.
  Männer erschrecken Frauen bei der Annäherung meistens, indem sie sich von hinten nähern (Riesenfehler), sie zu feste anfassen, sie anschreien oder etwas Anstößiges oder Befremdliches sagen.
- Im Zweifelsfall solltest du einfach auf die Frau zugehen, dich vorstellen und ihr erklären, dass du sie gern kennenlernen würdest. Ich weiß, das klingt öde. Aber vergiss nicht: Du musst keine Show abziehen; du musst nur Nicht-Bedürftigkeit beweisen und ihr dein ehrliches Interesse zeigen. Tagsüber leite ich meine Vorstellung oft ungefähr so ein: »'tschuldigung, dass ich dich einfach so anspreche, aber …« Und tagsüber füge ich auch meistens hinzu, dass ich sie hübsch finde.
  Je ausgefallener und kreativer der Anmachspruch, desto wahrscheinlicher ist es meiner Erfahrung nach, dass der Mann a) etwas Blödes sagt, und dass er b) bedürftig rüberkommt. Überleg mal: Wenn du zehn Minuten dasitzt und dir überlegst, was du Schlaues zu ihr sagen könntest – wie bedürftig ist das denn?
  Sie spürt so was. Es ist wirklich erstaunlich. Frauen scheinen einen sechsten Sinn für solche Dinge zu haben. Ich habe gemerkt, dass eine Zurückweisung umso wahrscheinlicher ist, je länger ich vor der Annäherung zögere und das Mädchen anstarre. Der beste Kontakt entsteht immer dann, wenn ich nicht drüber nachdenke, sondern spontan hingehe und hallo sage.

- Gar nicht erst in die Warteschleife. Wenn du erst noch wartest und dich um sie herumdrückst, fühlt sich die Annäherung unweigerlich komisch und gezwungen an. Stell dir eine direkte Linie zwischen dir und ihr vor, und wenn du so weit bist, folgst du dieser Geraden, bis du vor der Frau stehst. Keinesfalls solltest du in ihrer Nähe stehen und mit den Füßen scharren, bis du deinen Mut zusammengerafft hast.
- Lächeln. Immer lächeln. Lächle nicht so wie der Joker in den Batman-Filmen. Lächle wie ein netter, freundlicher Mensch. Lächle so, dass es sich gut anfühlt. Lehn dich zurück. Steh gerade. Sprich laut und doch klar. Halte guten Blickkontakt. Stell dich vor und strecke deine Hand aus. Grüße mit festem Händedruck. Das Ganze nennt sich Selbstbewusstsein.

Wenn du schon bei der Annäherung oft zurückgewiesen wirst, hat das eine der folgenden Ursachen:

1. Deine Selbstdarstellung stimmt nicht – schlechte Kleidung, schlechtes Aussehen, schlechter Stil, schlechte Körpersprache. Lies das 7. und das 8. Kapitel noch mal.
2. Deine Absichten stimmen nicht. Du sprichst sie aus den falschen Gründen an. Ein falscher Grund ist jeder Grund außer: »Sie ist süß, ich will sie kennenlernen.« Falsch ist also, sie wegen deiner Aufreiß-Statistik anzusprechen oder nur zur Übung oder um deine Kumpels zu beeindrucken. Falsch ist, wenn du sie wegen dem ganzen Dreck ansprichst, den du im Internet gelesen hast. Das sind alles *falsche* Absichten für die Annäherung. Wenn du eine schöne Frau siehst, sollte dich einzig der Wunsch antreiben, sie kennenzulernen. Mehr nicht. Wenn es dir schwerfällt, diesen Wunsch zu verspüren, solltest du den Abschnitt über sexuelle Motivation im 9. Kapitel erneut lesen.
3. Du hältst dich nicht an die oben angeführten Ratschläge. Du erschreckst sie. Du bemühst dich zu sehr darum, witzig oder interessant zu wirken. Oder du machst einen technischen Fehler (kein Blickkontakt, kein Lächeln o. ä.).

Wie gesagt, wenn du alles richtig machst, solltest du beim Erstkontakt nicht allzu viele Zurückweisungen erhalten. Ich habe Männer gecoacht, die noch große Baustellen hatten (Mangel an Selbstsicherheit, problematisches Aussehen, Nervosität), aber solange sie die obigen Ratschläge befolgten, brachten sie die meisten Frauen wenigstens dazu, stehen zu bleiben und sich kurz mit ihnen zu unterhalten.

Und mehr muss der erste Anmachspruch auch gar nicht leisten: dass sie stehen bleibt und ein paar Worte mit dir wechselt. Um dann aus ein paar Sekunden erst Minuten und dann Stunden zu machen, musst du dich mit Konversation auskennen.

Konversation

Über Konversation gibt es sehr viel zu lernen, und im Rahmen dieses Buches möchte ich nur die wichtigsten Aspekte streifen und Anregungen geben, die leicht umzusetzen sind.

In diesem Abschnitt gehen wir auf folgende Themen ein:

- Effektiv sprechen,
- Aussagen statt Fragen,
- Endlose Themen ansprechen,
- Geschichten erzählen,
- Nähe herstellen.

Effektiv sprechen: Dies ist die einfachste Schnellreparatur für deine Kommunikationsfertigkeit. Effektiv zu sprechen bedeutet, dass du das, was du meinst, in so wenig Wörtern wie möglich ausdrückst, ohne dass Sinn oder Absicht verloren gehen.

In dieser Hinsicht kann es hilfreich sein, wenn du gut schreiben kannst. Wenn du vier Sätze für etwas brauchst, das man auch in einem Satz sagen kann, dann sag es in einem. Wenn du zehn Sätze brauchst, wo vier nötig wären, dann benutze nur vier.

In Konversation und Kommunikation ist Qualität immer besser als Quantität. Wir möchten uns lieber 30 Sekunden lang brillant unterhalten, als zehn Minuten lang über dasselbe Thema zu labern.

Das bedeutet, dass man »ähm«, »öh«, »ah«, »irgendwie«, »weißt du« und andere Füllwörter aus der Alltagssprache verbannen sollte.

Niemand schafft es, völlig ohne Füllwörter auszukommen. Auch ich selbst lasse hin und wieder ein »ähm« oder »weißt du« einfließen. Aber je mehr du darauf verzichtest, desto klarer und kohärenter wird dein Sprechen. Nichts verrät Geistlosigkeit so sehr wie jemand, dessen Rede mit »irgendwie« und »äh« durchsetzt ist.

Lies die beiden folgenden Absätze laut vor:

> *»Also, ähm, was ich eigentlich sagen wollte, ist, tja, dass ich mich nie zu Hause gefühlt hab, ähm, da draußen, weißt du, in Kalifornien. Die Leute da, äh, kamen mir irgendwie oberflächlich vor. Und mir, ähm, gefiel es da irgendwie nicht so richtig, glaub ich.«*

> *»Ich habe mich in Kalifornien nie zu Hause gefühlt. Die Leute kamen mir irgendwie oberflächlich vor. Mir hat das nicht wirklich gefallen.«*

Merkst du den Unterschied zwischen den beiden Absätzen? Der Zweite fühlt sich viel bedeutsamer und direkter an.

Was nicht heißt, dass man wie ein Roboter sprechen soll. Man kann den zweiten Absatz auch ohne Ähs und Öhs mit natürlicher Betonung und Rhythmus lesen.

Beim Lesen müsstest du sofort einen Unterschied spüren. Der erste Absatz klingt zwanglos und lasch, ja schludrig und desinteressiert. Der Zweite klingt ernst, streng, kraftvoll und klar.

Aussagen statt Fragen: Mit Aussagen kann man Gespräche viel besser am Laufen halten als mit Fragen. Denn Aussagen implizieren eine Verbindung und machen Gespräche sofort persönlicher.

Stell dir vor, du bist in einer Bar und sprichst seit ein paar Minuten mit einer Frau. Wenn du sagst »Ich mag Oliven im Drink. Schon als Kind hab ich

Oliven immer aus dem Glas gelöffelt«, ist das viel interessanter, als wenn du »Magst du Oliven im Drink?« fragen und auf ihre Antwort warten würdest. Die Frage wäre sogar ziemlich merkwürdig. Aber die Aussage ist interessant und in den Augen vieler Frauen sicherlich »süß«.

Anstatt Frauen auszufragen solltest du einen Kniff namens *cold reading* erlernen. Cold Reading läuft darauf hinaus, dass du intuitiv Dinge über jemanden zu »wissen« scheinst, obwohl du sie gar nicht weißt.

Es ist wie Hellseherei ohne Betrug.

Cold Reading lässt sich auch so verstehen, dass man interessante Vermutungen anstellt, statt blöde Fragen zu stellen. Man fragt nicht nach dem, was man wissen möchte, sondern macht eine vorsichtige Vorhersage.

Anstatt ihr eine Frage zu stellen, rätst du einfach die Antwort darauf und behauptest sie. Hier ein paar Beispiele:

»Wo kommst du her?« wird zu »Du kommst mir vor wie eine Kalifornierin.«

»Was arbeitest du?« wird zu »Du wirkst wie ein kreativer Mensch. Du hast bestimmt einen interessanten Beruf.«

»Woher kennt ihr beiden euch?« wird zu »Ihr beiden macht den Eindruck, als ob ihr euch schon lange kennt.«

In jeder der Situationen enthält die Aussage eine kluge Einschätzung und erregt viel mehr Interesse als jede Frage. Anstatt etwas von der Frau wissen zu wollen, teilst du ihr etwas über sie mit. Das Einzige, was Menschen mehr lieben, als über sich zu sprechen, ist zu hören, wie jemand über sie spricht. Aber was, wenn man falsch liegt?

Das ist das Schöne daran! Viele Männer scheuen sich vor dem Cold Reading, weil sie Angst haben, sich zu irren. Aber hier arbeitet die Natur des Menschen zu unseren Gunsten.

Cold reading kann gar nicht schiefgehen, denn es gibt drei Möglichkeiten:

1. Du liegst falsch, und sie korrigiert dich.
2. Du liegst falsch, und sie will wissen, wie du darauf kommst.
3. Du liegst richtig, und sie staunt über deine Beobachtungsgabe.

In der ersten Variante antwortet sie einfach auf die Frage, aus der du deine Vermutung abgeleitet hast, und vergisst deine Fehleinschätzung.

Beim zweiten Ergebnis liegst du ebenfalls falsch, aber sie ist so fasziniert von deiner Mutmaßung, dass sie dich in ein Gespräch darüber verwickelt, was dir an ihr aufgefallen ist. Später werden wir noch darauf zu sprechen kommen, wie wichtig es ist, möglichst tiefe Gesprächsverläufe anzustreben.

In dem selteneren dritten Fall, in dem deine Vermutung zutrifft, wird sie wahrscheinlich überrascht sein, wie gut du ihr Wesen erfasst. Das beeindruckt sie nicht nur, sondern schafft auch sofort Nähe.

Ich gebe dir noch ein Beispiel für Cold Reading mit allen drei möglichen Ausgängen:

Ich: »Du wirkst so belesen. Bestimmt studierst du hier.«
Sie: »Nö. Aber ich lese wirklich gern.«

Ich: »Du wirkst so belesen. Bestimmt studierst du hier.«
Sie: »Nö. Wie kommst du darauf? Wegen der Brille? Die ist ganz neu.«

Ich: »Du wirkst so belesen. Bestimmt studierst du hier.«
Sie: »Ja, stimmt! Sieht man mir das so sehr an?«

Du solltest so viel Cold Reading treiben wie möglich. Immer wenn dir eine Frage vorschwebt, die auf eine Sachinformation abzielt, solltest du lieber die Antwort raten, statt zu fragen.

Einmal traf ich ein Mädchen aus Chicago. Ich riet blindlings, auf welche Uni sie ging, und lag richtig. Gut fünf Minuten lang kam sie nicht darüber hinweg, wie scharfsinnig ich doch wäre. Sie wollte wissen, wie ich darauf gekommen sei, und ich sagte ihr, sie habe etwas Intellektuelles an sich, sei aber wahrscheinlich umgezogen, weil sich die Uni in einem üblen Stadtteil befinde. Mit all dem traf ich ins Schwarze, obwohl ich nur geschickt geraten hatte. Von da an verwickelte sie mich tief ins Gespräch und hatte später große Lust, mich wiederzusehen.

Ein weiterer Vorteil von Aussagesätzen ist, dass sie über peinliche Gesprächspausen hinweghelfen. Sicher kennst du die Situation, dass man sich mit einer Frau unterhält, und plötzlich versickert das Gespräch, und man weiß nicht, was man sagen soll. Man sitzt verlegen da, und je größer die Verlegenheit, desto weniger fällt einem ein. Irgendwann platzt dann eine langweilige Frage heraus: »Und … wo wohnst du?«

So etwas kann man wunderbar mit Aussagesätzen umgehen. Anstatt die Konversation mit einer belanglosen Frage anzukurbeln, lässt man einfach eine Bemerkung oder Beobachtung fallen. Keine Angst vor abrupten Themawechseln!

»Ich überlege, ob ich mit dem Trinken aufhören soll.« »Auf dem Weg hierher wäre ich beinahe überfahren worden.« »Mein Mitbewohner schmiert sich immer Erdnussbutter und Mayonnaise aufs Brot. Das ist doch widerlich.« »Ich wollte schon immer mal nach Afrika.«

Solche Sätze klingen womöglich wie aus der Luft gegriffen – weil sie es sind. Sag einfach, was dir gerade durch den Kopf geht. Äußere lieber sprunghafte und interessante Gedanken als erwartbare und langweilige. Scheu dich nicht davor, einfach loszuplappern.

Das funktioniert, weil Aussagen, anders als Fragen, nichts von der Gesprächspartnerin verlangen. Man stellt einfach Dinge in den Raum, ohne von ihr ein Mitwirken an der Konversation zu erwarten.

Indem du die Konversation in dieser Weise mit spontanen Aussagen vorantreibst, zwingst du dich auch dazu, dich der Frau gegenüber zu öffnen. Wenn du ihr nur Fragen stellst, gibst du nichts von dir preis, und das erschwert es ihr, Vertrauen zu schöpfen und Nähe zuzulassen. Aber wenn du eine Aussage über dich machst und darüber redest, öffnest du dich ihr gegenüber *und* gibst ihr die Chance, sich mit eigenen Gedanken einzubringen.

Das Tolle am Sprechen in Aussagesätzen ist, dass die Frau, wenn du es richtig machst, plötzlich *dir* Fragen stellen wird. Das klingt vielleicht nicht ungewöhnlich, aber tatsächlich gibt es eurer Interaktion eine ganz neue Richtung. Wie ich schon erwähnt habe, sind Fragen ein Zeichen für den Wunsch, den anderen kennenzulernen, und signalisieren Interesse. Wenn die Frau eine Auskunft nach der anderen von dir verlangt, hast du den Informationsfluss und den Gesprächsverlauf unter Kontrolle.

Endlose Themen ansprechen: Jedes Gesprächsthema bietet unzählige Möglichkeiten, zu anderen Themen überzugehen.

Nehmen wir beispielsweise an, eine Frau erwähnt im Gespräch: »Das Restaurant da mag ich nicht. Ich war letztes Jahr an meinem Geburtstag dort und erinnere mich an nichts, was nach Mitternacht passiert ist. Aufgewacht bin ich bei meiner Freundin auf dem Küchenboden.«

Diese Aussage bietet haufenweise Möglichkeiten, dem Gespräch eine neue Richtung zu geben. Folgende Themen bieten sich an:

1. Das Restaurant selbst.
2. Was du zuletzt an deinem Geburtstag unternommen hast.
3. Wann du zuletzt sturzbesoffen warst.
4. Eine Anekdote über das Aufwachen an einem ungewöhnlichen Ort.

Jedes dieser Themen ist relevant und gibt dem Gespräch eine interessante Richtung.

Wenn du dies nicht bereits praktizierst, solltest du es dir angewöhnen, so wie Comedians das spontane Assoziieren von Stichwörtern einüben.

Ich gebe dir ein paar Beispiele für Dinge, die Frauen erzählen. Dabei habe ich dir die »Sprungbretter« unterstrichen. Du kannst sie dir auch als Abzweigungen vorstellen, an denen du entscheidest, in welche Richtung das Gespräch steuern soll. Denk dir beim Lesen zu jedem Sprungbrett einen Satz aus, der ein neues Thema eröffnet. So übst du spontane Gesprächsführung.

1. »Ich studiere in *Harvard*. Aber ich will wieder *in den Westen ziehen*. Hier ist mir das Wetter *zu kalt*.«
2. »Ich bin mit meinen *Freunden Steve und Carrie* hier. Die sind *seit sechs Monaten zusammen*, streiten sich aber *wie ein Ehepaar*.«
3. »Wir arbeiten beide *bei einer Bank*. Das ist nicht schlecht, aber ich möchte gern *den Beruf wechseln*.«
4. »Wir waren gestern *auf 'ner Party*. Total krass. Am Ende *kam die Polizei* rein und hat sogar einen *besoffenen Typen festgenommen*.«

Lies dir die Beispiele noch mal durch und denke dir bei jeder hervorgehobenen Stelle schnell einen passenden Satz aus. Wenn ich beispielsweise »Harvard« sehe, denke ich daran, dass mir der Campus bei einem Besuch vorkam wie ein Schloss. Ich denke auch an Freunde, die dort studiert haben. Beides wären sinnvolle Gesprächswendungen.

Sobald du diese Vorgehensweise beherrschst, wirst du merken, dass sämtliche Konversationen so verlaufen. Konversationen enden nur, wenn einer etwas sagt, das dem anderen kein Sprungbrett bietet. In dem Fall »versiegt« das Gespräch. Wenn du lernst, Sprungbretter zu erkennen und unverzüglich zu nutzen und diese Fähigkeit dann auch noch mit Cold Reading kombinierst, kannst du mit fast jedem Menschen endlose Gespräche führen.

Geschichten erzählen: Menschen lassen sich von Natur aus von Geschichten fesseln. Genauer gesagt: von einem Spannungsbogen. Politiker nutzen Geschichten im Wahlkampf, Lehrer im Unterricht, Comedians bringen uns damit zum Lachen, und wir alle setzen im Alltag ständig Geschichten ein.

Du kannst dir vielleicht denken, dass die besten Kommunikatoren auch großartige Geschichtenerzähler sind.

Aber sicherlich kennst du auch jemanden, der irgendeine Geschichte beginnt, die dann nirgendwo hinführt. Jemand will von einer Reise berichten, beschreibt das Hotel und erwähnt irgendwas über die Empfangsdame, aber dann verläuft die Geschichte im Sand …

Vielleicht kennst du auch jemanden, der ständig Witze reißt, die keinen richtigen Sinn ergeben oder noch vor der Pointe verrecken.

Womöglich bist du selber so ein Mensch. Verlieren andere manchmal das Interesse, während du erzählst? Oder fällt es dir schwer, andere (absichtlich) zum Lachen zu bringen?

Das Problem ist, dass diese Menschen (du möglicherweise eingeschlossen) mit ihren Geschichten keinem Spannungsbogen folgen. Aus irgendeinem evolutionären Grund sind Menschen völlig fasziniert, wenn ihnen Informationen in einem bestimmten Muster präsentiert werden. Das gilt für so ziemlich alle Kulturen.

Der Spannungsbogen hat drei Hauptbestandteile:

Einführung: Die Einführung, auch *Exposition* oder *Setup* genannt, tut genau das, was das Wort verspricht: Sie führt in eine Situation ein und schafft einen Bezugsrahmen für alles Folgende. Sie ist die Grundlage der Geschichte, und wenn man die Einführung verpatzt, dann wirkt die Geschichte, der Witz oder die Idee weit hergeholt. Zuhörer finden einen dann merkwürdig, schräg oder sogar irrsinnig.

Entwicklung: Nachdem man für das zu Sagende die Bühne bereitet hat, kommt man zur eigentlichen Sache. Meistens ist das der *Konflikt* der Geschichte. Was immer man entwickelt, es sollte Erwartungen schüren und Spannung erzeugen. Der Inhalt sollte faszinieren und bei der Zuhörerin die Frage aufwerfen, was wohl als Nächstes passiert. Wenn deine Geschichten nicht genug Spannung entfalten, verliert sie das Interesse und hält dich für einen Schwätzer.

Auflösung: Die Auflösung setzt die durch den Konflikt erzeugte Spannung frei. Sie kann in Form einer Pointe (bei einem Witz), einer Schlussfolgerung (bei einer Argumentation) oder eines guten oder bösen Endes (bei einer Geschichte) kommen. Beendet man die Geschichte oder Argumentation nicht mit einer ordentlichen Auflösung, dann erntet man verwirrte Blicke oder »Ja, und?«-Fragen, weil dem Publikum das Ende fehlt.

Ich gebe dir ein Beispiel für eine Geschichte mit Einführung, Entwicklung und Auflösung:

> Als Erstsemester hatte ich mal einen Mitbewohner, der eine besondere Eigenart hatte, wenn er besoffen war. Er wurde praktisch zum Narkoleptiker und schlief einfach an seltsamen Orten und zu unmöglichen Zeiten ein. (Einführung)
>
> Ich habe den Typen also gerade erst kennengelernt, da sind wir schon zusammen zu einer Erstsemesterparty gegangen. Wir haben zwei Mädchen kennengelernt und sie zu ihrem Wohnheim begleitet. Er und ich

sind völlig betrunken, und da merke ich, dass er aufgehört hat, mit »seinem« Mädchen zu reden und in der Ecke eingepennt ist. Komisch, aber es war auch drei Uhr morgens, also nichts Außergewöhnliches. Auf einmal steht er auf und sagt, dass er nach Hause will, und geht. Ich denk mir nichts dabei, aber als ich am nächsten Morgen aufwache, ist er nicht da. Ich warte ein paar Stunden und beginne schon, mir Sorgen zu machen. (Entwicklung)

Dann stellt sich heraus, dass sich der Typ im Flur des Wohnheims hingelegt und da die ganze Nacht geschlafen hat. Und seine Jacke hatte er auch noch im Zimmer des Mädchens vergessen. Also musste er sie morgens um neun wecken und seine Jacke holen. Wir haben uns schlappgelacht. Tja, so war mein Mitbewohner damals. (Auflösung)

Hilfreich ist es, mit einem Satz wie »Tja, so einer war mein Mitbewohner damals« zu schließen, weil das signalisiert, dass die Geschichte zu Ende ist und du nicht weiterredest.

Noch ein Beispiel:

Ich wusste früh, dass ich nicht fürs Bürodasein geschaffen bin. Nach dem Studium habe ich nämlich bei einer renommierten Bank mitten in Boston angefangen. (Einführung)

Ich hab's vom ersten Tag an gehasst. Ich weiß noch, dass ich schon nach drei Stunden dachte: »Wann kann ich endlich gehen?« (Entwicklung)

Mein nächster Gedanke war: »Ups, kein gutes Zeichen.« (Auflösung)

Du siehst vielleicht, dass ich gleich vornweg auf die Auflösung der Geschichte anspiele. Das nennt sich »Vorausdeutung« und macht es leichter, der Geschichte zu folgen. Du wirst auch bemerkt haben, dass es nicht darauf ankommt, wie lang oder kurz die einzelnen Teile der Geschichte sind, solange sie ihren Zweck im Spannungsbogen erfüllen.

Noch ein Beispiel:

> Wenn Leute das Stadtleben verrückt finden, sind sie wahrscheinlich noch nie in Südamerika gewesen. Ich habe dort letztes Frühjahr ein paar Monate verbracht, und tatsächlich erlebt man dort jede Woche Sachen, die man sich hier gar nicht vorstellen kann. (Einführung)
>
> Einmal sind wir zum Beispiel abends mit dem Taxi zu einem anderen Club gefahren. Es war Dienstagnacht, vier Uhr. Der Taxifahrer dreht sich zu uns und fragt, ob wir sein Kokain probieren wollen. Wir lehnen höflich ab. Da sagt er auf Spanisch: »Schön, bleibt mehr für mich übrig.« Dann zieht er sich mehrere Lines rein, während er bei Tempo 80 mit den Knien lenkt. (Entwicklung)
>
> Wir hätten nicht gedacht, dass wir mit dem Leben davonkommen. (Auflösung)

Übrigens sind das alles wahre Geschichten …

Im letzten Abschnitt war von »Sprungbrettern« im Gesprächsverlauf die Rede und wie sie Nähe zwischen den Gesprächspartnern ermöglichen. Als Beispiel habe ich dir solche Sprungbretter in einzelnen Sätzen gezeigt.

Im richtigen Leben jedoch sprechen Menschen nicht in Einzelsätzen, sondern in Geschichten. Du solltest daher üben, Sprungbretter in Geschichten zu bemerken und ganze Geschichten anhand von Sprungbrettern zu erzählen.

Das ist viel leichter, als es klingt, und wahrscheinlich praktizierst du es ohnehin bei Gesprächen im Freundes- und Familienkreis. Jetzt geht es darum, konsequent in allen Gesprächen so zu verfahren, auch in der Konversation mit attraktiven Frauen.

Nähe herstellen: Das Ziel jedes erfolgreichen Gesprächs mit einer Frau ist die Schaffung einer Verbindung auf der persönlichen Ebene.

Wenn du mit einer Frau sprichst, gibt es eigentlich nur zwei Gesprächsthemen: sie und du. Alles, worüber ihr sprecht, sollte in irgendeiner Weise entweder deine Persönlichkeit vermitteln – oder dir ihre.

Dieses Persönlich-Werden lässt das Gefühl von Nähe entstehen. Je stärker die Verbindung, desto mehr bekommt die Frau Lust darauf, Zeit mit dir zu verbringen – und umgekehrt.

Um Nähe herzustellen, sind drei Schritte nötig: 1) sich ihr gegenüber öffnen, 2) sie dazu bringen, dass sie sich öffnet, und 3) Erfahrungen austauschen.

Worüber sollte man also reden? Wie schafft man es, offen über sich zu reden? Wenn ich Männern sage, dass sie mehr über sich reden und offener werden sollen, dann fangen viele so an: »Ich bin aus New York. Ich mag Baseball. Ich bin 27.« Gut, dass sie so offen sind, aber das ist noch ein bisschen zu flach.

Nimm dir ein Blatt Papier und schreib zu jeder der folgenden Fragen drei Dinge auf:

- Wofür brennst du und was machst du am liebsten?
- Was sind deine Träume, Ambitionen, Lebensziele?
- Was ist das Beste/Schlimmste, was dir je passiert ist?
- Wie war deine Kindheit/Familie/Jugend?

Nun geh alles durch, was du niedergeschrieben hast, und rede eine Minute lang über jeden Stichpunkt. Versuch, so detailliert und ehrlich wie möglich zu sein. Das ist gar nicht so leicht. Selbst wenn du allein bist, mag es dir ein bisschen unangenehm sein, über diese Themen zu reden.

Die meisten Männer fühlen sich ein bisschen verletzlich, wenn sie persönlich werden, besonders im Beisein einer Frau. Genau darum geht's.

Sei bereit, jederzeit mit jedem Menschen in jeder Hinsicht und auf jeder Ebene über dich zu sprechen. Du hast dabei nichts zu verlieren. Schlimmstenfalls wirst du abgewiesen – aber abgewiesen wirst du erst recht, wenn du nur über Sport und Beruf quasselst. Also wo liegt das Problem?

Wenn du im Gespräch tiefer gehst und persönlicher wirst, dann ist das wahrhaftig, und darauf reagiert deine Gesprächspartnerin sofort, indem sie ebenfalls wahrhaftig wird.

Im Idealfall ermutigst du sie mit deiner Offenheit dazu, dass sie sich ihrerseits öffnet. Du musst sie dahin bringen, dass sie über ihre Leidenschaften, ihre Ambitionen, ihre schönsten Erlebnisse und bittersten Erfahrungen spricht. Das sind Themen, die dich als Mensch definieren und dich einzigartig machen – zumindest einzigartiger als die letzten 20 Typen, die sie vollgelabert haben.

Mit solchen Gesprächsthemen stichst du heraus. Warum? Weil sie dich kennenlernt. Nicht deinen Lieblingsverein, nicht die Party, auf der du letztes Wochenende warst, sondern dich.

Und wenn sie dich kennt und erinnert, dann geht sie auch ganz sicher ans Telefon, wenn du anrufst und das nächste Treffen mit ihr ausmachst.

Fazit: Über das Thema Konversation könnte man ewig reden. Womöglich hat dich dieser Abschnitt schon ein bisschen überfordert. Wenn das der Fall ist, so vergiss nicht Folgendes: Teile dir das Ganze in kleine Einzelschritte ein und übe immer einen nach dem anderen.

Jetzt, wo du weißt, wie du eine lebendige und interessante Konversation in Gang hältst, können wir noch mehr Schwung in die Sache bringen. Reden wir über Humor.

Humor

Wer eine Frau zum Lachen bringt, bringt sie lachend ins Bett, lautet ein alter Spruch. Humor ist zwar kein Allheilmittel für jedermanns Flirtprobleme, aber wichtig ist er allemal. Bei Umfragen, die herausfinden wollen, was Frauen an Männern am meisten schätzen, steht »Sinn für Humor« immer ganz weit oben auf der Liste.

Das liegt daran, dass ein Sinn für Humor allerlei attraktive Eigenschaften signalisiert. Ein Mann, der über die Welt und auch über sich selbst lachen kann, beweist Nicht-Bedürftigkeit. Außerdem fühlen sich Frauen in seiner Gegenwart wohl, und das vermittelt Sicherheit. Wer immer ernst bleibt und nie über sich selbst und die Welt lacht, zeigt, welch großen Wert er auf das Urteil seines Umfeldes legt, und das ist bedürftig.

Die Art deines Humors ist dabei nicht so wichtig wie die Frage, ob du überhaupt welchen besitzt. Natürlich reagieren unterschiedliche Frauen mehr oder weniger stark auf unterschiedliche Arten von Humor, aber das hat weniger mit deiner Fähigkeit, Witze zu erzählen, zu tun als mit der Zielgruppe. Sarkastische Frauen mögen sarkastische Männer, alberne Frauen mögen alberne Männer und so weiter. Kümmere dich darum, was du persönlich lustig findest, und scheue dich nicht davor, dies den Frauen mitzuteilen. Wenn sie lachen, dann um so besser. Wenn nicht, dann hätte es wahrscheinlich sowieso nicht gepasst.

Im Kern ist Humor die Kunst, zwischen zwei scheinbar beziehungslosen Ideen oder Gegenständen einen Bezug herzustellen. Dies lässt sich auf mehrere Arten bewerkstelligen, aber im Kern ist Humor ein schöpferischer Akt und hängt daher sehr eng mit deiner Fähigkeit zum ungehemmten Selbstausdruck zusammen.

Manche Witze gehen in die Hose, besonders wenn du Anfänger im Lustigsein bist. Das passiert. Lache nicht selbst drüber. Mache dich nicht über dich selbst lustig. Versuch nicht, den Witz zu erklären. Das sind alles bedürftige Reaktionen, die sich um das Bild drehen, das sich andere von dir machen. Manchmal sind Witze eben schlecht und unlustig. Kommt vor. Kümmere dich nicht drum.

Im folgenden Abschnitt gebe ich dir einen schnellen Überblick über einige humoristische Techniken: Irreführung, Übertreibung, Sarkasmus, Wortspiel und Rollenspiel.

Irreführung: Eine der häufigsten und einfachsten Humorvarianten ist die Irreführung. Dabei beginnt man einen Satz oder eine Geschichte so, dass der Zuhörer eine bestimmte Auflösung erwartet, nur um dann aus heiterem Himmel etwas völlig anderes zu sagen. So gibt es einen berühmten Spruch von Steve Martin:

> *»Kennen Sie den Gesichtsausdruck, den Frauen haben, wenn sie Sex wollen? – Nee, ich auch nicht.«*

Im ersten Satz (dem *Setup*) suggeriert er, dass eine Geschichte beginnt, in der eine Frau mit ihm Sex haben will. Aber das führt in die Irre, und er landet stattdessen einen Witz über seine sexuelle Unerfahrenheit. Hier ein Spruch von Jimmy Fallon:

> *»Es gibt ein neues Buch mit dem Titel ›Warum Frauen Sex haben‹. Darin steht, dass Frauen aus 237 verschiedenen Gründen Sex haben. Übrigens, David Letterman kennt die Top 10.«*

Zuerst erwähnt er ein Buch über Frauen und Sex. Dann aber verbindet er die Vorstellung, dass Frauen aus 237 verschiedenen Gründen Sex haben, mit David Letterman, der in seiner Show gern Top-10-Listen vorstellte und außerdem Sex mit Mitarbeiterinnen hatte. Die plötzliche Verbindung dieser scheinbar zusammenhanglosen Dinge macht den Witz lustig.

Übertreibung: Ein weiterer Pfeiler des Humors ist die Übertreibung. Sie lässt sich sehr leicht praktizieren. Dazu sucht man sich eine Eigenschaft irgendeiner Person oder eines Gegenstands heraus und bläst sie bis zum Gehtnichtmehr auf. Zum Beispiel so:

> *»Eine reizende Frau, wirklich. Der reizendste Hektar Haut, den ich kenne.«*

Selbstverständlich hat keine Frau der Welt einen Hektar Haut. Aber die krasse Übertreibung ihrer Fettleibigkeit macht den Satz zum Witz. Außerdem enthält der Satz eine leichte Irreführung: von einem Kompliment zu einer Beleidigung.

Je kreativer und extremer eine Übertreibung gerät, desto lustiger ist sie meistens. Achte auf den Unterschied zwischen den folgenden beiden Zeilen:

> *»Sie war hässlich wie die Nacht.«*
> *»Ich habe schon hübschere Sachen im Abfluss von Flughafenpissoirs gesehen.«*

Der zweite Satz ist deutlich extremer und kreativer. Im weit, weit hergeholten Vergleich zwischen einem Pissoir und dem Gesicht eines Mädchens liegt der humoristische Mehrwert.

Je detaillierter und merkwürdiger die Beschreibung, desto lustiger ist in der Regel der Witz.

Sarkasmus und Neckerei: Während fast jeder Mensch über Irreführung und Übertreibung lachen kann, gibt es eine Minderheit von Frauen, die Sarkasmus (und Necken) nicht lustig finden. Ob Sarkasmus angebracht ist, hängt auch sehr vom Zusammenhang ab. Auf einer Beerdigung dürften sarkastische Bemerkungen über die Familie des Verstorbenen eher nicht so gut ankommen.

Necken bedeutet, dass man in humorvoller Weise etwas Abwertendes sagt. Grundsätzlich sollte man freundlich und mit guten Absichten necken. Neckt man auf bösartige Weise, dann wird es beleidigend und stößt die meisten Menschen vor den Kopf.

Necken muss lustig sein. Die ideale Neckerei ruft in der Frau gemischte Gefühle hervor: Abwehr und Spaß. Ideal ist es, wenn sie Empörung zeigt – »Hey, ich glaub, ich hör nicht richtig!« – aber gleichzeitig lacht oder lächelt. Hier ein paar Beispiele für Neckerei.

> Zu einer Frau mit knallroten Schuhen: *»Wenn du nach Hause willst, schlägst du dann einfach die Hacken zusammen?«*

> Zu einer Frau, die gelangweilt in der Ecke sitzt: *»Na, war hier jemand unartig und musste in die Ecke?«*

> Zu einer Frau, die mit einem Geldschein den Barmann zu sich winkt: *»Ach, so machst du also Männer auf dich aufmerksam.«*

Vorsicht beim Necken von Frauen, die man nicht kennt! Den letzten Satz habe ich mal zu einer fremden Frau gesagt und gleich eine Ohrfeige kassiert. Andererseits habe ich dann trotzdem mit ihr geschlafen. Wer Frauen oft und freizügig neckt, sollte sich auf eine große Bandbreite an Reaktionen gefasst machen. Durch Necken polarisiert man oft schnell und heftig. Es ist daher eine gute Taktik, aber nicht immer angenehm.

Manche Frauen empfinden Neckereien wirklich als beleidigend und verletzend und reagieren nicht gut darauf. Ich schätze, dass in etwa ein Drittel der Frauen, die ich kennenlerne, nicht mit Neckerei und gutgemeintem Sticheln umgehen kann. Achte also darauf, ob du es mit einer solchen Frau zu tun hast, und lass im Falle eines Falles das Necken sein. In der Regel wissen Frauen, die sich ungern necken lassen, aufrichtige Komplimente umso mehr zu schätzen, also nimm besser diese Route.

Sarkasmus ist eine Form des Humors, die noch etwas schwärzer ist als das Necken. Sarkasmus kommt bei noch weniger Frauen gut an, aber die, bei denen Sarkasmus ankommt, wissen ihn sehr zu schätzen. Gut möglich, dass auch du keinen Sinn für Sarkasmus hast. Kein Problem, man kann auch ohne Sex und Zweisamkeit alt werden.

(Falls du es nicht gemerkt hast: Das war Sarkasmus.)

Ganz im Ernst: Sarkasmus ist nicht jedermanns Sache. Sarkasmus ist, wenn man eine extreme Behauptung aufstellt, die das genaue Gegenteil von dem ist, was man eigentlich denkt. Üblicherweise spricht man sie todernst und ohne zu lächeln aus.

Viele Frauen kapieren sarkastische Witze nicht. Sie nehmen einen beim Wort oder sind sich nicht sicher, was gemeint ist. Manche verstehen den Witz, finden ihn aber nicht komisch. Aber aus Erfahrung kann ich versichern: Wenn eine Frau Sarkasmus liebt, dann *liebt* sie Sarkasmus.

Vor Jahren war ich mit einem Mädchen in einer Bar. Wir hatten schon den ganzen Abend geflirtet, und sie hatte einen sehr sarkastischen Humor. Mit einem Blick auf mein Getränk sagte sie: »Du trinkst aber langsam, ich hab schon ausgetrunken.«

Und ich erwiderte bierernst: »Ah okay, Selbstzerstörung ist jetzt ein Wettbewerb.« Sie kippte fast vom Stuhl vor Lachen. Es war der Anfang einer wunderbaren Beziehung.

Schmutzige Wörter: Fluchen und schmutzige Sprache spielen im Humor eine interessante Rolle. Viele Arten des Humors, beispielsweise Sarkasmus und

Übertreibung, sind erst mit einem gewissen Maß an Gewagtheit schlagkräftig.

Anzüglichkeiten und Kraftausdrücke sind eine billige Methode, um alles, was man sagt, extremer klingen zu lassen (im Deutschen allerdings weit weniger als im Englischen). Fast jeder Witz schlägt ein bisschen besser ein, wenn man das Wort *fucking* einbaut.

Die Verwendung von Kraftausdrücken ist eine Art von Humor-Doping, und wenn man es damit übertreibt, wird es schnell öde und angestrengt. Ein gut platziertes *Fuck* oder *Scheiße* kann einen lustigen Scherz noch lustiger machen. Aber wer ununterbrochen flucht, wirkt nur ordinär.

Als Faustregel gilt, dass man mit zunehmendem Alter weniger schmutzig reden sollte. Am besten setzt man schlimme Wörter sparsam ein und nur mit gutem Grund. Je öfter man *ficken* sagt, desto aufmerksamkeitsheischender und negativer wirkt man, und das ist beides unattraktiv.

Wortspiel: Wortspiele sind mit der Irreführung insofern verwandt, dass man eine bestimmte Bedeutung erwartet, aber eine andere bekommt. Wortspiele nutzen dazu die Tatsache aus, dass manche Wörter mehrere Bedeutungen haben.

Ein paar Beispiele:

> *»Ich blute, fahren Sie bitte sofort los.«*
> *»Wohin?«*
> *»Na, auf Ihren Rücksitz natürlich. Und jetzt schnell ins Krankenhaus bitte.«*

Oder:

> *»Das ist nicht dein Ernst, Otto.«*
> *»Ich heiße einfach nur Otto, nicht Ernst-Otto.«*

Wortspiele sind meines Erachtens bei Frauen als Humorform noch seltener gefragt als Sarkasmus. Wortspiele sind oft raffiniert und intellektuell. Wenige

Frauen wissen das zu schätzen. Und wahrscheinlich wissen die wenigsten Leser dieses Buches damit umzugehen. Aber auch hier gilt: Wenn eine Frau Wortspiele mag, dann mag sie sie sehr.

Rollenspiel und sonstige Spiele: Spiele sind ein gutes Mittel, um im Umgang mit Frauen schnell und einfach für Spaß zu sorgen. Außerdem eröffnen sie allerlei Gelegenheiten für andere Formen des Humors.

Dabei kann es sich um simple Bewegungsspiele (Hände abklatschen, Fingerhakeln usw.) oder um Fragespiele wie *Fuck/Marry/Kill* handeln. Bei *Fuck/Marry/Kill* zeigt man wahllos auf drei Personen in der Nähe und fragt: »Wen von den dreien würdest du ficken, wen heiraten, wen töten, und warum?«

Dieses Spiel kann eine recht interessante Unterhaltung übers Leute-Beobachten in Gang bringen.

Auch Rollenspiele machen Spaß und heben die Stimmung. Zu Rollenspielen gehört, dass man sich und der Gesprächspartnerin fiktive Rollen zuweist und damit dann losspielt. Sehr gern improvisiere ich über das Thema Ehe/Scheidung.

Wenn beispielsweise ein Mädchen 30 Sekunden nach dem Kennenlernen etwas sagt, was mir nicht gefällt, dann erwidere ich: »Mir reicht's, ich lass mich scheiden.« Das ist allein deshalb komisch, weil wir uns gerade zum ersten Mal treffen, aber der Scherz lässt sich noch wunderbar ausbauen. Etwa so: »Du kannst die Kinder behalten, ich ziehe nach Paris.« Oder so: »Übrigens ist dein Musikgeschmack zum Kotzen, und deine Aufläufe mochte ich auch nie.«

Wenn es dir schwerfällt, witzig zu sein, dann empfehle ich dir, möglichst viel Standup-Comedy zu gucken. Meine Lieblingskomiker sind Louis CK, George Carlin und Bill Hicks, bei den verschiedenen Streaming-Diensten gibt es eine große Auswahl. Achte auf ihre Redeweise, ihr Timing und ihren Gesichtsausdruck. So etwas kann man nicht aus Büchern lernen, also schau genau hin. Schau dir die Programme deiner Lieblingskomiker mehrmals an, um herauszufinden, wie sie Geschichten aufbauen und Pointen setzen.

Noch etwas: Tappe nicht in die Falle der übertriebenen Selbstironie. Viele Männer, besonders die bedürftigen, die sich sehr um die Reaktionen anderer sorgen, machen Witze auf eigene Kosten und putzen sich selbst runter, um Lacher zu ernten.

Damit bringt man Frauen zwar zum Lachen, aber wenn man es zu weit treibt, ist es bedürftiges Verhalten, weil man sein eigenes Selbstbild dem allgemeinen Amüsement opfert. Letzten Endes kommt das unattraktiv rüber. Wenn du einen guten Sinn für Humor hast und dich damit gern selbst kasteist, dann kann ich dir nur raten, deinen Witz und deinen Scharfsinn lieber auf deine Gesprächspartnerin zu richten. Mach dich ruhig über sie lustig statt über dich selbst. Das fühlt sich anfangs falsch an, aber du wirst staunen, wie sehr das deine Interaktionen öffnet und mit Sexyness und Verspieltheit anreichert.

Humor ist kein Allheilmittel für deine Probleme mit Frauen (gäbe es so ein Mittel, dann wäre es Körperlichkeit; siehe 14. Kapitel). Manche von Natur aus mit Humor begabte Männer verlassen sich zu sehr auf ihre Fähigkeit, Mädchen zum Lachen zu bringen, und tragen zu dick auf. Statt sich als attraktive und starke Männer zu geben, werden sie Entertainer, die ständig nach Aufmerksamkeit und Bestätigung gieren. Das Schlimmste an dieser Angewohnheit ist, dass Frauen daran viel Freude und Spaß haben. Viele Männer glauben daher irrtümlich, dass sie erfolgreich verführen. Sie lächelt ja. Sie lacht ja. Sie mag mich. Sie muss mich doch sexy finden, oder?

Leider nein. Humor hilft nur dann bei der Verführung, wenn er mit dominanter Führung und körperlichen Avancen kombiniert wird. Letzten Endes wirkt man auf eine Frau nicht *wirklich* attraktiv, wenn man keinen emotionalen und körperlichen Kontakt herstellt. Und dabei kann Humor zwar helfen, aber auch nur helfen.

KAPITEL 13

Dating

Ob man es mag oder nicht, der Dating-Prozess folgt einem mehr oder weniger strikten Ablauf. Junge trifft Mädchen, bekommt Telefonnummer von Mädchen, schreibt und telefoniert mit Mädchen, macht Date mit Mädchen aus, schreibt und telefoniert erneut, macht noch ein Date aus – so lange bis Junge Mädchen mit nach Hause bringt. Und dann entscheidet man irgendwann, ob man fest oder lose zusammen ist, treu oder untreu bleibt, man es mit einer Fickfreundschaft oder einer Seelenverwandtschaft zu tun hat – oder ob man sich besser auf Nimmerwiedersehen verabschiedet.

Es gibt Ausnahmen, die von diesem Lauf der Dinge abweichen, der Ablauf kann auch beschleunigt werden, aber grundsätzlich folgt das Liebeswerben einem Plan, den wir alle befolgen. Unsere Kultur hat sich stillschweigend auf ein bestimmtes Prozedere geeinigt, und jeder Mann, der Erfolg bei Frauen haben möchte, sollte sich diese Prozedere bewusst machen.

Der Dating-Prozess umfasst fast immer folgende Elemente: Austausch von Kontaktinformationen, Verständigung über Chat oder Telefon, Verabredungen (Dates), Geschlechtsverkehr und Einigung auf die Art der (eventuell) entstehenden Zweierbeziehung. Dies ist die häufigste (aber nicht ausschließliche) Reihenfolge. In manchen Fällen spart man sich Nummerntausch und Date und geht gleich nach dem ersten Kennenlernen miteinander ins Bett. Aber solche Fälle sind rar und spielen sich meistens vor dem Hintergrund einer Party- oder Clubsituation ab, und darauf wollen wir nicht weiter eingehen.

Telefonnummern

Dating-Ratgeber für Männer machen ein ziemliches Gewese um Telefonnummern, Chatverhalten (das sogenannte *text game*) und das Versetztwerden *(flake prevention)*.

Der Begriff *flaking* bezeichnet den Umstand, dass eine Frau ihre Telefonnummer rausrückt und ein weiteres Treffen in Aussicht stellt, dann aber nicht ans Telefon geht, nicht zurückruft oder nicht zum Date erscheint. Flaking liegt also dann vor, wenn eine Frau Anrufen und Verabredungen aus dem Weg geht.

Nun kann man Flakes zwar mit viel Mühe und Geschick doch noch rumkriegen, aber das ist ein verlockender Irrweg. Meines Erachtens behandelt man damit ein Symptom, aber nicht die Krankheit.

Flakes vermeidet man am besten, indem man gezielt Frauen kennenlernt und für sich gewinnt, die sich so zu einem hingezogen fühlen, dass ihnen Flaking gar nicht in den Sinn käme.

Problem gelöst.

Meine Erfahrung sagt mir, dass 99 Prozent der sogenannten Anti-Flaking-Methoden – Anrufe zu bestimmten Zeiten, Textnachrichten mit offenem Ende, »versehentlich« an die »falsche« Nummer geschickte Nachrichten – eine unbereite Frau nicht in eine bereite verwandeln können. Und selbst wenn es gelingt, die Widerspenstige doch noch wiederzutreffen, hat man ein Date mit einer Frau, die gar nicht wirklich will.

Männer zerbrechen sich unnötig den Kopf über unwichtige Details – wie viele Nachrichten sie am Tag schreiben sollen, wann sie am besten anrufen, wann sie ein Date vorschlagen usw. Strenge Regeln wie »erst nach drei Tagen verabreden« oder »nie zwei Nachrichten hintereinander senden« schränken nur ein und kommen der Nähe, die man womöglich bereits geschaffen hat, in die Quere. Und es ist diese emotionale Nähe, die die Frau zum nächsten Treffen bewegt, nicht die clevere SMS, für die man eine Dreiviertelstunde gebraucht hat.

Dennoch gebe ich dir meine »Regeln« fürs Telefonieren und Chatten mit:

- Frage Frauen nur dann nach ihrer Nummer, wenn sie dich merklich attraktiv findet und Interesse an dir zeigt. Frag nur dann nach ihrer Nummer, wenn auch du Lust und Zeit hast, sie wiederzusehen. Lernst du ein Mädchen kennen, das nur für zwei Nächte zum Junggesellinnenabschied in der Stadt ist, während du selber übermorgen einen wichtigen Geschäftstermin hast, dann spar dir die Mühe.

- Wenn du sie nach der Nummer fragst, dann denk dir dafür keinen schlauen Spruch oder womöglich einen Vorwand aus. Frag einfach. Wenn du sie attraktiv findest, gibt es keinen Grund, ihr das zu verheimlichen (schließlich bist du ein selbstsicherer, dominanter Mann). Und wenn sie dich attraktiv findet, dann gibt sie dir nur zu gern ihre Nummer. Die meisten Frauen rücken auf Anfrage ihre Nummer heraus. Selbst wenn sie dich nicht mögen und dich nie wiedersehen wollen, geben sie dir ihre Nummer. Es ist einfach leichter, Anrufe von unattraktiven Jungs zu ignorieren, als sie von Angesicht zu Angesicht abzuweisen.
- Flaking passiert jedem. Gewöhn dich dran. Im Leben einer attraktiven Frau ist viel zu viel los, als dass man jedem Flaking auf den Grund gehen könnte. Vielleicht hat sich ihr Ex wieder gemeldet. Vielleicht hat sie einen Tag nach eurem Kennenlernen die Liebe ihres Lebens getroffen. Vielleicht hatte sie einen Unfall und liegt im Krankenhaus. Vielleicht ist sie erkrankt und liegt im Bett. Manchmal haben Frauen auch eine Zeit lang keine Lust auf Ausgehen. Manche können sich einfach nicht an dich erinnern, weil sie zu betrunken waren. Manche verlieren auch ihr Handy. Manche ändern am nächsten Tag ihre Meinung. Und manchen ist einfach alles egal.

  Wenn eine Frau dich versetzt, kann das Millionen von Gründen haben – nicht nur, dass du für sie nicht attraktiv bist. Es ist unmöglich, festzustellen, ob gerade ein berechtigter oder vorgeschobener Grund vorliegt. Besser ist es, die Sache zu vergessen und nach vorn zu schauen. Falls sie genug für dich empfindet, dann wird sie letzten Endes ein Treffen irgendwie möglich machen. Und falls sie es nicht möglich macht, dann mag sie dich offenbar nicht so sehr, wie du dachtest.

  Überleg dir mal: Wenn Brad Pitt sie einlüde, dann würde sie gewiss ihren Terminkalender freischaufeln und die Wochenendplanung umschmeißen können. Wenn sie das für dich nicht hinkriegt, dann hat sie nicht genug Interesse an dir.

- Wenn ich versetzt werde, lautet meine Faustregel »Drei Flakes, und tschüss.«. Ignoriert mich eine Frau einmal, gebe ich ihr eine zweite Chance. Ruft sie erneut nicht zurück, dann melde ich mich vielleicht ein drittes Mal, aber nur noch halbherzig. Meistens rufe ich nur ein- oder zwei Mal an. Aber wenn nach dem dritten Versuch nichts kommt, gebe ich auf.
  Viele Frauen geben Gründe dafür an, dass sie Verabredungen meiden, absagen oder verschieben, und dass sie sich nicht melden. Manchmal sind es gute Gründe, manchmal auch nur Ausreden. Bei der ersten Entschuldigung gehe ich daher von einem guten Grund aus und lasse mich darauf ein. Beim zweiten Mal muss ich aber schon sehr starkes Interesse an der Frau oder sie offensichtlich gute Gründe haben. Beim dritten Termin sage ich jedoch oft: »Na gut, aber letzte Chance.« Wenn der dann auch noch platzt, lasse ich es sein. Dann ist es die Zeit und Mühe nicht wert.
- Ich sende immer spätestens 24 Stunden, nachdem ich eine Telefonnummer erhalten habe, eine Nachricht. Die umfasst nicht mehr als »Hey Sara, war schön, dich kennenzulernen.« Die meisten Frauen, die Interesse haben, reagieren ziemlich schnell darauf. Die, die nicht reagieren, sagen später wahrscheinlich auch ab.
- Nach der ersten Nachricht warte ich meistens noch einen Tag und beginne dann einen Chat. Darin beziehe ich mich gern auf ein Thema, über das wir beim Kennenlernen gesprochen haben, und führe es fort. Dabei verfolge ich kein bestimmtes Ziel, außer einen lockeren Dialog in Gang zu bringen. Inzwischen sind mehr als 24 Stunden vergangen, und ich will nur prüfen, ob die Spur noch heiß ist. Wenn der Chat ins Fließen kommt, kann ich davon ausgehen, dass sie auch einem Date einwilligt. Antwortet sie dagegen nur knapp und sporadisch, dann ist sie wahrscheinlich ein Flake.
  Hierbei musst du das Rad nicht neu erfinden. Mach nicht auf niedlich und versuch nicht, sie rumzukriegen, wenn sie sich wortkarg zeigt. Du

hast deinen Job gemacht, als du sie getroffen hast, jetzt musst du nehmen, was du kriegst. Je mehr man per WhatsApp baggert, desto eher wirkt man nach meiner Erfahrung bedürftig und verzweifelt, und das schreckt erst recht ab.
Du kannst gern witzig sein und sie necken, wenn das gut bei ihr ankommt. Falls nicht, dann mach so schnell wie möglich ein Date aus.

- Je nachdem, wie der Chat verläuft und wie mein Terminkalender aussieht, lade ich sie sofort zum Ausgehen ein oder einen oder zwei Tage später. Früher schickte es sich, dafür anzurufen, aber inzwischen haben die Kurznachrichtendienste das Telefon abgelöst. Als ich 2005 anfing, rief ich jede Nummer an, die ich kriegte. Heute rufe ich fast nie an, es sei denn, eine Frau möchte das ausdrücklich. Im letzten Jahr sind schätzungsweise 90 Prozent meiner Dates per Textnachricht zustande gekommen.
- Ich sag's noch mal: Beim Chatten solltest du nicht raffiniert oder niedlich werden. Textnachrichten sind grundsätzlich ein grässliches Kommunikationsmittel. Wenn man sarkastische oder geistreiche Nachrichten schreibt, werden sie schnell fehlinterpretiert oder vermitteln eine ganz andere Absicht als gemeint. Und auf die Absicht kommt es ja an. Also bleib bei klaren, direkten Worten. Am besten nutzt man SMS & Co. nur dazu, um das nächste Treffen zu organisieren. Tatsächlich sind bei mir 90 Prozent aller Nachrichten zu nichts anderem da: »Hey, was machst du Donnerstagabend?« oder »Hab dieses Wochenende keine Zeit, möchte dich aber wiedersehen.«

Meine Chatverläufe sind langweilig. Nur als Beispiel gebe ich unten einen typischen Chat wieder, den ich mit meiner letzten Verabredung geführt habe.

Als Hintergrund: Das Mädchen habe ich um ein Uhr nachts in einem Club getroffen. Wir haben höchstens anderthalb Stunden miteinander verbracht. Wir haben getanzt und geredet – und uns nur ein bisschen geküsst. Kein Alkohol war im Spiel (das macht viel aus!). Und bevor sie aufbrach, sagte ich ihr, dass ich sie gern am nächsten Tag treffen möchte. Sie war einverstanden.

Ich: Hi Mary, war schön, dich letzte Nacht kennenzulernen.
Sie: Gleichfalls! :)
Ich (am nächsten Tag): Hey, du hast doch gesagt, du arbeitest bis um 4, oder?
Sie: Ja, willst du dich noch treffen?
Ich. Ja. Wie wär's mit halb 8?
Sie: Geht auch 8?
Ich: Klar. In der Innenstadt?
Sie: Ja, vor dem [Lokal X]. Weißt du wo?
Ich Ja, bis dann.
Sie: Bis gleich :)

Das war's. Schätzungsweise 75 Prozent meiner Chatverläufe sehen so aus.

Nur damit du auch das andere Extrem siehst, zeige ich dir noch einen ungewöhnlicheren Chatverlauf, den ich vor ein paar Monaten mit einem Mädchen in England hatte. Dabei lag mein Bagger-Level schon im Maximumbereich. Weiter gehe ich beim Chatten nicht.

Ich: Hi Natalie, war nett, dich gestern Abend kennenzulernen.
Sie: Hi, jetzt hab ich auch deine Nummer ;)
Ich: Gut, wir hören voneinander.
Ich (am nächsten Tag): Hi Natalie, wie war der Abend noch für dich?
Sie: Super. Wir waren aber bald müde und sind früh nach Hause.
Ich: Gut. Hast du morgen Abend Zeit? Lass und was trinken gehen.
Sie: OK. Welche Uhrzeit?
Ich: Wie wär's um 8 im [Lokal Y], kennst du das?
Sie: Ja, kenn ich. 8 Uhr dann. Ich meld mich morgen. Gute Nacht.
Ich: Gute Nacht.
Sie (am nächsten Tag): Hey, ich hab zu viel zu tun bei der Arbeit und schaff es heute Abend wohl nicht. Sorry. Viel Spaß noch in England.
Ich: Mensch, Natalie. Wenn du mal alt bist, wirst du dann froh darüber sein, dass du so viel gearbeitet hast oder dass du mit süßen amerikanischen Jungs ausgegangen bist?

Sie: Haha! Wie wahr. Ich schau mal, was geht.
Sie (später): OK, hab früher schlussgemacht. Wir sehen uns :)

Wie du siehst, wechsele ich nur an der Stelle kurz in den Bagger-Modus, als sie vor unserem Treffen zurückscheut. Und das habe ich auch nur gemacht, weil ich wusste, dass nichts daraus wird, wenn ich nicht Zunder gebe, ihr erneut mein Begehren zeige und ein bisschen polarisiere, um ein Flaking zu verhindern. Ich hab's gemacht, und es hat funktioniert.

Oder etwa nicht?

Natalie ist nicht gekommen. Sie rief mich um zwanzig vor acht an und erklärte mir, dass sie mich zwar sehr möge, aber dennoch nicht mit mir ausgehen wolle. Sie könne das nicht vor sich rechtfertigen, weil ich doch nur noch ein paar Tage in England wäre. Offensichtlich tat es ihr leid, aber es ging eindeutig gegen ihre Werte.

Ich respektierte ihre Entscheidung. Ich sagte ihr, das wäre okay, sie sei ein schönes Mädchen und verdiene einen tollen Mann, der bei ihr bleibt. Und das meinte ich auch so.

Und leider habe ich diese Erfahrung immer wieder gemacht. Ein Flake ist ein Flake. Da kann man machen, was man will. Da hilft es auch nicht, ihr vorzugaukeln, sie wolle sich treffen.

Im Chat auf »niedlich« oder auf »toller Typ« zu machen, schadet im Zweifel nur, denn es wirkt bedürftig und unattraktiv. Wenn man ein Mädchen schnell loswerden will, muss man ihr nur krampfige Nachrichten schicken.

Im Zweifel immer schlicht und direkt schreiben.

Manche Männer finden das enttäuschend. Sie lieben die Vorstellung, sie könnten mit einer raffinierten oder superschlauen Nachricht das Mädchen doch noch in letzter Sekunde rumkriegen. Vergiss es. Solange du nicht lügst oder manipulierst, funktioniert es fast nie.

Du musst keine Sonette ins Handy tippen. Bring sie dazu, sich mit dir so bald wie möglich zu treffen, und dann rackere dich höchstpersönlich ab, im physischen Kontakt, wo sie deine Absichten und deine Nicht-Bedürftigkeit erkennen kann, und wo du mehr als Buchstaben und Emojis zur Verfügung hast.

Das perfekte Date

Egal wie nervös du vorher bist, bei einem Date kann eigentlich nicht viel schiefgehen. Such das richtige Lokal aus, geh zur richtigen Zeit hin, vermeide die üblichen Fehler, dann müsste es laufen.

Welche Uhrzeit? Verabrede dich nicht zum Mittagessen, und lege das erste Date möglichst nicht auf einen Nachmittag. Lass es einfach. Aus irgendeinem Grund schreit ein gemeinsames Mittagessen geradezu: »Lass uns einfach Freunde sein.«

Dates gehören in die Abendstunden. Das lässt gleich eine andere Erwartungshaltung aufkommen. Abends ist man auch in der Zeiteinteilung flexibler. Es ist verbindlicher. Keiner von euch muss noch schnell irgendwohin. Außerdem bleibt die Option auf dem Tisch, dass ihr zu dir oder zu ihr geht.

Die genaue Uhrzeit hängt davon ab, was ihr vorhabt. Du solltest genug Zeit für drei einstündige Aktivitäten einplanen (mehr dazu später). Also trefft ihr euch zwischen 18 und 21 Uhr. Bei einem späteren Treffen wird die Zeit knapp. Vor 18 Uhr ist man noch sehr in Tagesstimmung, und das Date kann an Schwung verlieren, bevor sie nach Hause muss. Plane das Date so, dass eure Stimmung zwischen 22 und 23 Uhr den Höhepunkt erreicht, sodass sie das Gefühl bekommt, nach Hause zu müssen, aber noch nicht zu wollen.

Wohin? Beim ersten und zweiten Date ist Kino strengstens verboten. Kino-Dates sind das Letzte. Man kommt nicht ins Gespräch, man sitzt verlegen nebeneinander, und jede Berührung ist peinlich (mehr dazu im nächsten Kapitel).

Auch von Dates im Restaurant rate ich ab. Das Dinner zu zweit ist pures Klischee. Je nach Lokal kann es ziemlich unpersönlich werden. Wie im Kino sind Berührungen kaum möglich. Und ob du's glaubst oder nicht, viele Frauen bringt es in Verlegenheit, vor deinen Augen zu essen oder Essen auszuwählen usw. Außerdem vermeidest du die peinliche Frage, wer denn die Rechnung übernimmt (mehr dazu später).

Gute Orte zum gemeinsamen Ausgehen sind Orte, die Aktivität, Teilnahme, Berührung und Flirt ermöglichen. Alkohol kann helfen, wenn das dein Stil ist. Beispiele wären Comedy-Clubs, Tanzkurse, Museen und Ausstellungen, Spaziergänge in interessanter Umgebung und Konzerte. Oder ihr geht einfach was trinken.

In jeder Stadt gibt es andere Möglichkeiten. Interessante Orte in deiner Nähe findest du beispielsweise auf Yelp.com. In der Nähe meiner alten Wohnung in Boston gab es zum Beispiel eine Bowlingbahn mit Disco. Man konnte dort gemeinsam bowlen (aktive Teilnahme, Flirtgelegenheit), zusammen etwas trinken und bei wachsender Sympathie und Partystimmung runter in den Club gehen und tanzen.

Bars und Clubs sind auch okay, wenn ihr beide auf solche Lokale steht. Achte nur darauf, dass du dort allein mit ihr bist. Sobald Freundinnen zugegen sind, ist es kein Date mehr. Das passiert schnell, wenn sie ein Lokal vorschlägt – »Oh, da treffen wir auch meine Freundin Cindy …« Wenn sie mit dir und Cindy abhängt, ist es kein Date mehr.

Zu guter Letzt solltest du Orte und Aktivitäten aussuchen, die in der Nähe deiner oder ihrer Wohnung liegen. Mit ein bisschen Recherche findest du vier bis sechs gute Date-Möglichkeiten, die nur wenige Autominuten von deinem Haus oder deiner Wohnung entfernt liegen. Wenn du ein paar Lokalitäten in fußläufiger Entfernung findest: umso besser.

Die Logik dahinter ist einfach: Je kürzer der Weg zwischen dem Lokal und deinem oder ihrem Bett ist, desto weniger Zeit braucht die Fahrt, desto kleiner der logistische Aufwand und desto größer die Chance, dass ihr am Ende vor einer Haustür steht.

Sobald du deine Hausaufgaben gemacht hast und vier bis sechs Lokale und Aktivitäten ausgeguckt hast, die dir gefallen, sich für ein Date eignen und leicht erreichbar sind, stellst du eine Auswahl zusammen.

Das mag dir merkwürdig vorkommen, ist aber wichtig. Die meisten Männer laden zum Dinner ein und bleiben dann noch eine Stunde plaudernd am Tisch sitzen. Kaum Flirt. Keine Aktivität. Keine Berührung. Keine Dynamik.

Bei meinen Dates *machen* wir Sachen – viele Sachen. Wir gehen bowlen, trinken zusammen, tanzen, gucken uns Statuen im Park an, machen Kutschfahrten – alles in drei Stunden.

Wir Menschen sind eigenartig. Zwischenmenschliche Intimität entsteht nicht nur durch gemeinsame Gespräche, sondern auch durch gemeinsame Erlebnisse. Meine Dates sind so geplant, dass sie in möglichst kurzer Zeit möglichst viele gemeinsame Erlebnisse bieten. Hier ein paar Beispiele für ordentliche Dates:

- Kaffee trinken → weiter zur Eisdiele → ab in den Park auf die Riesenschaukel → gemeinsames Stöbern im urigen Buchladen.
- Salsa-Kurs → danach nebenan was trinken → zu Fuß zur Lieblingspizzeria → bei dir zu Hause Videospiele daddeln.
- Schaufensterbummel in der Stadt → Improvisationstheater → danach kurz Abendessen → Spaziergang im Park.

Wenn irgend möglich, sollte eine Gelegenheit zum Tanzen dabei sein, denn Tanzen ist das Erotischste, was man bei einem Date machen kann. Und falls ihr beiden Alkohol trinken möchtet, sollte das frühestens bei der zweiten Station geschehen. Am Ende des Dates solltest du nie besoffen sein.

Was tun? Wie ich schon sagte, solltest du deine Dates interaktiv gestalten. Ihr sollte euch bewegen, euch berühren und so viel wie möglich miteinander anfangen können.

Dabei gilt der Grundsatz, dass du möglichst ständig die Führung übernimmst.

Jede Entscheidung sollte bei dir liegen, und die Frau sollte folgen. Streiche den Satz »Was möchtest du jetzt machen?« aus deinem Dating-Vokabular. Sag ihn nie wieder.

Sag Dinge wie: »Hey, wir holen uns ein paar Tacos, ich kenne da hinten einen coolen Stand.« Oder: »Ich hab eine Idee. Ich werde dich jetzt in einer Partie Airhockey fertigmachen.« Oder auch er: »Gehen wir ins Naturkundemuseum, da gibt es eine tolle Ausstellung über den menschlichen Körper.«

Eure Gespräche sollten von den Themen her immer tiefer und persönlicher werden. Neckerei und spielerisches Geplänkel sollten abnehmen, stattdessen solltet ihr über euer Leben reden und über Dinge, die euch wichtig sind. Sei neugierig auf ihre Vergangenheit, ihre Leidenschaften, Träume und Vorlieben.

Dabei musst du aufpassen, dass es kein Vorstellungsgespräch wird (was bei Verabredungen zum Dinner schnell passiert). Du bringst sie auf Persönliches, indem du selber damit anfängst.

Zuletzt bleibt in unserer postfeministischen Welt eine Frage offen: Wer bezahlt? Heutzutage bieten die meisten Frauen aus Höflichkeit an, die Rechnung (mit) zu übernehmen, aber es gebührt sich, dies abzulehnen, weil man ein Gentleman ist oder so. Ich habe die Regeln nicht gemacht, aber nach über Hundert Dates mit Dutzenden von Frauen, und nach einigen peinlichen Unklarheiten beim Bezahlvorgang gehe ich folgendermaßen vor: Solange sie nicht wild entschlossen ihre Geldbörse oder Kreditkarte zückt, zahle ich. Sie muss mich schon rabiat davon abhalten.

Ja, hin und wieder geben dir Frauen auch mal einen aus – mit etwas Geschick kannst du sie sogar dazu bringen. Aber solange du nicht pleite bist, solltest du sie einladen. Damit bist du auf der sicheren Seite und sammelst bei vielen Frauen Sympathiepunkte.

KAPITEL 14

Körperlichkeit und Sex

Reden wir über Sex. Reden wir darüber, warum Frauen Sex haben und warum sie möglicherweise mit dir Sex haben wollen.

Der Psychologie gibt die weibliche Sexualität seit fast einem Jahrhundert Rätsel auf. Freud hat bekanntlich gesagt: »Die große Frage, die ich trotz meines dreißigjährigen Studiums der weiblichen Seele nicht zu beantworten vermag, lautet: Was *will* eine Frau?«

Wissenschaftler haben lange angenommen, dass die weibliche Lust mit der Imagination von Absicherung, Versorgung und Bindung zusammenhängt, besonders wenn Männer mit hohem Status dies zur Schau stellen.

Aber wenn man die Wirklichkeit anschaut, ergibt das irgendwie keinen Sinn. Denn zum Leidwesen der Psychologen legen sich Frauen nicht bei Kerzenlicht in die Badewanne und masturbieren beim Gedanken an Eigenheim und Jägerzaun. Ihre Fantasien kreisen um ganz andere, seltsamere Dinge.

In ihrem Buch *Die sexuellen Phantasien der Frauen* hat die Journalistin Nancy Friday sexuelle Fantasien von anonymen Frauen auf der ganzen Welt gesammelt. Wer seinen Horizont in eine interessante Richtung erweitern möchte, sollte es lesen. Manche Frauen geilen sich an ziemlich »abgefahrenen« Sachen auf. Da geht es um Gruppensex, Vergewaltigung, ungewöhnliche Orte und Stellungen, anonymen Sex und vieles weitere.

Diese Erkenntnisse warfen erst einmal alle bisherigen Annahmen über den Haufen. Lange wusste die Wissenschaft gar nicht, wo sie anfangen sollte. Bei Männern ist es einfach. Wir stehen auf visuelle Reize und mögen ähnliche körperliche Merkmale (Symmetrie, ein bestimmtes Taille-Hüft-Verhältnis, große Brüste usw.).

Aber bei Frauen tappt man immer noch im Dunkeln. Eine neuere Erkenntnis der Erregungsforschung besagt, dass weibliche Lust narzisstische Züge hat. Frauen erregt es, begehrt zu werden.

Bei Männern ist das zwar auch so, aber da die weibliche Lust mehr von psychologischen als von körperlichen Reizen abhängt, spielt das Gefühl, begehrt zu werden, bei Frauen eine größere Rolle.

Dies erklärt, warum manche Frauen ziemlich merkwürdige und eigentlich unvereinbare Dinge erregend finden. Scheinbar gegensätzliche Situationen – einerseits ein romantischer Heiratsantrag, andererseits die Vorstellung, ans Waschbecken gefesselt zu werden – ergeben aus diesem Blickwinkel plötzlich Sinn. Denn in beiden Situationen zeigt sich das extreme Begehren eines Mannes. In beiden Situationen zeigt ein Mann vollen Einsatz für die Frau. Hier legt er ihr sein Leben zu Füßen, dort geht er körperlich über Grenzen. Beides ist sexy.

Wenn Frauen sagen, dass sie zwar Vergewaltigungsfantasien haben, aber deshalb noch lange nicht vergewaltigt werden wollen, dann meinen sie das auch so. Was sie wollen, ist begehrt zu werden. Sie wollen schrankenloses, leidenschaftliches, unbeherrschbares Begehren spüren. Sie wollen so heiß begehrt werden, dass der Mann völlig von Sinnen ist. Mit Vergewaltigung hat das nichts zu tun.

Meine Erfahrung bestätigt das. Pickup-Coaches haben in den vergangenen Jahren herausgefunden, dass Frauen umso erregter reagieren, je zudringlicher man sie umwirbt. Wer im Beisein von Frauen eine ungehemmte Körperlichkeit an den Tag legt, übt eine geradezu magische Wirkung auf sie aus.

Wenn derselbe Mann, der üblicherweise dasteht und stundenlang über Meteorologie schwafelt, dazu übergeht, seiner Gesprächspartnerin den Arm um die Schultern zu legen oder seine Bemerkungen und Pointen mit sanften Berührungen zu akzentuieren, dann entsteht auf einmal viel mehr sexuelle Spannung.

Letzten Endes geht es bei der Sexualität um Bewegung und intensiven Körperkontakt. Alles andere ist nur ein Mittel zu diesem Zweck.

Ich sage es ohne Umschweife: die Fähigkeit, schnell und ungehemmt Körperkontakt aufzunehmen und zu erweitern, entscheidet darüber, ob man weibliche Bekannte oder Freundinnen und Geliebte hat.

Körperlich begehrt zu werden ist bei Weitem die wichtigste Stufe der Verführung. Wer es kann, hat immer Chancen. Wer es nicht kann, bleibt lange allein.

Ich habe einen Freund. Er sieht einigermaßen gut aus. Er spricht fast nie Frauen an (nur wenn er betrunken ist). Er ist ungeschickt im Gespräch. Er hat einen seltsamen Humor. Aber er kann körperlich werden. Er berührt Frauen frühzeitig und oft. Auch wenn sie seine Berührung nicht erwidern oder auf Distanz gehen. Dann versucht er es erneut. Anders gesagt: Er macht sich ständig an sie ran.

Und weißt du was? Er legt viele von ihnen flach. Auch scharfe Frauen.

Es ist erstaunlich. Als ich mit ihm ausging, bekam ich mit, wie er sich durch stockende Gespräche hangelte, wie er immer ein bisschen zu viel trank und wie er seinen Arm um Mädchen legte, die daraufhin ganz perplex guckten. Ich schaute zu und dachte: »Oh je, was für ein Trottel.«

Und als ich dann 20 Minuten später wiederkam, knutschten sie. Und eine Stunde später ging sie hocherfreut mit ihm nach Hause.

Er hatte einfach keinerlei Hemmungen, sich ranzumachen. Solange eine Frau ihn nicht von sich schob oder »Nein!« sagte, machte er sich an sie ran. Und die Frauen genossen es. Sie genossen seine Körperlichkeit und seine rohe sexuelle Energie. Es gab ihnen das Gefühl, schön und sexy zu sein, und das war erregend.

Ein Wort zur Ethik: Wenn eine Frau dich deutlich darum bittet, mit etwas aufzuhören, dann hörst du damit auf. Nimm es nicht persönlich, sondern frage sie, ob und eventuell warum es ihr unangenehm ist. Oft liegt es nicht daran, dass sie dich nicht mag, sondern daran, dass es ihr zu schnell geht. Respektiere immer ihre Grenzen und kläre möglichst frühzeitig, womit sie einverstanden ist und was sie erwartet. Damit zeigst du nicht nur Respekt, sondern auch Verletzbarkeit.

Körperlich werden ist eine unerlässliche Angewohnheit, die Männern mit erfolglosem Liebesleben oft fehlt. Die meisten Männer sind schüchtern und zögerlich, wenn es um physische Avancen geht, ums Berühren, um den ersten

Kuss, Zärtlichkeiten usw. Nun, damit ist jetzt Schluss. Von nun an bist du ein sexuell offensiver und dominanter Mann ohne falsche Scham. Du wirst merken, dass Frauen dich so lieber haben.

Zwei Gründe gibt es, warum man einer Frau entschlossen auf den Leib rücken sollte. Der Erste ist Polarisierung. Man sollte so früh wie möglich feststellen, ob sie sexuell interessiert ist oder nicht. Der zweite Grund ist, dass körperliche Annäherung etwas Kühnes ist und daher eine äußerst attraktive Form des Flirtens darstellt.

Studien zufolge denken Menschen deutlich positiver über jemanden, der beim ersten Kennenlernen Körperkontakt aufnimmt, und fassen so auch schneller Vertrauen.

Aber wie berührt man eine Frau gleich von Anfang an?

Du kannst sie, falls sie sich *bereit* zeigt, mitten im Gespräch sanft am Arm berühren, in der Nähe des Ellenbogens. Nicht quetschen, nicht festhalten, denn das könnte sie erschrecken – nur kurz streichen, antippen oder sachte zugreifen. Die Berührung sollte in der Konversation einen Akzent setzen, also etwa eine komische Stelle oder eine Pointe betonen. Sieh deine Berührung als ein Ausrufe- oder Fragezeichen im Gespräch.

Wenn du sie beispielsweise mit einem gelungenen Witz zum Lachen gebracht hast, solltest du ihr die Hand auf den Arm legen, um die Emotionalität des Augenblicks zu betonen.

Am besten etablierst du Körperkontakt, indem du Körperlichkeit in die Konversation einbaust. Gute Einstiegspunkte sind beispielsweise Fingerspiele, Drehungen beim Tanzen oder High Fives. Je weiter das Gespräch fortschreitet, und je besser das Date läuft, desto mehr Berührungen solltest du wagen, und desto persönlicher sollte der Körperkontakt werden.

Dabei solltest du Schritt für Schritt vorgehen. Grundsätzlich fängst du am besten an der Peripherie des Körpers an – an ihren Armen und Beinen – und rückst langsam zur Körpermitte vor. Lege ihr die Hand auf den Rücken, wenn du ihr einen Sitzplatz neben dir zuweist, oder den Arm um die Taille, wenn sie neben dir an der Bar steht. Später kannst du zu zärtlichen Berührungen übergehen: kitzeln, massieren, kuscheln. Und von dort aus ist es nicht mehr weit bis zum Küssen, Fummeln und Rummachen.

Weibliche Signale

Männer sind notorisch schlecht darin, die »Signale« zu erkennen, mit denen Frauen ihr Interesse bekunden. Beim Dating ist immer der Mann dafür zuständig, die Initiative zu ergreifen und die Dinge voranzutreiben, während die Frau ihm signalisiert, wann er es tun darf, und wann nicht.

In Folgenden klären wir, wie man den Flirt mit einer Frau körperlich »eskaliert« und zu sexuellen Handlungen kommt.

Als Männer stecken wir in einer Zwickmühle. Einerseits wird von uns erwartet, dass wir die Initiative ergreifen und den ersten Schritt tun. Andererseits sollen wir die Wünsche und die körperliche Selbstbestimmung einer Frau respektieren.

Deshalb möchte ich den Ratschlägen zum Initiieren von Sex eine Liste mit Signalen vorausschicken, mit denen Frauen ihr sexuelles Interesse kundtun. Diese Signale kannst du als Einladung zu mehr Körperkontakt verstehen, allerdings darfst du auch nie zu viel hineininterpretieren, denn Missverständnisse sind immer möglich. Achte darauf, ob sie einen stetigen Strom von Signalen aussendet. Annäherungssignale bedeuten, dass sie mit dir sprechen möchte. Gesprächssignale bedeuten, dass sie dir physisch näherkommen will. Und Eskalationssignale bedeuten, dass sie zu sexuellen Handlungen bereit ist.

Du kannst diese Signale als grünes Licht für dich deuten, aber nur zum Übergang zur nächsten Stufe. Dass eine Frau dir Blicke zuwirft, bedeutet also nicht, dass sie dich auf der Stelle ficken will, sondern dass sie gern mit dir reden würde. Geh Schritt für Schritt voran, und vergiss nicht, dass sie jederzeit das Recht hat, sich anders zu besinnen und eure Interaktion abzubrechen.

Annäherungssignale

- Nicht-zufälliger Blickkontakt: Im Zweifel kannst du davon ausgehen, dass es kein Zufall ist, wenn ein Blickkontakt zustande kommt. Menschen blicken von Natur aus das an, was sie entweder neugierig macht oder anzieht. Wenn sie dich auch nur 10 Prozent mehr anguckt, als es ein Fremder tun würde, dann hast du ihre Neugier oder ihr Interesse zumindest ein bisschen geweckt. Ich spreche bewusst jede Frau an, die nicht-zufälligen Blickkontakt mit mir aufnimmt, und ich fahre gut damit.

- Lächeln: Wenn Blickkontakt Interesse ausdrückt, dann bedeutet ein Lächeln: »Sprich mich doch an!«
- Sie spricht dich an: Dazu muss ich nichts sagen – andererseits sind manche Männer so verpeilt, dass sie sogar das nicht mitkriegen. Wenn dich eine Frau anspricht, und sei es nur, um nach der Uhrzeit, dem Wetter oder dem Weg zu fragen, dann hat sie wahrscheinlich Lust, mit dir zu reden.
- Nähe: Dieses Signal ist subtiler, aber je mehr du an deiner Lebensweise, deiner Körpersprache und deinem Kleidungsstil arbeitest, desto öfter wird dir auffallen, dass sich Frauen ohne besonderen Anlass in deine Nähe begeben. Nehmen wir an, du sitzt im Bus, und eine attraktive Frau steigt zu. Obwohl der ganze Bus leer ist, kommt sie her und setzt sich dir gegenüber. Das könnte bedeuten, dass sie angesprochen werden möchte. Ein anderes Beispiel wäre, dass sich beim Einkaufen eine Frau länger in deiner Nähe aufhält, ohne etwas Bestimmtes zu suchen.

Konversationssignale

- Übermäßiges Lächeln und Lachen: Dieses Signal lässt sich nur subjektiv wahrnehmen und ist nicht ganz leicht einzuschätzen. Möglicherweise fällt dir in einer Runde von Frauen auf, dass eine deiner Zuhörerinnen deutlich mehr lacht als die anderen. Wahrscheinlich mag sie dich.
- Spielen mit Haarsträhnen: Das klassische Flirt-Signal. Geschieht oft unbewusst.
- Geweitete Pupillen: Studien zufolge weiten sich unsere Pupillen, wenn wir eine Person anschauen, die wir attraktiv finden. Das ist schwer festzustellen, besonders in dunkler Umgebung. Aber es lässt die Augen größer erscheinen – eben »rehäugig«.

- Verringerter Abstand: Auch das versteht sich von selbst. Achte darauf, wie nah sie dir kommt, wenn sie mit dir redet. Wenn sie ein wenig in deine persönliche Sphäre eindringt, wünscht sie wahrscheinlich Körperkontakt.
- Übermäßiger Blickkontakt: Hier gilt das Gleiche wie beim übermäßigen Lächeln. Wenn sie dir im Gespräch tief und andauernd in die Augen schaut, dann interessiert sie sich sehr für das, was du zu sagen hast. Die meisten Menschen unterbrechen den Blickkontakt immer wieder, besonders bei neuen Bekanntschaften. Wenn sie das nicht tut, hat sie Interesse an dir.
- Sie zieht dich vor: Auch dieses Signal ist subjektiv zu beurteilen. Es kann sehr subtil sein. Ihr Verhalten erweckt den Eindruck, dass sie dich anderen vorzieht. Das klassische Beispiel wäre, dass du ein Mädchen in einer Bar kennenlernst, ihre Freundinnen kommen dazu und wollen mit ihr reden, und sie ignorierst sie. Frauen, die dich nicht mögen, lassen dich in der Regel fallen wie eine heiße Kartoffel, sobald ihre Freundinnen dazukommen. Aber wenn sie ihre Freundinnen ignoriert oder bei dir bleibt, zeigt das, dass sie dich mag.

Eskalationssignale

- Sie schafft Zweisamkeit: Oft besteht das offensichtlichste Signal, das eine Frau macht, nicht darin, dass sie sich nähert (das ist deine Aufgabe), sondern dass sie dich aktiv in eine möglichst günstige Situation bringt. Nehmen wir an, ihr habt den Abend größtenteils auf einer kleinen Party verbracht. Auf einmal sagt sie: »Lass uns mal um den Block gehen, hier ist es so laut.« Damit führt sie Zweisamkeit herbei, und das bedeutet in der Regel, dass sie geküsst werden möchte.
- Sie lässt ihre Freundinnen stehen: Dieses Signal geht oft mit dem vorigen einher. Für eine Frau gehört eine Menge dazu, ihre Freundinnen wegen eines Mannes zurückzulassen, erst recht, wenn sie ihn gerade erst kennt. Wenn sie dies tut, kannst du es als leuchtendes grünes Licht verstehen.

- Sie berührt dich: Wenn ihre Hände auf deinen Armen oder Beinen landen oder wenn sie deine im vorigen Abschnitt beschriebenen Berührungen erwidert, ist das ein klares Signal: Sie hat sexuelles Interesse und möchte geküsst werden.

Wann küssen?

Zum Thema erster Kuss gibt es unter Dating-Coaches einen alten Spruch: Wenn du glaubst, sie küssen zu können, hättest du es wahrscheinlich schon vor zehn Minuten tun können. Wir Männer sind furchtbar schlecht darin, das sexuelle Verlangen einer Frau einzuschätzen, und merken oft nicht, dass sie längst bereit für den nächsten Schritt ist.

Wenn du also meinst, sie sei endlich reif zum Küssen, kannst du ruhig davon ausgehen, dass sie schon überreif ist. Zu oft warten Männer auf das »richtige« Signal, während ihnen die Frau eins nach dem anderen gibt. Sieh es lieber so: Es ist viel besser, einen Kuss zu versuchen und abgewehrt zu werden, als den ganzen Abend lang nichts zu unternehmen und nicht zu wissen, woran man ist.

Die Faustregel lautet also: Im Zweifelsfall einfach küssen.

Wenn du dich zum Kuss anbietest, und sie sich abwendet oder nicht drauf eingeht, solltest du den Versuch abbrechen und sie fragen, wie sie sich fühlt, ob sie dich mag, und ob es ihr vielleicht zu schnell geht. Achte gut auf ihre Antwort, denn oft würden Frauen gern küssen, aber irgendetwas sorgt sie oder stört sie oder hält sie zurück. Um dies auszuräumen, zeigst du dich am besten verletzbar und bittest sie, offen über das Problem zu sprechen.

Manche Frauen küssen nicht in der Öffentlichkeit. Sie finden das geschmacklos und unfein. Egal, wie sehr sie dich mögen, küssen werden sie dich nicht.

Ähnlich ist es, wenn Bekannte von ihr anwesend sind. Stehen vier Kolleginnen und Kollegen gleich neben euch, wird es eher kein wildes Geknutsche geben. Bring sie möglichst irgendwohin, wo ihr mehr Ruhe habt.

Ein paar Tipps zum besseren Küssen:

- Sabber ihr nicht das Gesicht voll.
- Ramm ihr nicht die Zunge in den Hals. Heftiges Zungenspiel gehört manchmal dazu, ist aber eher im Schlafzimmer angesagt, wenn ihr nackt seid.
- Gib ihr keinen Schmatz, als wäre sie deine Oma.
- Schieb dein Gesicht nicht gegen ihres. Verwende nicht zu viel Druck.
- Küsse sind sinnlich. Stell dir vor, du massierst mit deinen Lippen ihre Lippen.

Beim Küssen kommt es auch darauf an, wie du deine Hände einsetzt. Deine Hände sollten zärtlich über ihren Körper wandern, ihr den Rücken streicheln, sanft ihren Hals halten, ihr Becken an deines ziehen. Ich hake meine Finger beim Knutschen sehr gern in die Gürtelschlaufen ihrer Hose, um sie an mich heranzuziehen.

Lass dich beim Knutschen nicht zu sehr gehen. Viele Männer schalten gleich beim ersten Kuss in den Fickmodus, begrabschen die Frau an Ort und Stelle und lassen nicht mehr von ihrem Gesicht ab.

Ruhig, Brauner. Küssen ist erst mal der Übergang zu größerer und tieferer Intimität. Genieße es, spiel damit, entspanne dich.

Einvernehmlich eskalieren

Jetzt hast du sie geküsst. Was dann?

Wenn wir davon ausgehen, dass ihr an einem diskreten Ort seid, dass ihr euch gut genug kennt und beide – fuck yeah – Bock auf mehr habt, dann ist es Zeit, in Richtung Sex zu eskalieren.

Normalerweise sind die Brüste die Stelle, an der du die Frau berührst, um ihr zu zeigen, dass du bereit für Sex bist – und das ist auch nur dann akzeptabel, wenn sie ebenfalls dazu bereit ist. Wenn deine Hände dorthin finden, und ihr das gefällt, dann kannst du das als Zeichen nehmen, dass es weitergeht.

Aber glaub bloß nicht, dass Frauen die Hose runterziehen und auf der Stelle poppen wollen. Männer sind wie eine Mikrowelle – man drückt auf den Knopf, und das Essen ist warm. Aber Frauen sind eher wie ein Ofen. Sie müssen aufgewärmt, ja sogar vorgeheizt werden. Vergiss nicht, dass weibliche Lust vorwiegend im Kopf entsteht. Deshalb kommt guter Sex nur durch Steigerung zustande. Man kann nicht einfach vom Kuss zum Koitus übergehen (auch wenn das einige wenige Frauen machen). In der Regel kommen erst zärtliche Berührungen, dann Küsse, dann Küsse mit Anfassen, dann ein bisschen Ausziehen, noch mehr Anfassen und so weiter.

Oft bremsen Frauen an diesem Punkt ab und sagen, dass sie nur rummachen wollen, aber keinen Geschlechtsverkehr möchten. Die korrekte Antwort auf sämtliche Einwände lautet: »Kein Problem. Wir machen nur das, was dir recht ist.« Dir geht es schließlich um ein schönes Erlebnis, nicht um eine weitere Kerbe am Bettpfosten.

Stimmt, Frauen sagen oft: »Ich will aber keinen Sex«, und wollen dann doch Sex. Das ist vollkommen in Ordnung. Du musst dir klarmachen, dass solche Dinge oft im Fluss sind, und dass sich jeder von euch jederzeit umentscheiden kann, ohne dass es Beschämung oder Vorwürfe gibt.

Ich muss hier leider auch auf das Thema Vergewaltigung zu sprechen kommen. Unsere Grundregel lautet, dass wir weitermachen, bis die Frau uns stoppt. Das kann sie physisch tun – indem sie beispielsweise unsere Hände wegschiebt, sich von uns entfernt oder sich wieder anzieht – oder durch ein klares »Stopp!« oder »Nein!«. Sollte sie durch Alkohol oder Drogen so berauscht sein, dass sie nicht mehr nein sagen, sich wehren oder eine klare Entscheidung treffen kann, dann hör sofort auf. Schluss für heute!

Zudringlichkeit muss man üben, um sich dabei wohlzufühlen. Jeder Mann entwickelt persönliche Vorlieben in Bezug darauf, wie und wo er gern anfasst. Und wenn du die Dinge auf deine eigene Art vorantreibst, bekommst du auch ein Gespür dafür, was bei einer Frau wann gut ankommt. Wichtig ist, dass du Sex nicht als etwas verstehst, was du verdient oder unverdient von der Frau bekommst, sondern als etwas, an dem ihr beide gemeinsam teilhabt, als Team.

Denn ob du's glaubst oder nicht, Frauen wollen auch Sex. Sie wollen wilden, leidenschaftlichen, abgefahrenen Sex, so wie du.

Sex

Heilige Scheiße, Alter, jetzt legst du sie aber flach!

Das ist mein Ernst. Sobald ihr einigermaßen entkleidet seid und euch auf dem Bett, der Couch, dem Badezimmerboden – oder dem auserwählten Ort des Geschehens – befindet, beginnt das Vorspiel. Leider vernachlässigen viele von uns das Vorspiel, weil wir es nicht erwarten können, unser Ding reinzustecken. Aber je mehr Vorspiel, desto erregter ist die Frau, desto besser wird der Sex für sie – und das bedeutet auch besseren Sex für dich (nicht vergessen: Teamsport).

Einen guten Anfang machst du, wenn du ihr die nackten Brüste massierst und lutschst. Manche Frauen mögen es wilder und genießen es, wenn man ihnen sanft in die Nippel beißt. Aber Vorsicht, nicht jede mag das.

Als Nächstes solltest du ihre Vagina befingern oder wenigsten ihre Klitoris reiben. Achte darauf, wie feucht sie ist. Wenn sie feucht ist, kannst du langsam zum nächsten Schritt übergehen. Wenn sie noch trocken ist, musst du es langsamer angehen. Sie braucht noch Zeit, um warm zu werden.

Falls du gern leckst, wäre jetzt ein hervorragender Zeitpunkt dafür. Wenn du gut in Oralsex bist, weckt das bei den meisten Frauen einen unwiderstehlichen Drang, mit dir zu schlafen (manche packen dich sogar und zwingen dich dazu).

Das Wichtigste, was du beim Vorspiel beachten musst, ist die Verzögerungstaktik, das Schüren von Erwartung. Bei allem, was ich bisher beschrieben habe, darfst du nicht übereilt und gierig vorgehen. Manchmal ist das zwar auch schön, aber generell solltest du dir Zeit lassen und das sinnliche Erlebnis in die Länge ziehen. Frauen lieben es, Verlockung zu spüren. Anstatt ihr beispielsweise ohne Umschweife den Finger reinzustecken, solltest du ihre Möse ein paar Sekunden lang nur ganz zart berühren. Das macht sie völlig verrückt, und sie will dich mehr denn je in sich spüren.

Anstatt einfach mit dem Oralsex anzufangen, kannst du erst mal die Innenseite ihrer Schenkel abküssen und dich dabei langsam dem Schoß nähern. Das schafft Erwartung. Sie soll alles, was du mit ihr anstellst, herbeisehnen. So etwas macht Frauen verrückt und unheimlich geil. Wenn du es geschickt anstellst, wird es vorkommen, dass dich Frauen an sich reißen und *dich* zum Vögeln zwingen. Sie halten es nicht mehr aus. Sie wollen es jetzt. Sofort.

Beim Geschlechtsverkehr ist eine Sache wichtiger als alle speziellen Winkel, besonderen Stellungen und sonstigen Techniken: Dominanz. Sexuelle Befriedigung läuft bei Frauen anders als bei Männern mehr im Kopf als im Körper ab. Für die psychologische Befriedigung ist das Gefühl wichtig, dominiert zu werden und die Kontrolle abzugeben. Frauen wollen den Eindruck haben, dass du im Bett Macht ausübst und das Ruder übernimmst. Sie mögen es, wenn du deine Triebe auslebst und durchsetzt. Nur: Wie wird man im Bett dominant?

1. Sei laut. Mach dich bemerkbar. Grunze. Keuche. Frauen lieben das, weil es ihnen das Gefühl gibt, selbst laut sein zu dürfen. Und wenn sie laut sein dürfen, kommen sie leichter und öfter zum Höhepunkt.
2. Sei versaut. Sag ihr, wie sexy sie ist. Sag ihr, was du mit ihr vorhast, bevor du es tust. Das wird dich womöglich Überwindung kosten, aber denk dran: Im Bett gelten andere Regeln, die nichts mit Logik zu tun haben.
3. Sei roh, aber nicht gewalttätig. Wenn ihr die Stellung wechselt, packst du die Frau und drehst und schiebst sie dir zurecht.
4. Frage niemals: »Ist dir das recht? Möchtest du X machen?« Mach's einfach, lass es sein, wenn sie es nicht mag, und entschuldige dich gegebenenfalls. Nichts törnt eine Frau mehr ab als ein Mann, der sich beim Sex zu sehr nach ihr richtet. Übernimm das Ruder. Mach das, worauf du geil bist – es wird sie schon geil machen.

Das mit Abstand Wichtigste, das du dir angewöhnen solltest, ist, im Bett offen miteinander zu sprechen. Beim Sex mit einer Frau solltet ihr euch frei austauschen können, besonders bei den ersten Malen. Wenn man zum ersten Mal mit jemand Neuem schläft, gehört etwas Verlegenheit dazu. Jeder hat eigene Lieblingspraktiken, Gewohnheiten und Vorlieben. Man braucht etwas Zeit, um die Eigenheiten des anderen kennenzulernen und sich daran anzupassen.

Dabei hilft Humor enorm. Im Bett kommt es immer wieder zu komischen und blöden Situationen, und eine Frau kann es sehr verunsichern, nackt unter einem Mann zu liegen, den sie erst seit einer Woche kennt.

Nimm es mit Humor. Sei verständnisvoll. *Entspann dich.*

Wenn im Bett mal wieder etwas schiefgeht, bringe ich gern folgenden Spruch: »In den Filmen sieht das immer so einfach aus.« Schaffst du es, deine Partnerin zum Lachen zu bringen, dann vergisst sie, dass sie nackt ist, dass sie sich in einer seltsamen Stellung befindet, und dass du gerade Mist gebaut hast. Dann seid ihr einfach zwei Menschen, die zusammen lachen.

Sei ehrlich. Wenn dir die Art nicht gefällt, wie sie dir einen bläst, dann sag ihr das, und sag ihr, wie du es lieber hast. Und mache ihr ehrliche Komplimente. Sag ihr, wie schön sie nackt ist. Sag ihr, wie sehr du es magst, wenn sie dich reitet. Sag ihr, wie sexy sie in der und der Stellung ist.

Seid offen und ehrlich. Kommuniziert miteinander. Entscheidend für guten Sex ist, dass ihr euch beide miteinander wohlfühlt (übrigens ein weiteres Argument für Verletzbarkeit).

Da bei vielen Männern Sexualität mit Ängsten verbunden ist, werden sie nervös, wenn sie merken, dass sie Sex haben werden. Aber wenn man das Thema Nervosität anspricht, lachen fast alle Männer und sagen: »Klar, ist bestimmt scheiße, wenn man nervös ist«, als wäre ihnen das noch nie so ergangen. Die traurige Wahrheit ist, dass die meisten von uns in der einen oder anderen Form darunter leiden. Sexuelle Nervosität hat viele unterschiedliche Ursachen, dies sind die häufigsten:

- Unerfahrenheit,
- strenge religiöse und/oder kulturelle Erziehung,
- schlechte Erfahrungen mit Sexualität,
- emotionales Trauma,
- geringes Selbstwertgefühl.

Letztendlich hängt sexuelle Ängstlichkeit direkt mit anderen Ängsten zusammen: fehlendes Selbstvertrauen, Abhängigkeit von der Meinung anderer, Scham, Angst vor Verletzbarkeit.

Angst vor Sex äußert sich in zwei Symptomen; entweder man hat das eine oder das andere. Entweder kommt man viel zu schnell (unter einer oder zwei Minuten) oder man bekommt keinen hoch oder bleibt nicht lange genug steif.

Das ist doch merkwürdig. Wie können zwei gegensätzliche Phänomene dieselbe Ursache haben?

Weil beide eine Variation der Kampf-oder-Flucht-Reaktion sind. Wenn Nervosität aufkommt, weil Adrenalin ausgeschüttet wird, will der Körper sich zurückziehen und Schutz suchen. Eine Möglichkeit dazu ist die vorzeitige Ejakulation. Eine andere ist der Abbruch der Erektion.

Wie dem auch sei, beide Probleme sind beschissen. Ich weiß gar nicht, welches schlimmer ist. Aber es gibt Mittel dagegen.

Solltest du viel zu früh kommen, kannst du es mit einem dickeren Kondom probieren. Es gibt Kondome, die den Penis betäuben, sodass er länger durchhält. Vielleicht hilft es auch, wenn du ein paar Stunden vor dem Sex masturbierst.

Wenn du Erektionsschwierigkeiten hast, solltest du dir Pillen besorgen. Es gibt tatsächlich verschreibungsfreie pflanzliche Präparate, die ähnlich wirken wie Viagra. Sie machen dich so hart, dass du gleich mehrmals kannst. Nimm ein paar davon, bevor es zwischen euch intim wird, und du dürftest keine Erektionsschwierigkeiten mehr haben.

Aber das sind alles nur Notlösungen für ein Problem, das tiefer liegt.

Das tiefer liegende Problem ist, dass du nicht wirklich mit deiner Sexualität und ihrer Ausübung im Reinen bist. Auch das hat wieder viel mit Verletzbarkeit zu tun. Das Problem lauert im Unterbewusstsein. Die naheliegendste Lösung ist, einfach so viel Sex wie möglich zu haben. Am besten geht das, wenn du eine feste Freundin hast.

Möchtest du allerdings noch ungebunden bleiben, musst du schon eine Menge Zeit und Aufwand investieren und frustrierende Fehlschläge in Kauf nehmen. Nimm dir möglichst viel Zeit, sobald es intim wird.

Geh davon aus, dass du erst mal *für dich selbst* Sicherheit und Vertrautheit gewinnen musst, bevor ihr Sex haben könnt. Ich weiß, das klingt doof, aber es ist so. Nimm die Hektik raus, genieße das Vorspiel und rede dir nicht ein, du müsstest sie penetrieren, bevor du nicht bereit bist.

Gewöhn dir an, vor dem Sex die Augen zu schließen und dich zu entspannen. Wenn dein Problem ist, dass du zu schnell kommst, dann denk an etwas Nichtsexuelles wie Fußball oder Videospiele. Wenn dein Problem ist, dass du keinen hochkriegst, dann entspann dich, schau dir die Frau an und mach dir bewusst, wie sexy sie ist.

Falls du in einer sexuell völlig verklemmten Umgebung aufgewachsen bist oder merkst, dass dich ein emotionales Trauma aus deiner Vergangenheit belastet, dann musst du dir vielleicht therapeutische Hilfe suchen.

Wenn es zum Geschlechtsverkehr kommt, ist der Punkt der maximalen Verletzbarkeit zwischen zwei Menschen erreicht. Im Allgemeinen steigt nach dem Sex das Engagement der Frau, während das des Mannes etwas abfällt. Bei den meisten Paaren kippen daher an diesem Punkt die Machtverhältnisse. Die Entscheidungsgewalt (Sex oder kein Sex), die bei der Frau lag, geht nun auf den Mann über (Bindung oder keine Bindung). Wenn das Machtverhältnis nicht kippt, liegt das an der Bedürftigkeit des Mannes, und die Anziehungskraft ist nicht von Dauer.

Bindung

Verletzbarkeit, Aufrichtigkeit und Offenheit darf man nicht mit Bindung und Verpflichtung verwechseln. Man kann durchaus mit einer Frau eine intensive und tiefe emotionale Verbindung haben, ohne sich gegenseitig zu einer dauerhaften Bindung zu verpflichten.

Allerdings ist die erreichte Verletzbarkeit und Intimität oft die Grundlage einer inneren Bindung, die nie vergeht. Bis heute denke ich an die Frauen, mit denen ich geschlafen habe, mit einer ganz besonderen Art der Freundschaft und Loyalität, auch wenn ich keine Beziehung mit ihnen hatte.

Liebesleben, Intimität und emotionale Nähe sind etwas Wunderbares, Berauschendes und mitunter sogar Süchtigmachendes. Wahre, dauerhaft emotionale Bindung entsteht jedoch nur, wenn man sich auf eine langfristige Partnerschaft einlässt. Doch das wäre wiederum ein Thema für ein weiteres Buch.

FAZIT

Der Plan

Dieses Buch ist gewiss nicht leicht verdaulich. Und falls du ein Neuling bist und erst ganz am Anfang des Entwicklungsprozesses stehst, der dich für Frauen attraktiv machen soll, fühlst du dich möglicherweise überfordert und weißt nicht, wo du anfangen sollst.

Deshalb habe ich dir einen kleinen Plan zusammengestellt, damit du leichter in die Gänge kommst und nicht die Übersicht verlierst.

Der Plan ist in mehrere Stufen mit je fünf Aufgaben oder Herausforderungen unterteilt. Sobald du mindestens vier Aufgaben einer Stufe erledigt hast, kannst du zum nächsten Abschnitt übergehen. Einige der Aufgaben der ersten Stufe wirst du bereits abhaken können, beispielsweise wenn du ohnehin regelmäßig Sport treibst. In den anderen Stufen gibt es Aufgaben, die nur dann als erledigt gelten, wenn du sie *nach Beginn der jeweiligen Stufe* vollbringst. So enthält die 5. Stufe etwa die Aufgabe, mit einer Frau zu schlafen, mit der du noch nie geschlafen hast. Natürlich ist nicht jeder, der dies liest, noch Jungfrau. Manch einer hat auch während der vorhergehenden Stufen bereits Sex. Aber das zählt nicht, solange man nicht mit der 5. Stufe begonnen hat.

Selbstverständlich ist das alles nicht in Stein gemeißelt. Es geht mir vielmehr darum, dass du dich herausforderst, dir klare Ziele setzt und dich daran misst. In jeder Stufe gibt es Aufgaben, die dir sehr leicht fallen werden. Andere wirst du sehr schwierig finden. Jeder hat andere Probleme, aber ich möchte dennoch einen Weg weisen, der alle zu besseren Männern macht.

Vergiss nicht, dass es eine Entwicklung ist, die Zeit braucht. Viele der Aufgaben lassen sich nicht an einem Abend oder einem Wochenende lösen. Viele erfordern wochen- bis monatelange Arbeit an sich selbst. Aber das ist in Ordnung. Wenn es lange dauert, heißt das, dass die Mühe nötig war.

Stufe 1: Die Grundlagen (5 von 5 Aufgaben lösen)

Ab ins Fitnessstudio: Wenn du noch kein Mitglied im nächstgelegenen Fitnessstudio bist, dann melde dich an. Solltest du nicht wissen, wie man richtig trainiert, dann nimm dir einen Personal Trainer. Mach es dir zur Gewohnheit.

Geh shoppen: Verpass deiner Garderobe ein Upgrade, indem du die Empfehlungen im 8. Kapitel umsetzt. Nimm dir vor, dich fortan besser zu kleiden als je zuvor. Du wirst dich gleich anders fühlen.

Lass dir die Haare schneiden: Geh zum Friseur und lass einen Fuffi dort. Es lohnt sich. Man wird den Unterschied sehen.

Verbessere dich beruflich: Ich weiß, es ist nicht so leicht, aber wenn du mit deiner beruflichen Situation nicht zufrieden bist, musst du dir einen Plan machen, wie du das ändern kannst. Falls du zu viel arbeitest, musst du dein Pensum irgendwie reduzieren. Falls du arbeitslos bist, musst du alles stehen und liegen lassen und dir zuallererst Arbeit suchen.

Such dir ein geselliges Hobby: Finde eine gesellige Freizeitbeschäftigung und übe sie regelmäßig aus. Vielleicht hast du schon ein Hobby, ansonsten musst du eines finden. Mach einen Tanz-, Rhetorik-, Sprach- oder Kochkurs oder gründe eine Band. Hauptsache gesellig. Im Keller zu hocken und an Modellflugzeugen zu basteln, gilt also nicht.

Stufe 2: Frauen treffen (4 von 5)

Grenze deine Zielgruppe ein: Anhand der Empfehlungen im 7. Kapitel kannst du deine Zielgruppe eingrenzen. Schreib auf, welchen Typ Frau du kennenlernen möchtest und an welchen Orten du dich gern aufhältst. Dann finde heraus, bei welchen Gelegenheiten sich diese beiden Felder überschneiden. Sind es Indie-Konzerte, Vernissagen oder Salsa-Nächte? Finde deine Nische und konzentriere dich darauf.

Lerne an einem Tag 5 Frauen kennen: keine Erklärung nötig.

Lerne in einer Woche 20 Frauen kennen: keine Erklärung nötig.

Melde dich in einer Dating-App an und kontaktiere 10 Frauen: keine Erklärung nötig. Wenn du unter 30 bist, empfehle ich kostenlose Apps. Bist du über 30, empfehle ich kostenpflichtige Dienste.

Geh zu einem Single-Treffen oder Speed-Dating: Wenn dir die Annäherung schwerfällt, helfen dir solche Veranstaltungen auf die Sprünge.

Stufe 3: Frauen kennenlernen (2 von 3)

Unterhalte dich mindestens 30 Minuten mit einer fremden Frau: egal wo.

Besorge dir drei Telefonnummern von fremden Frauen: frag einfach, du wirst dich wundern, wie viele ihre Nummer einfach rausrücken.

Mach zwei Dates aus: mit Frauen, die du kennengelernt hast, egal wo.

Stufe 4: Intim werden (2 von 3)

Küsse zwei Frauen: Es müssen Frauen sein, die du nach dem Lesen dieses Buches kennengelernt hast.

Mach mit einer Frau ein zweites Date aus: keine Erklärung nötig.

Bringe eine Frau mit nach Hause: Gut möglich nach dem zweiten Date.

Stufe 5: Sex haben (2 von 2)

Schlafe mit einer Frau, mit der du noch nie geschlafen hast: keine Erklärung nötig.

Mach drei neue Dates mit drei neuen Frauen aus: keine Erklärung nötig.

Stufe 6: Du Schwerenöter (freiwillig)

Schlafe mit einer Frau, die du am gleichen Tag/Abend kennengelernt hast: Das klappt am besten, wenn du sie in einer Bar oder einem Club kennenlernst. Eine Frau, die du tagsüber kennenlernst, ist schwieriger abzuschleppen, aber unmöglich ist es nicht.

Schlafe schon nach dem ersten Date mit einer Frau: dazu muss das Date der Hammer sein.

Küsse drei Frauen noch an dem Tag/Abend, an dem du sie kennenlernst: Das kann an mehreren Abenden geschehen. Auch hier empfiehlt sich das Nachtleben.

EPILOG

Was, wenn es ein Geschenk wäre?

Auf den letzten 230 Seiten haben wir festgestellt, dass Frauen sich zu Männern hingezogen fühlen, die Nicht-Bedürftigkeit und Selbstsicherheit ausstrahlen. Diese innere Stärke entsteht, wenn man an seiner Persönlichkeit arbeitet und mehr in sich selbst investiert als in die Meinung anderer. Unterschwellig signalisiert das, dass man als Mann zuverlässig ist und einen hohen Status hat (oder wahrscheinlich erreichen wird).

Der Weg, um mehr Engagement für sich selbst zu kultivieren und mehr Selbstvertrauen zu gewinnen, ist voller Widersprüche. Wir haben gelernt, dass man sich in den Empfindungen wie im Verhalten verletzbar machen muss, denn das führt zu Nicht-Bedürftigkeit.

Mit dem neu gewonnenen Selbstvertrauen kannst du dich dann klarer und direkter ausdrücken. Und wenn du dich klarer und direkter ausdrückst, polarisierst du zwar stärker und kassierst öfter einen Korb, gleichzeitig wirkst du aber auf bestimmte Frauen attraktiver als jemals zuvor. Um anziehend auf Frauen zu wirken und sie kennenzulernen, muss man Ängste überwinden. Und um die Frauen zu verführen, die man kennenlernt, muss man lernen, Sexualität auszudrücken. Das sind die drei Fundamente.

Ich habe auf diesen Seiten alle Werkzeuge, Mittel und Wege zusammengetragen, die du als Mann brauchst, wenn du dich persönlich erneuern und mehr Erfolg bei Frauen haben willst. Zweifellos wird dieser Weg mitunter schwierig für dich. Du wirst auf Hindernisse, Umleitungen und Ablenkungen stoßen und emotionale Höhen und Tiefen durchmachen. Halte einfach nur durch und bleibe optimistisch, dann schaffst du es. Da bin ich absolut sicher.

Immer dann, wenn es schwierig wird, wenn du frustriert bist und in deine Unsicherheit zurückfällst und dich wieder nach Bestätigung von außen sehnst, wenn du dich wieder nach den anderen richtest statt nach deinem inneren

Kompass, fühlst du dich womöglich verloren und ohne Hoffnung. Diese Hoffnungslosigkeit mag Minuten dauern, Stunden oder Tage, aber wenn du dich wirklich ändern willst, wenn du deinen Platz in der Welt neu definieren willst, dann wirst du sie irgendwann spüren.

Für solche Zeiten möchte ich dir einen Satz mitgeben, der mir und unzähligen anderen in trübseligen Zeiten geholfen hat.

Der Satz stammt von Dr. Robert Glover und ist seinem Buch *Nie mehr Mr. Nice Guy* entnommen, einem der besten Bücher über das Gefühlsleben des Mannes, das ich gelesen habe.

Der Satz lautet: »Was, wenn es ein Geschenk wäre?«

Egal was dir passiert, egal wie schlimm, wie elend du dich fühlst – frage dich: »Was, wenn es ein Geschenk wäre?« Und dann versuche dir auszumalen, es wäre eines.

Denn in der Welt der Gefühle gibt es nichts Absolutes. Man kann selbst bestimmen, welche Schlüsse man zieht. Warum also nicht den Schluss ziehen, es sei ein Geschenk, ein Segen, eine Wendung zum Guten?

Deine Ex hat dich verlassen und ist mit einem anderen abgehauen. Was, wenn das ein Geschenk wäre? Denn ohne sie wärst du nicht auf diesen Pfad der Selbstentwicklung gestoßen und hättest auf ewig in einer Beziehung voller Betrug und Selbstbetrug festgesessen.

Eine Frau hat sich über deine Frisur lustig gemacht und dich hässlich genannt. Was, wenn das ein Geschenk wäre? Eine derart harte Zurückweisung stählt dein Selbstbewusstsein, macht dich in Zukunft weniger empfindlich – und regt dich hoffentlich dazu an, dein Erscheinungsbild kritisch zu überprüfen.

Deine Freunde meinen, es sei creepy, Frauen anzusprechen, nur Loser würden das tun. Was, wenn das ein Geschenk wäre? Es beweist dir, dass du auf deinem Weg an soziale Normen stößt, polarisiert und daher letzten Endes kontroverser und attraktiver wirst.

Als ich 19 war, ertrank einer meiner Freunde vor meinen Augen. Wir waren auf einer Party am Seeufer. Gerade noch war er an meiner Seite gewesen, lachend, grinsend, scherzend und im nächsten Moment war er verschwunden. Für immer.

Dieses Erlebnis war eines der größten Geschenke, die ich je erhalten habe. Nicht, weil es gut war, denn es war tragisch. Sondern weil es mich bis heute geprägt hat.

Gewiss war dieser Abend schockierend und traumatisch. Doch die Erfahrung daraus hat mich gelehrt, wie flüchtig unsere Existenz ist. Wie schnell jeder von uns jederzeit vergehen kann. Seitdem weiß ich: Niemand lebt mein Leben für mich. Jede Sekunde, in der ich nicht mit meinen tiefen Wünschen in Verbindung stehe, in der ich der Welt aus dem Weg gehe und mich ihr nicht stelle, jede dieser Sekunden wird mir von dem einen großen Geschenk abgezogen: meiner Zeit auf dieser Erde.

Sein Tod bereitete mir Schrecken, Trauer und Angst, aber er schreckte mich auch auf und gab mir den Mut, Risiken einzugehen, mich auszudrücken, mich mehr um mein Selbstbild zu sorgen als darum, wie mich andere wahrnehmen. Denn schließlich wird früher oder später all das hier verschwinden, und nichts davon wird von Bedeutung sein. Also sollten wir, wo wir schon hier sind, das Beste daraus machen.

Letzten Endes ist das alles, was ich dir wünschen kann. Dass du das Beste aus deiner Zeit auf der Erde machst. Dass du dir die Werkzeuge und Mittel, die ich dir mitgebe, aneignest und dir damit deinen eigenen Weg ebnest, und dass dir die Liebe, die Abenteuer und das Glück begegnen, die der Lohn des Lebens sind.

Denn das tut das Leben: Es belohnt uns. Es überschüttet uns täglich mit Geschenken.

Willst du sie haben?

Glossar

Abwehrmechanismus – Durch Angst hervorgerufene seelische Reaktion, die vom Handeln abhält. Abwehrmechanismen sind z. B. Schuldzuweisung, Wut, *Projektion*, Rationalisierung, Apathie.

Angst – Nervöser Zustand, der wiederholt in einer bestimmten Situation auftritt. Ängste überwindet man durch *Mut*.

Assortment-Effekt – Das Phänomen, dass Männer und Frauen mit ähnlichem Denken und ähnlichem Selbstbild einander anziehen. Eine Frau mit wenig Selbstwertgefühl zieht z. B. Männer mit wenig Selbstwertgefühl an.

Bedürftigkeit – Bedürftig ist man, wenn man mehr auf die Meinungen und Urteile anderer gibt als auf die eigenen. Bedürftige Männer machen ihre Entscheidungen und ihr Verhalten davon abhängig, ob Bestätigung und Anerkennung zu holen sind. Bedürftigkeit überwindet man, indem man sich auf sich selbst besinnt, Verletzbarkeit entwickelt und *wahrhaftiges Leben, Handeln* und *Kommunizieren* übt.

Creepy – Creepy ist man, wenn man seine Sexualität in einer Weise ausdrückt, die Frauen abschreckt oder verunsichert. Creepiness kann bewusst oder unbewusst geschehen.

Erregung – Erzeugung sexueller Lust durch physische, psychologische oder emotionale Reize. Stand der Forschung ist, dass Frauen vor allem die Zurschaustellung von sexuellem Interesse und kühnem Verhalten erregt. Siehe auch: sexuelles Interesse, Mut

Eskalieren – Schrittweises Steigern der Intimität von der ersten Berührung über das Umarmen, Küssen und Fummeln bis zum Vorspiel und zum Geschlechtsverkehr.

Flaking – Eine spezielle Art der *Zurückweisung*. Dabei zeigt eine Frau Interesse und stellt ein Wiedersehen in Aussicht, zu dem es dann aber nicht kommt.

Lebensweise – Überbegriff für die Aktivitäten, Interessen und Menschen, die im Leben eine größere Rolle spielen. Beruf, Wohnort, Hobbys, Freunde – all das macht die Lebensweise aus.

Mut – Mut ist, wenn man handelt, obwohl man *Angst* verspürt.

Narzisst – Ein Mann, der sein geringes Selbstwertgefühl dadurch überkompensiert, dass er anderen seinen Willen und seine Bedürfnisse aufdrückt. Narzisstische Männer haben manchmal kurzfristig sexuellen Erfolg, aber langfristig immer emotionalen Misserfolg.

Nicht-Bedürftigkeit – Nicht-bedürftig ist man, wenn einem das eigene Selbstbild wichtiger ist als das Urteil anderer. Nicht-Bedürftigkeit ist die Wurzel von Attraktivität.

Pickup-Artist – Anhänger einer Subkultur, die von den Lehren einiger Flirt-Gurus wie Erik von Markovik and Neil Strauss geprägt ist. Pickup-Artists setzen sich zum Ziel, so viele Frauen flachzulegen wie möglich und befürworten *narzisstisches* und *performatives* Verhalten.

Polarisierung – Ein Verhalten, das bei Frauen entweder starke positive oder starke negative Gefühle hervorruft. Polarisierung provoziert *Zurückweisung* und sondert dadurch die Frauen aus, die nicht zu einem passen.

Projektion – Ein häufiger *Abwehrmechanismus*, sowohl bei Frauen wie bei Männern. Dabei nimmt man ein eigenes Problem als ein Problem des anderen wahr.

Reibung – Umstände und Ursachen, die sexuelles *Eskalieren* verhindern, obwohl eine gegenseitige Anziehung besteht. Gründe dafür sind z. B. bestehende feste Bindungen oder weit entfernte Wohnorte.

Verletzbarkeit – Rückhaltlose Offenbarung der eigenen Gedanken und Gefühle in einer Weise, die angreifbar macht. Wer sich verletzbar macht, ohne eine Gegenleistung zu erwarten, gewinnt paradoxerweise an Selbstwertgefühl und Attraktivität.

Wahrhaftiges Handeln – Aufheben der Trennung zwischen dem, was man tun will, und dem, was man tut. Erfordert die Überwindung von Ängsten und beengenden Denkmustern.

Wahrhaftiges Kommunizieren – Aufheben der Trennung zwischen dem, was man glaubt und fühlt, und dem, was man sagt. Erfordert die Überwindung von Hemmungen und Klarheit im Ausdruck.

Wahrhaftiges Leben – Aufheben der Trennung zwischen dem Menschen, der man sein möchte, und dem, der man ist. Erfordert langfristiges Engagement und oft auch lebensverändernde Entscheidungen.

Zielgruppe – Frauen, die ähnliche Leidenschaften, Interessen, Werte und Vorlieben haben wie man selbst. Ein Musiker findet z. B. Frauen seiner Zielgruppe auf Konzerten und anderen Musikveranstaltungen und wird bei ihnen mehr Erfolg haben.

Zurückweisung – Frauen weisen Männer zurück, indem sie zeigen, dass sie kein Interesse an seinen sexuellen Absichten haben. Zurückweisung kann offen (»Ich habe einen Freund«) oder verdeckt *(Flaking)* stattfinden.

Leseempfehlungen

Wenn du das Gefühl hast, dass dieses Buch dir etwas gebracht hat, dann wäre vielleicht auch meine Website etwas für dich. Auf *www.markmanson.net* erscheinen regelmäßig neue Artikel, Denkanstöße und Geschichten.

Außerdem empfehle ich:

Nie mehr Mr. Nice Guy von Robert Glover – Das Pflichtbuch für alle Männer, die ihre Beziehungen nicht länger mit bedürftigen und »netten« Verhaltensweisen sabotieren wollen.

Wie man Freunde gewinnt von Dale Carnegie – Ein Klassiker, der das Einmaleins des Sozialverhaltens enthält und zeigt, wie man Eindruck macht.

So viel Liebe, wie du brauchst von Harville Hendrix – Trotz des kitschigen Titels ein unverzichtbares Buch über Beziehungen, emotionalen Ballast und zwischenmenschliche Anziehung.

Warum wir uns immer in den Falschen Verlieben von Amir Levine und Rachel Heller – Ein Einstiegswerk über Paarbindung, Unsicherheit und Intimität.

The Evolution of Desire von David Buss – Ein Überblick über die Sexualitätsforschung mit Schwerpunkt auf Geschlechterdifferenzen.

Der tote Fisch in der Hand und andere Geheimnisse der Körpersprache von Allan and Barbara Pease – Pflichtlektüre für alle, die sich mit den körperlichen Signalen anderer schwertun.

Über den Autor

Mark Manson stammt aus Austin, Texas und hat bis 2007 an der Boston Unversity studiert. Im gleichen Jahr begann er inoffiziell, Männern beim Flirten zu helfen, indem er sie in Bars mitnahm und ihnen beibrachte, attraktive Frauen anzusprechen.

Bald darauf machte er sich als Flirt-Coach für Männer selbständig und übte diesen Beruf von 2008 bis 2012 in Vollzeit aus. Sein Buch *Models: Attract Women Through Honesty* erschien 2011 im Selbstverlag. Es wurde 2012 und 2016 überarbeitet.

2013 zog sich Mark aus dem Coaching zurück und schreibt seitdem auf *www.markmanson.net* über ein breites Themenspektrum, das Männer und Frauen anspricht.

Inzwischen ist Mark verheiratet und lebt in New York.

Auch als **E-Book** erhältlich

256 Seiten
16,99 € (D) | 17,50 € (A)
ISBN 978-3-7423-1101-6

Mark Manson

Everything is Fucked

Ein Buch über Hoffnung

Wir waren niemals freier, reicher und gesünder als heute. Nie hatten wir mehr Möglichkeiten, geschweige denn das Geld dazu. Dennoch gehts uns beschissen und ein Gefühl der Hoffnungslosigkeit macht sich breit. Der Planet erwärmt sich, Regierungen versagen, die Wirtschaft bricht zusammen und auf Twitter sind ständig alle beleidigt.
In Everything is Fucked wirft Bestsellerautor Mark Manson einen Blick auf dieses Paradox. Humorvoll stellt er unsere gängigen Definitionen von Glück, Hoffnung und Freiheit auf den Prüfstand. Ausgehend von den Erkenntnissen der Psychologie sowie der zeitlosen Weisheit großer Philosophen hinterfragt er unsere Beziehung zu Geld, Vergnügungen und dem Internet. Er beweist: Zu viel von einer guten Sache überfordert und macht uns schlicht fertig – aber es gibt Hoffnung.
Mit seinem gewohnten Mix aus Ernsthaftigkeit und lockerem Humor fordert er uns auf, ehrlicher mit uns selbst zu sein und uns auf eine ganz neue Weise mit der Welt zu verbinden. Denn noch ist nicht alles im Arsch.

riva